Jörg Zschocke

Mikrocomputer
Aufbau und Anwendungen

Arbeitsbuch zum µP 6800

Mit 103 Abbildungen, 13 Tabellen

und zahlreichen Beispielen

Friedr. Vieweg & Sohn   Braunschweig / Wiesbaden

CIP-Kurztitelaufnahme der Deutschen Bibliothek

Zschocke, Jörg:
Mikrocomputer, Aufbau und Anwendungen: Arbeitsbuch zum µP 6800/Jörg Zschocke. — Braunschweig; Wiesbaden: Vieweg, 1982.
   (Viewegs Fachbücher der Technik: Informationstechnik)

ISBN 978-3-528-04166-3   ISBN 978-3-322-90112-5 (eBook)
DOI 10.1007/978-3-322-90112-5

1982

Satz: Friedr. Vieweg & Sohn, Braunschweig

Umschlaggestaltung: Hanswerner Klein, Leverkusen

Vorwort

Seit der Erfindung des Transistors hat der Mikroprozessor die wesentlichste Umstellung in der Elektrotechnik und auf den ihr benachbarten Gebieten gebracht. Der Mikroprozessor ist das Ergebnis einer stetigen Entwicklung zu immer höherer Integrationsdichte. Wenige, aber sehr komplexe Bausteine bilden ein Mikroprozessorsystem, mit dessen Hilfe heute Aufgaben gelöst werden, für die früher eine Vielzahl verschiedener Bausteine nötig war. Mit der Verringerung des schaltungstechnischen Aufwandes ging eine Zunahme der Programmieraufgaben einher. Mit den entsprechenden Fachwörtern ausgedrückt: Die Problemlösung verlagerte sich von der Hardware zur Software. Diese noch andauernde Entwicklung hat zwei Folgen: Alle diejenigen, die sich bisher mit Hardware beschäftigten, müssen sich in die neue Technik einarbeiten. Für viele bedeutet es eine beträchtliche Umstellung, sich plötzlich mit Befehlen, Adressen, Programmen und ähnlichen Begriffen beschäftigen zu müssen. Das sehr weite Einsatzgebiet dieses neuen Bausteins bringt es ferner mit sich, daß Personen mit dieser neuen Technik konfrontiert werden, die vorher nicht oder nur in sehr geringem Umfang mit der Elektronik in Berührung gekommen sind. An beide Zielgruppen wendet sich dieses Buch.

Um den Mikroprozessor sinnvoll einsetzen zu können, genügt es nicht, ihn als „black box" zu betrachten. Struktur und Wirkungsweise von Mikroprozessoren werden daher in *Kapitel 1* an einem Modell erklärt.

Kapitel 2 gibt eine Einführung in die Programmierung. Wichtige Begriffe und Arbeitsweisen auf dem Gebiet der Software werden beschrieben.

Für den Anwender wohl am wichtigsten ist die Fähigkeit, den Mikroprozessor an die Umwelt zu adaptieren. Entsprechend der Vielfalt möglicher Aufgaben muß der Mikroprozessor mit sehr unterschiedlichen Geräten zusammenarbeiten. Die dabei auftretenden Probleme gehören zum Gebiet „Interface-Technik". Die Beschäftigung mit diesem Gebiet verlangt die gründliche Kenntnis eines konkreten Mikroprozessorbausteins. *Kapitel 3* will dem Leser dazu verhelfen. Besprochen wird der weit verbreitete Industriestandard 6800 von Motorola. Nach Durcharbeiten dieses Kapitels ist der Leser in der Lage, Datenblätter zu verstehen und sich anhand von Spezialliteratur weiter in die Materie einzuarbeiten.

Kapitel 4 beschäftigt sich mit der Interface-Technik. Obwohl es das größte Kapitel ist, können die meisten Ausführungen nur Einblicke in diesen sehr komplexen Themenkreis geben. Die Darstellung von Prinzipien wird, wo immer möglich, durch einfache, aber konkrete Schaltungsbeispiele ergänzt.

Der Mikroprozessor kann nur aktiv werden, wenn er mit einem Speicher zusammen-arbeitet. *Kapitel 5* vermittelt Kenntnisse über Organisation und Technologien von Halb-leiterspeichern. Es wird ein Überblick über die derzeit verbreitetsten Speichertypen gegeben.

Zum Schluß beschreibt *Kapitel 6* noch einige Programmierverfahren, die in der Mikro-prozessortechnik besondere Bedeutung haben. Es werden Beispiele und Tips gegeben, um den Mikroprozessor 6800 in Maschinensprache zu programmieren.

Der umfangreiche Anhang bezweckt zweierlei: Er soll zum einen dem Leser Gelegenheit geben, Grundlagen wieder aufzuarbeiten, und zum anderen soll er zum Nachschlagen dienen.

Inhaltsverzeichnis

1 Modell eines Mikrocomputers

Der Mikrocomputer bildet das vorläufige Ende einer langen Entwicklung innerhalb der Elektronik, die mit der Röhre begann und sich über den Transistor und den Integrierten Schaltkreis fortsetzte. Der letzte Abschnitt dieser Entwicklung begann in den Jahren 1970 bis 1972, als es erstmals gelang, mehrere tausend Transistoren auf einem nur wenige Quadratmillimeter großen sogenannten *Chip* zu integrieren. Diese neue Technologie wurde LSI (*Large Scale Integration*) genannt. Sie ermöglichte eine völlig neue Technik des Schaltungsentwurfs.

Bis dahin war der Entwurf von Logikschaltungen hardwareorientiert. Die Aufgabe eines Systementwicklers bestand darin, viele logische Elemente miteinander zu verbinden. Die Digitalschaltung wurde für die jeweilige Aufgabe gewissermaßen maßgeschneidert. Die vielen Einzelkomponenten und die dadurch verursachten zahlreichen Verbindungen machten das Gerät kompliziert und störanfällig. Nachträgliche Änderungen waren schwierig und damit kostspielig.

Das neue Konzept bestand darin, die einzelnen Gatterfunktionen, also die einzelnen logischen Elemente, durch ein Programm zu ersetzen, welches in einem LSI-Chip abgespeichert war. Die LSI-Technik und das Prinzip des abgespeicherten Programms führten zur Entwicklung des Mikroprozessors.

Der Mikroprozessor ist ein sehr komplexer Baustein, der logische und arithmetische Funktionen simulieren kann. Er ist nur arbeitsfähig, wenn er mit dem Speicher-Baustein verbunden ist. Im Speicher steht das Programm, welches dem Mikroprozessor sagt, welche Funktion er jeweils auszuführen hat.

Damit hat sich heute der Hardware-Entwurf auf das Zusammenschalten weniger, sehr komplexer Bauteile reduziert. Dies bedeutet wenige Verbindungen und damit geringe Aufbauzeit und größere Funktionssicherheit.

Als neue Aufgabe ergab sich nun die Erstellung von Software. Der Systementwickler muß für die Lösung seines Problems ein Programm schreiben und dies in einen Speicher laden, der den Mikroprozessor kontrolliert. Eine nachträgliche Änderung des Systems ist nicht schwierig, weil nur das Programm im Speicher entsprechend geändert werden muß.

In diesem ersten Kapitel sollen zunächst einige Grundbegriffe der Computertechnik erklärt werden. Anschließend wird dann an einem Modell das Prinzip eines Mikrocomputers besprochen.

1.1 Grundbegriffe über Computer

Ein **Computersystem** besteht aus einem Computer (z. B. einem Mikrocomputer) und peripheren Geräten zur Bedienung des Mikrocomputers. Den Aufbau eines solchen Systems verdeutlicht Bild 1.1.

Ein **Mikrocomputer** besteht aus einem Mikroprozessor, verschiedenen Speichern, Ein-/Ausgabe-Registern und einem Taktgenerator.

Der **Mikroprozessor** ist die Zentraleinheit (CPU: *Central Processing Unit*) eines Mikrocomputers. Er ist ein hochintegrierter Baustein, der für sich allein nicht arbeitsfähig ist. Er ist das Herz eines Mikrocomputers. Die Begriffe CPU und Mikroprozessor werden oft gleichwertig benutzt. Man kann die CPU in Rechenwerk und Steuerwerk aufteilen. Die CPU verarbeitet Daten. Das Rechenwerk führt dabei die arithmetischen und logischen Verknüpfungen aus, während das Steuerwerk die betreffenden Abläufe steuert. Wie noch gezeigt wird, verfügt die CPU auch über kleine aber schnelle Speicher (*Register*), in denen während der Verarbeitung Daten gespeichert werden können.

Der **Speicher** (*Memory*) enthält das Programm und die Daten. Die kleinste Einheit eines Speichers ist der Speicherplatz. Dieser hat eine Länge von meist 8 Bit, die sogenannte Wortlänge. Jeder Speicherplatz hat eine „Hausnummer", eine sogenannte Adresse, die für ihn typisch ist und über die nur er allein erreicht werden kann.

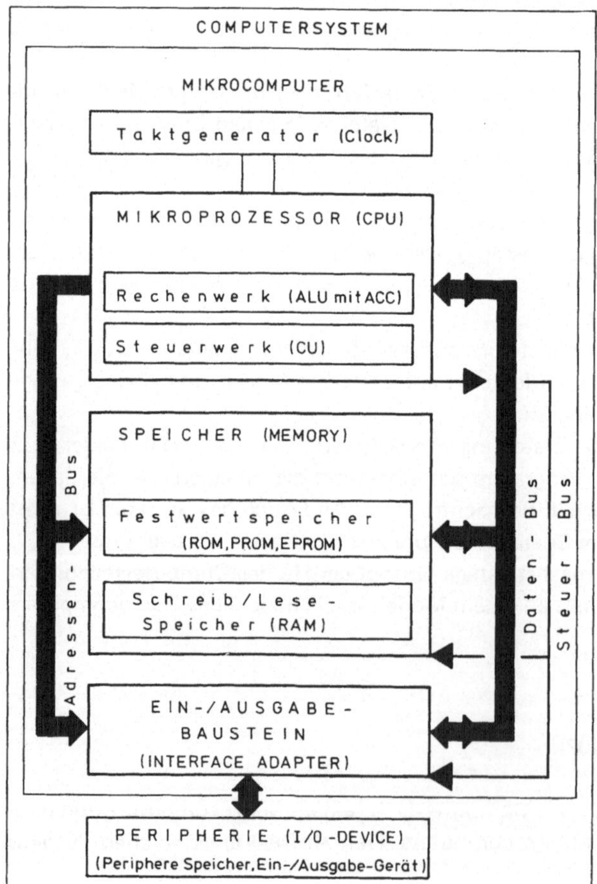

Bild 1.1
Aufbau eines Computersystems;
Abkürzungen im Text

Die **Ein-/Ausgabe-Einheit** ermöglicht den Datenverkehr zwischen Mikrocomputer und der „Außenwelt". Der Mikroprozessor steht in ständigem Datenaustausch mit dem Speicher und dem Ein-/Ausgabe-Baustein. Dieser Datenaustausch ist auf Leitungen angewiesen. Alle diese Leitungen kann man in drei Bündel aufteilen, die man als Bus bezeichnet.

Der **Adressen-Bus** ist ein Leitungsbündel, das für die Weitergabe der Adressen von der CPU an den Speicher oder den Ein-/Ausgabe-Baustein sorgt. Da die CPU als einziger Baustein Adressen ausgeben kann, ist der Adressen-Bus *unindirektional*, d. h., die Signale können nur in einer Richtung laufen.

Der **Daten-Bus** ist ein Leitungsbündel, das die zu verarbeitenden Daten transportiert. Die Daten müssen in beiden Richtungen transportiert werden können. Der Daten-Bus ist daher *bidirektional* ausgelegt.

Der **Steuer-Bus** übermittelt Signale der CPU an die übrigen Bausteine, um das richtige Zusammenarbeiten aller Bausteine zu bewerkstelligen.

Im folgenden soll noch kurz auf den Unterschied zwischen Taschenrechner und Mikrocomputer eingegangen werden. Mit einem Taschenrechner kann man recht komplizierte Operationen ausführen, indem man auf eine Taste drückt. Will man ein bestimmtes Problem bearbeiten, so muß man in der richtigen Reihenfolge die entsprechenden Tasten drücken und eventuell auch Zwischenergebnisse notieren. Auch die zu verarbeitenden Zahlen müssen eingegeben werden. Das aber heißt, die Geschwindigkeit, mit der das Problem abgearbeitet werden kann, hängt vom Menschen ab. Das wird beim Mikrocomputer vermieden, indem man die einzelnen Rechenschritte durch ein *Programm* steuert. Dieses Programm steht im Speicher des Computers (*stored program concept*). Das Programm besteht aus einer Anzahl von *Befehlen* (*instructions*), die die CPU interpretieren und ausführen kann.

Wie bereits erwähnt, ist die kleinste Einheit, mit der ein Mikroprozessor normalerweise umgeht, ein *Wort*. Bei den heutigen Mikroprozessoren hat ein Wort meist 8 Bit. Ein solches Wort, das von der CPU immer in der gleichen Weise behandelt wird, kann sehr verschiedene Bedeutungen haben. Es kann zum Beispiel eine Zahl darstellen, die zu verarbeiten ist. Es kann einen Befehl an die CPU darstellen. Es kann sich um ein ASCII-Wort handeln, welches einen Buchstaben darstellt, oder es kann sich um eine Adresse handeln. Es kommt nur darauf an, wie das jeweilige Wort, also die Bitkombination, interpretiert wird. (ASCII: *American Standard Code for Information Interchange*, nach DIN: 7-Bit-Code für den Datenaustausch).

Arbeitet die CPU mit einer Wortlänge von 8 Bit, so sind auch die meisten anderen Komponenten auf 8 Bit abgestimmt, zum Beispiel Register oder Speicherplätze.

1.2 Blockschaltbild des Modellmikrocomputers

Um den Einstieg in die Mikrocomputertechnik zu erleichtern, soll zunächst ein Modellmikrocomputer besprochen werden. Dieser hat nach wie vor die wesentlichen Merkmale eines echten Mikroprozessors, aber ohne fortgeschrittene technische Merkmale.

Das Bild 1.2 zeigt das Blockschaltbild eines Modellmikrocomputers. Er besteht aus dem Mikroprozessor (CPU), dem Speicher und den Ein-/Ausgabe-Registern. Im folgenden sollen nur die CPU und der Speicher besprochen werden. Auf den Ein-/Ausgabe-Baustein

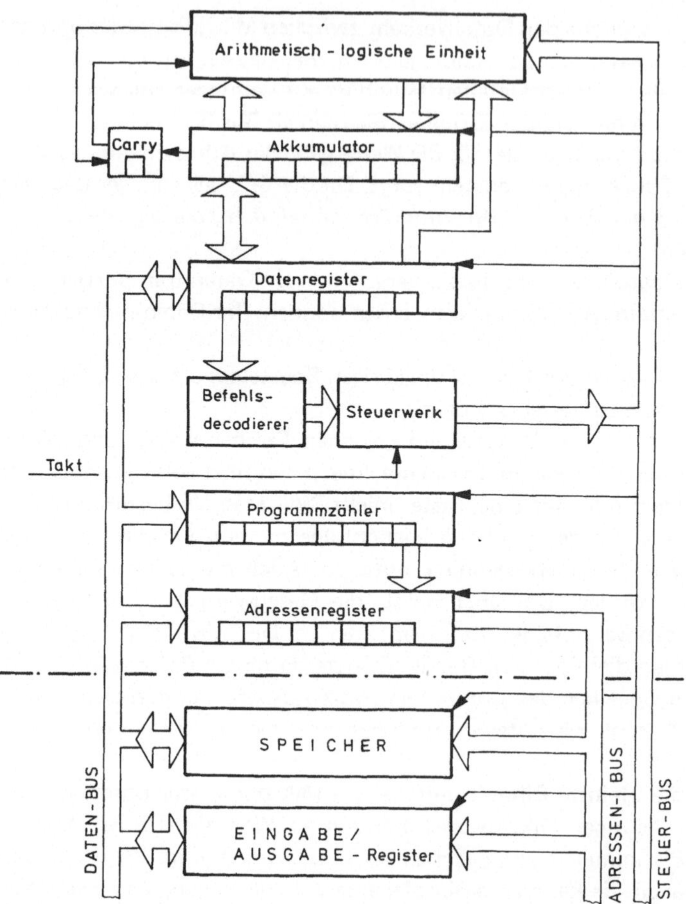

Bild 1.2 Blockschaltbild des Modellmikrocomputers

wird später eingegangen. Wir nehmen in diesem Kapitel an, daß das Programm und die Daten schon im Speicher stehen, und die Ergebnisse auch wieder in den Speicher eingelesen werden.

1.2.1 Mikroprozessor

Wie das Bild 1.2 zeigt, haben alle Register eine Wortlänge von 8 Bit.
Die *Arithmetisch-logische Einheit* (ALU: *Arithmetic Logic Unit*) ist gewissermaßen das Herz des Mikroprozessors. Sie hat zwei Aufgaben:
1. Ausführung arithmetischer Operationen
2. Ausführung logischer Operationen

Die ALU hat zwei Eingänge. Der eine kommt vom Akkumulator, der andere vom Datenregister. Der Ausgang der ALU geht wieder auf den Akkumulator. Der Akkumulator und das Datenregister liefern an die ALU 8 Bit lange Binärworte, die sogenannten *Operanden.* Die beiden Operanden werden von der ALU so behandelt, wie es die Binärsignale am Steuereingang der ALU (die über den Steuer-Bus kommen) vorschreiben. Diese Steuersignale werden aus dem jeweiligen Befehlswort abgeleitet. Nach Beendigung der Operation speichert die ALU das Ergebnis im Speicher wieder ab.

Der *Akkumulator* (ACC: *Accumulator*) ist das am meisten benutzte Register in der CPU. Er hat eine doppelte Aufgabe: Vor der Operation enthält er einen der Operanden, nach der Operation enthält er das Ergebnis. Viele Befehle beziehen sich auch direkt auf den Akkumulator, wie z. B. „LDA": *Load Accumulator* (Lade Akkumulator). Dieser Befehl bringt den Inhalt eines Speicherplatzes in den Akkumulator.

Das *Datenregister* ist ein Zwischenspeicher, der eng mit dem Daten-Bus zusammenarbeitet. Es hat u. a. zwei Aufgaben:

1. Speicherung des Befehls während der Decodierung
2. Zwischenspeicherung eines Datenwortes während der Abspeicherung im Hauptspeicher.

Das *Adressenregister* speichert die Adressen desjenigen Speicherplatzes oder desjenigen Ein-/Ausgabe-Registers, mit dem die CPU gerade zusammenarbeitet.

Im *Programmzähler* (CP: *Program Counter*) steht die nächste zu bearbeitende Speicheradresse. Normalerweise werden die Befehle der Reihe nach aus dem Speicher in die CPU geholt (unverzweigtes Programm). Das heißt, der Inhalt des Programmzählers muß bei jedem Befehlszyklus um 1 erhöht werden. Man sagt, er wird inkrementiert. Die Stellenzahl des Programmzählers ist ein Maß für die Anzahl der zu adressierenden Speicherplätze. In unserem Modellcomputer hat der Programmzähler 8 Stellen. Es können damit 256 Speicherplätze (2^8) direkt adressiert werden.

Nachdem ein Befehl vom Speicher in das Datenregister geholt worden ist, decodiert der *Befehlsdecodierer* die einzelnen Bit und entscheidet dann, was zu tun ist.

Das *Steuerwerk* (CU: *Control Unit*) liefert über den Steuer-Bus an jeden Baustein entsprechende Signale, so daß diese wissen, was zu tun ist.

1.2.2 Speicher

Der Mikrocomputer wird mit Hilfe von Befehlen gesteuert. Diese Befehle bilden das Programm, welches im Speicher (*Memory*) abgespeichert ist. Ferner enthält der Speicher die Operanden, auf die die Befehle angewandt werden. Auch die Ergebnisse der Operationen werden zum Teil wieder im Speicher abgelegt.

Als Speicher für Mikrocomputer verwendet man fast nur Halbleiterspeicher. Auf die Technologie und Organisation solcher Speicher soll an dieser Stelle nicht weiter eingegangen werden. Man kann die Halbleiterspeicher unter ganz verschiedenen Gesichtspunkten in Gruppen aufteilen. An dieser Stelle soll folgende Aufteilung vorgenommen werden:

1. **Festwert-Speicher** (ROM: *Read Only Memory*)
   Diese Speicher können nur gelesen werden.
2. **Schreib-/Lese-Speicher** (RAM: *Random Access Memory*)
   Diese Speicher können nicht nur gelesen werden, sondern es kann auch in sie hineingeschrieben werden.

Im folgenden soll erklärt werden, wie die CPU und der Speicher Daten austauschen. In
der CPU sind für diesen Datenaustausch das Adressenregister und das Datenregister zuständig. Das Ein-/Ausgabe-Register ist bei diesen Betrachtungen weggelassen.
Der Modellmikrocomputer benutzt einen Schreib-/Lese-Speicher mit 256 Speicherplätzen zu je 8 Bit, wie ihn Bild 1.3a zeigt. Man spricht auch kurz von einem 256 x 8 Bit
Speicher. Der Speicher ist über die drei Busse mit der CPU verbunden. Der Adressen-Bus
unseres Modellmikrocomputers ist 8 Bit breit. Das bedeutet, daß 256 Speicherplätze angewählt (adressiert) werden können. Der erste Speicherplatz hat die Adresse 0, der letzte
die Adresse 255, binär ausgedrückt 11111111 und in der häufig angewandten hexadezi-
malen Schreibweise FF. Der Adressendecodierer decodiert die Adresse und wählt den
entsprechenden Speicherplatz aus. Die Daten kommen und gehen über einen sogenannten *Tri-State-Buffer* („Puffer" mit drei Zuständen). Die Ausgänge solcher Bausteine ken-

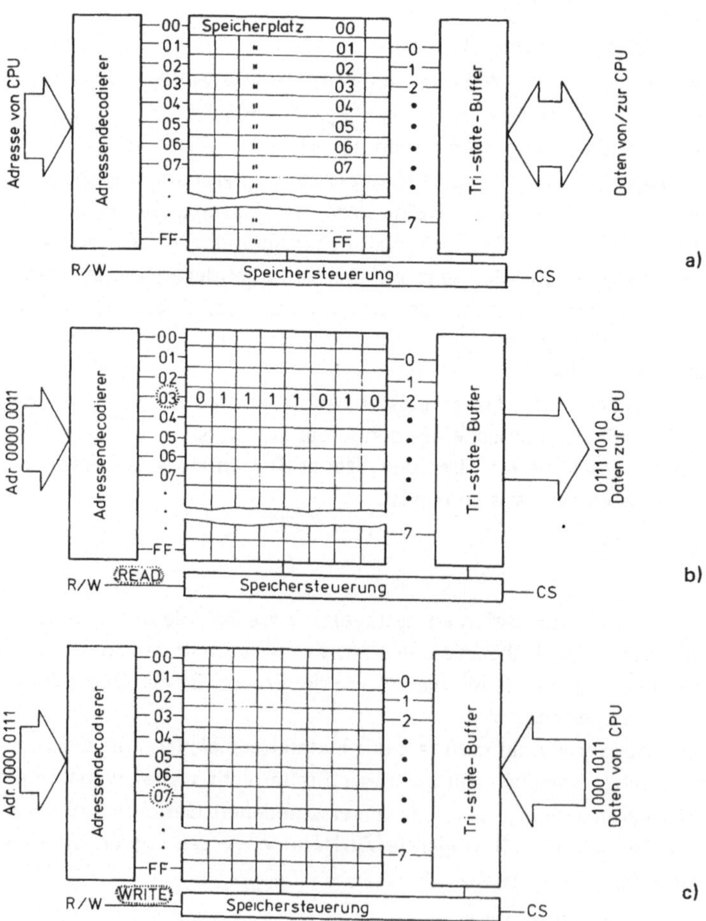

Bild 1.3 Schreiben in den Speicher

nen außer dem „High"- und „Low"-Zustand noch einen dritten, hochohmigen Zustand. In diesem hochohmigen Zustand ist der Baustein abgeschaltet und beeinflußt den übrigen Datenverkehr auf dem Bus nicht mehr.

Der Speicher besitzt außerdem noch zwei Steuereingänge: R/W (*Read/Write:* lesen/ schreiben) und CS (*Chip Select:* Chip-Auswahl). Der logische Pegel auf der R/W-Leitung bestimmt, ob der Speicher sich im Lese- oder Schreibzustand befindet. Mit dem Signal CS wird der gesamte Speicher aktiviert. Man benötigt CS zur Auswahl des gewünschten Speichers, wenn mehrere Speicher parallel an denselben Adressleitungen hängen.

Bild 1.3.b zeigt, wie die CPU Daten aus dem Speicher liest. Es soll der Inhalt des Speicherplatzes Nummer 03_{16} ausgelesen werden. Die dort gespeicherte Zahl ist $7A_{16}$. Als erstes schaltet die CPU die Adresse 03_{16} auf den Adressen-Bus. Der Decodierer entschlüsselt das Bitmuster und wählt den Speicherplatz aus. Als zweites legt die CPU die R/W Leitung auf High-Potential. Damit erscheint der ausgewählte Speicherinhalt an den Eingängen des Buffers. Das Signal an CS entscheidet, ob dann das Datenwort auf den Daten-Bus gelegt wird. Von dort kann es dann die CPU ablesen. Es sollte noch erwähnt werden, daß dieser Lesevorgang ohne Zerstörung des Speicherinhaltes abläuft (*nondestructive readout*).

Das Schreiben in den Speicher zeigt Bild 1.3.c. Die Zahl $8B_{16}$ soll am Platz mit der Nummer 07_{16} gespeichert werden. Zunächst legt die CPU die Adresse 07_{16} auf den Adressen-Bus, anschließend die Zahl $8B_{16}$ auf den Daten-Bus. Als nächstes sendet die CPU ein Schreibsignal, indem sie die R/W-Steuerleitung auf Low-Potential legt. Wenn der Speicher durch das entsprechende CS-Signal aktiviert ist, wird die Zahl von dem Buffer in die Speicherstelle 07_{16} eingeschrieben. Der vorhergehende Inhalt ist damit gelöscht.

1.3 Einlesen und Verarbeiten eines Programmes

Der Anwender steuert einen Computer durch das Programm. Ein Programm ist eine Folge von Befehlen, die der Computer verstehen und ausführen kann. Diese Befehle stehen in linearer Reihenfolge im Speicher. Im folgenden soll nun erklärt werden, wie Befehle aufgebaut sind und wie sie ausgeführt werden.

1.3.1 Aufbau eines Befehls

Für die nachfolgenden Erklärungen verwenden wir ein einfaches Additionsbeispiel.

Beispiel:
Es sollen die beiden Dezimalzahlen 11 und 3 addiert werden.

Für diese einfache Aufgabe muß (im Gegensatz zum Taschenrechner) ein Programm geschrieben werden. Dazu wiederum muß der Programmierer wissen, welcher Befehlssatz ihm bei seinem Mikroprozessor zur Verfügung steht. Jeder Mikroprozessor-Hersteller liefert zu seinem Prozessor auch eine Befehlsliste. Für unsere Aufgabe benötigen wir aus dieser Liste drei Befehle, die im Bild 1.4 aufgeführt sind.

Die erste Spalte unserer Befehlstabelle enthält die Befehle in *mnemonischer Schreibweise*. Eigentlich besteht jeder Befehl aus einem Bitmuster, das die CPU auch lesen kann. Für

MNEMONIC	OPCODE		Beschreibung
	binär	hexadez.	
LDA #	10000110	86	Lade den Inhalt des nächsten Speicherplatzes in den Akkumulator.
ADD #	10001011	8B	Addiere den Inhalt des nächsten Speicherplatzes zum gegenwärtigen Inhalt des Akkumulators. Speichere das Ergebnis im Akkumulator.
HLT	00111110	3E	Halt für alle Operationen

Bild 1.4 Befehle des Modellmikrocomputers

den Programmierer aber ist es einfacher, wenn er bei der Erstellung eines Programmes mit Abkürzungen umgehen kann, die der Umgangssprache entnommen sind.

Wenn der Anwender sein Programm mit diesen *Mnemonics* schreibt, schreibt er sein Programm in *Assemblersprache*. Diese Sprache versteht der Rechner nicht, oder jedenfalls nicht ohne weiteres. Es gibt nun zwei Möglichkeiten:

a) Der Programmierer überläßt die Umsetzung des in Assemblersprache geschriebenen Programmes dem Rechner selbst. Der Rechner bewältigt dies wiederum mit einem Programm, dem sogenannten *Assemblerprogramm*.

> Das Assemblerprogramm übersetzt das in Assemblersprache geschriebene Programm (also die Mnemonics) in die Maschinensprache des Rechners (also die zugehörigen Bitmuster).

b) Der Programmierer assembliert „von Hand" mit Hilfe einer von der Firma gelieferten Tabelle. Dabei kann er die Mnemonics in Hexadezimalzahlen umsetzen und diese über eine Hexadezimaltastatur eingeben, oder er setzt sie in das Binärmuster direkt um und gibt dann Bit für Bit über Tasten oder Schalter ein. Letzteres Verfahren ist sehr mühselig. Mit der Hexadezimaltastatur arbeiten die meisten Kits.

Die zweite Spalte der Befehlstabelle enthält den *Opcode*, eine Abkürzung für Operationscode. Der Opcode ist in binärer und in hexadezimaler Schreibweise angegeben. Der Opcode repräsentiert den Befehl, den die CPU ausführen soll. Meist folgt nach dem Opcode der Operand.

> Der *Opcode* gibt an, *was* getan werden soll.
> Der *Operand* gibt an, *womit* die Operation auszuführen ist.

Beispiel:
Wir können nun das Programm für unser Problem schreiben.
LDA   11
ADD   3
HLT

Damit die CPU das Programm bearbeiten kann, müssen wir es in den Speicher schreiben. Wie man es in den Speicher bekommt, wird später erklärt. Bei welchem Speicherplatz wir beginnen, spielt keine Rolle.

In unserem Beispiel beginnen wir mit dem Speicherplatz mit der Nummer 0, also mit der Adresse 0000. Ferner müssen wir daran denken, daß jeder Speicherplatz eine Länge von 8 Bit, also einem Byte hat. Der erste Befehl LDA 11 benötigt also 2 Speicherplätze, denn er ist 2 Byte lang. Das erste Byte enthält den Opcode für den Ladebefehl, das zweite Byte enthält den Operanden 11. Der Rechner kann das Programm selbstverständlich einzig und allein in binärer Form speichern. Wir haben bei unserem Modellcomputer eine Hexadezimaltastatur zur Verfügung. Die Umsetzung in die binäre Form geschieht durch Hardware. Das Programmbeispiel im Bild 1.5 ist daher vollkommen in hexadezimaler Form geschrieben, wie es der Programmierer „von Hand" mit Hilfe der Befehlstabelle assembliert. Daneben ist das Programm in der binären Form angegeben, wie es auch im Speicher steht. Unser Programm ist also 5 Byte lang, und benötigt daher 5 Speicherplätze.

	Adresse	SPEICHER	Programm
hexadez.	binär		hexadezimal
00	00000000	1 0 0 0 0 1 1 0	8 6
01	00000001	0 0 0 0 1 0 1 1	0 B
02	00000010	1 0 0 0 1 0 1 1	8 B
03	00000011	0 0 0 0 0 0 1 1	0 3
04	00000100	0 0 1 1 1 1 1 0	3 E
FD	11111101		
FE	11111110		
FF	11111111		

Bild 1.5
Programmbeispiel

1.3.2 Bearbeitung eines Befehls

Die Abarbeitung der Befehle erfolgt immer in der gleichen, sich ständig wiederholenden Weise. Man unterscheidet zwischen **Holphase** (*Fetch-Phase*) und **Ausführungsphase** (*Execute-Phase*).
Während der Holphase wird der Befehl vom Speicher geholt und anschließend von der CPU decodiert. Für alle Befehle benötigt die Holphase die gleiche Zeit, da immer die gleichen Operationen durchlaufen werden.
Während der Ausführungsphase führt die CPU die dem Befehl entsprechende Operation aus. Da die Befehle unterschiedlich sind, läuft auch die Ausführungsphase unterschiedlich ab. Dies wiederum bedeutet einen unterschiedlichen Zeitaufwand. Mit Hilfe unseres kleinen Programmes soll gezeigt werden, wie die CPU Befehle holt und dann ausführt.

1.3.3 Ablauf eines Programmes

Die Bearbeitung des Beispielprogramms zerfällt in 5 Phasen:
a) *Holen* des ersten Befehls (Opcode-Byte)
b) *Ausführen* des ersten Befehls (Operanden-Byte)
c) *Holen* des zweiten Befehls (Opcode-Byte)

d) *Ausführen* des zweiten Befehls (Operanden-Byte)
e) *Holen und Ausführen* des dritten Befehls

Damit die CPU überhaupt mit der Arbeit beginnen kann, muß der Programmzähler auf die Adresse des ersten Speicherplatzes gesetzt werden, wo der erste Befehl unseres Programmes steht. Wie der Programmzähler auf diese Adresse gesetzt wird, wie also der Computer gestartet wird, wird später erklärt. Wir nehmen jetzt an, daß der Programmzähler mit 00000000 geladen ist.

Der gesamte Ablauf, wie er im folgenden erklärt wird, steht unter der Regie des Steuerwerkes. Die im nachfolgenden Text eingekreisten Zahlen beziehen sich auf die jeweiligen Bilder.

a) Holen des ersten Befehls

Anhand von Bild 1.6.a soll die Holphase des ersten Befehls erklärt werden.

(1) Der Inhalt des Programmzählers wird in das Adressenregister geschrieben, welches mit dem Adressen-Bus verbunden ist. Somit steht auf dem Adressen-Bus die Adresse des gewünschten Speicherplatzes.

(2) Der Inhalt des Programmzählers wird um 1 erhöht. Der Inhalt des Adressenregisters wird dabei nicht geändert!

(3) Über den Daten-Bus wird der Inhalt des ausgewählten Speicherplatzes in das Datenregister der CPU eingelesen. Im Datenregister steht also zu diesem Zeitpunkt der Opcode des Ladebefehls (100001100).

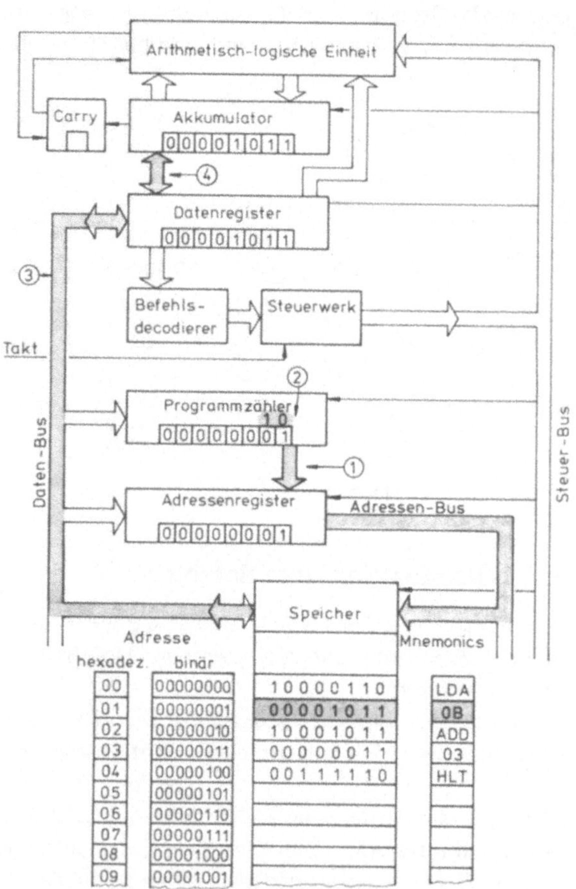

hexadez.	binär	Speicher	Mnemonics
00	00000000	1 0 0 0 0 1 1 0	LDA
01	00000001	0 0 0 0 1 0 1 1	0B
02	00000010	1 0 0 0 1 0 1 1	ADD
03	00000011	0 0 0 0 0 0 1 1	03
04	00000100	0 0 1 1 1 1 1 0	HLT
05	00000101		
06	00000110		
07	00000111		
08	00001000		
09	00001001		

Bild 1.6a Holen des ersten Befehls

(4) Aufgrund der internen Beschaltung weiß das Steuerwerk, daß nach der Abarbeitung des vorhergehenden Befehls immer ein Opcode in das Datenregister eingelesen wird. Somit wird jetzt das Bitmuster im Datenregister in den Befehlsdecodierer gebracht, wo es decodiert wird. Hier wird also das Bitmuster 10000110 als Ladebefehl erkannt. Das am Befehlsdecodierer angeschlossene Steuerwerk erzeugt daraufhin die Impulse, die für die Ausführung des Ladebefehls notwendig sind.

b) Ausführen des ersten Befehls

Bild 1.6.b zeigt das Ausführen des ersten Befehls.

(1) Der Inhalt des Programmzählers (also die Adresse des nächsten Byte) wird in das Adressenregister geschrieben. Damit liegt die Adresse des Operanden auf dem Adressen-Bus.

(2) Der Inhalt des Programmzählers wird um 1 erhöht. Damit ist er bereit für die nächste Holphase.

(3) Über den Daten-Bus wird der Inhalt des adressierten Speicherplatzes in das Datenregister der CPU eingelesen. Im Datenregister steht also nun der Operand des ersten Befehls, nämlich 00001011.

(4) Der Inhalt des Datenregisters wird in den Akkumulator eingelesen.

Bei dem Befehl LDA 11 (86 0B) ist die Adresse des Operanden einfach zu erhalten: Der Inhalt des Programmzählers wird um 1 erhöht. Nicht immer ist die Bildung der Adresse so einfach. Oft muß die Operandenadresse erst berechnet werden.

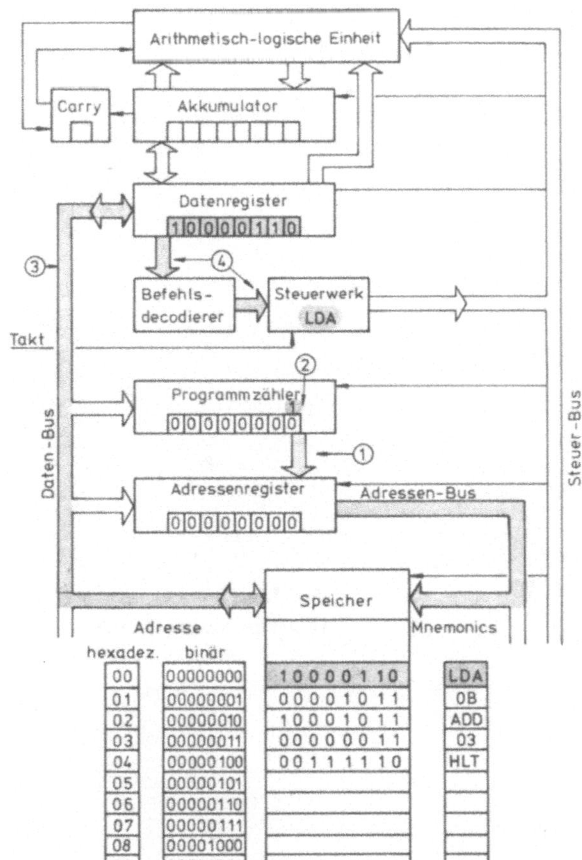

Bild 1.6b

Ausführen des ersten Befehls

c) Holen des zweiten Befehls

Anhand von Bild 1.6.c soll die Holphase des zweiten Befehls erklärt werden.

(1) Der Inhalt des Programmzählers wird in das Adressenregister geschrieben. Damit liegt die Adresse des Opcodes auf dem Adressen-Bus.

(2) Der Inhalt des Programmzählers wird um 1 erhöht.

(3) Über den Daten-Bus wird der Inhalt des ausgewählten Speicherplatzes in das Datenregister eingelesen.

(4) Der Inhalt des Datenregisters gelangt in den Befehlsdecodierer und wird dort decodiert. Daraufhin bildet das Steuerwerk die dem Additionsbefehl entsprechenden Impulse.

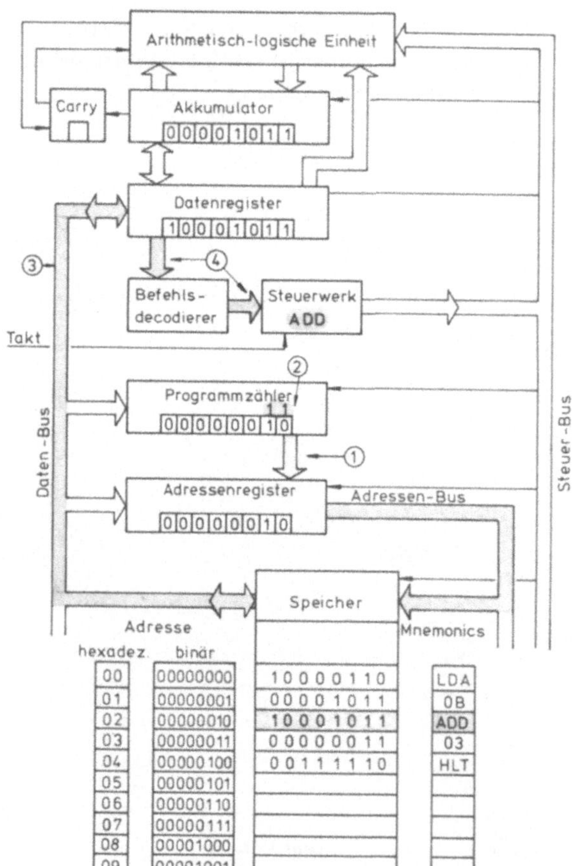

Bild 1.6c

Holen des zweiten Befehls

d) Ausführen des zweiten Befehls

Bild 1.6.d zeigt das Ausführen des zweiten Befehls.

(1) Der Inhalt des Programmzählers wird in das Adressenregister geschrieben. Damit liegt die Adresse des Operanden auf dem Adressen-Bus.

(2) Der Inhalt des Programmzählers wird um 1 erhöht.

(3) Über den Daten-Bus gelangt der Operand in das Datenregister.

(4A) Das Datenregister legt den Operanden an den einen Eingang der ALU.

(4B) Der Akkumulator legt den anderen Operanden (vom vorhergehenden Befehl!) an den anderen Eingang der ALU.

(5) Die ALU führt die Addition aus und lädt anschließend die Summe in den Akkumulator. Dabei wird der vorige Inhalt (also der eine Summand) zerstört.

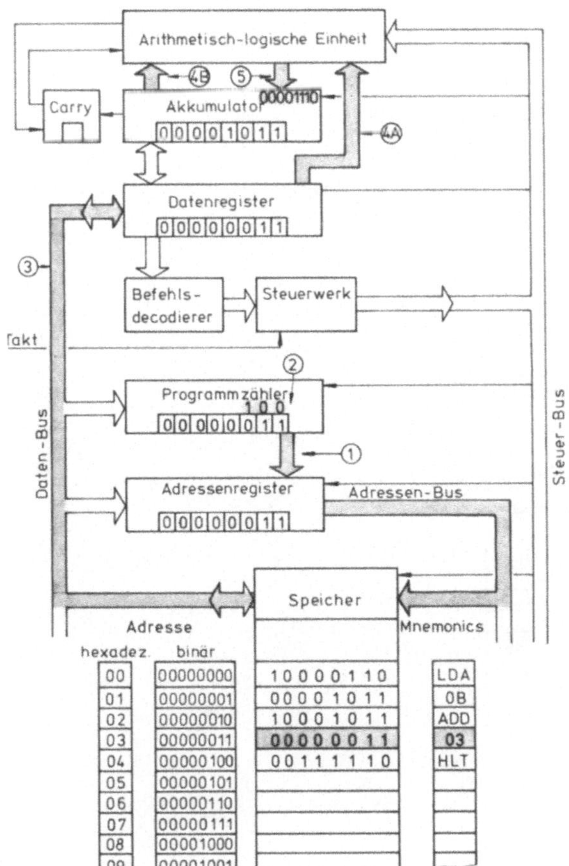

hexadez.	binär		Mnemonics
00	00000000	1 0 0 0 0 1 1 0	LDA
01	00000001	0 0 0 0 1 0 1 1	0B
02	00000010	1 0 0 0 1 0 1 1	ADD
03	00000011	0 0 0 0 0 0 1 1	03
04	00000100	0 0 1 1 1 1 1 0	HLT
05	00000101		
06	00000110		
07	00000111		
08	00001000		
09	00001001		

Bild 1.6d
Ausführen des zweiten Befehls

e) Holen und Ausführen des dritten Befehls

Nachdem die Summe berechnet ist und im Akkumulator steht, hat der Rechner seine
Aufgabe getan. Er hält aber nun nicht von allein an, sondern er muß durch den HALT-
Befehl gestoppt werden. Wie diese Phase abläuft, zeigt Bild 1.6.e.
Die Holphase läuft genau so ab wie in den vorhergehenden Fällen. Nachdem der Opcode
decodiert ist, werden durch das Steuerwerk die dem Haltsignal entsprechenden Steuersignale gebildet und damit die Ausführungsphase eingeleitet. Diese ist hier besonders
einfach: Alle Operationen werden gestoppt. Das geht einfach dadurch, daß das Steuerwerk keine Signale mehr produziert.

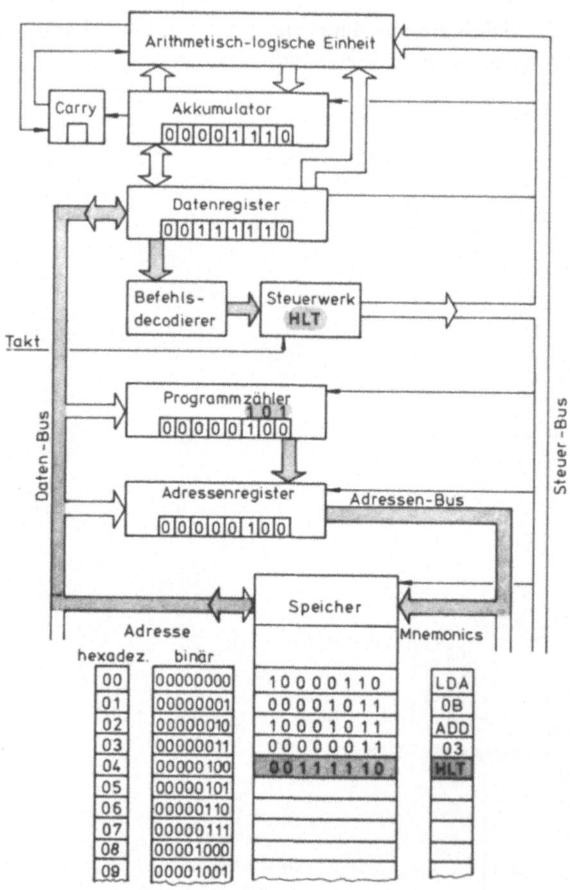

Bild 1.6e Der Halt-Befehl

1.4 Adressierungsarten des Modellmikrocomputers

Der Opcode eines Befehls enthält zwei Informationen:

1. Eine Information über die Funktion des Befehls, also über das, was getan werden soll.
2. Eine Information über die Adresse des Operanden.

Nach Decodierung des Opcode-Bitmusters erkennt die CPU, unter welcher Adresse der Operand zu finden ist, oder sie weiß zumindest, wie dessen Adresse zu berechnen ist.

Einer begrenzten Anzahl von Datenleitungen (z. B. acht) steht eine große Anzahl von Speicherplätzen, Interface-Bausteinen und internen Registern gegenüber, die alle möglichst bequem und schnell erreicht werden sollen. Es gibt daher auch eine große Vielfalt von Adressierungsarten.

Bei einem 8-Bit-Mikroprozessor sollen 64 K (2^{16}) Speicherplätze adressiert werden können — und das mit einem 8 Bit langen Opcode. Bei der Gestaltung der Adressierungsarten muß sich der Mikroprozessor-Hersteller aber noch über andere Aspekte Gedanken machen:

1. Der Operand soll möglichst schnell adressiert werden können.
2. Die Adresse soll möglichst wenig Speicherplätze beanspruchen.
3. Das Programm soll möglichst einfach werden.

Unser Modellmikrocomputer besitzt drei verschiedene Adressierungsarten:

> *Inherent*-Adressierung (Implizite Adressierung)
>
> *Immediate*-Adressierung (Unmittelbare Adressierung)
>
> *Direct*-Adressierung (Direkte Adressierung)

Da der Leser auch in den Datenblättern die englischen Bezeichnungen vorfindet, sollen diese im folgenden beibehalten werden.

1.4.1 Inherent-Adressierung

Diese Adressierungsart wird von 1 Byte-Befehlen verwendet. Diese benötigen keinen Operanden. Ein Beispiel ist der HLT-Befehl in unserem vorhergehenden Programm. Aus dem Bitmuster des Opcode kann auch hervorgehen, in welchem Register der Operand steht. Ein Beispiel hierfür ist der Befehl

> CLRA: *Clear Accumulator A*

Dieser Befehl löscht den Akkumulator A. Das heißt, der Inhalt von Akkumulator A wird durch Nullen ersetzt.

In diesem Zusammenhang soll noch die Bedeutung des sogenannten *CPU-Zyklus* (Maschinenzyklus) erklärt werden:

> Ein CPU-Zyklus ist die *minimale Zeit*, die zum *Holen* eines Datenbytes benötigt wird.

Eine typische Zeit hierfür ist 1 μs. Festgelegt wird diese Zeit durch den Taktgenerator des Mikroprozessors. Mikroprozessoren arbeiten mit einem zum Teil mehrphasigen Takt, von dem alle prozessorinternen Abläufe und die Signalübertragungen auf dem Bussystem abgeleitet werden. Genaue Zeitbedingungen müssen den Datenblättern entnommen werden. Allgemein gilt, die Zeit, die zum Abholen und zur Ausführung eines Befehls nötig ist, wird in CPU-Zyklen gemessen.

Bei der Inherent-Adressierung benötigt auch die Befehlsausführung genau einen CPU-Zyklus. Das heißt, die minimale Zeit für das Holen und Ausführen eines Befehls mit Inherent-Adressierung beträgt zwei CPU-Zyklen. Die meisten Adressierungsarten benötigen mehr CPU-Zyklen.

1.4.2 Immediate-Adressierung

Bei einem Befehl mit Immediate-Adressierung ist der Operand an einem dem Opcode folgenden Speicherplatz abgelegt. Nachdem der Opcode eines Befehls eingelesen und decodiert wurde, wird der Programmzähler inkrementiert. Damit enthält er automatisch die Adresse des Operanden.

Die Immediate-Adressierung wird oft angewandt, um interne Register der CPU zu adressieren (Akkumulator, Indexregister, usw.). Wenn der Befehl sich auf ein 8-Bit-Register (z.B. Akkumulator) bezieht, ist der Operand 1 Byte lang, wenn er sich auf ein 16-Bit-Register (z.B. Indexregister) bezieht, ist der Operand 2 Byte lang. Ein Befehl mit Immediate-Adressierung kann also ein 2- oder ein 3-Byte-Befehl sein.

Beispiel:

Speicherplatz n	LDAA	Opcode mit Registerangabe
Speicherplatz n + 1	8E	1 Byte Operand
Speicherplatz n + 2		2 Byte Operand

LDA A # 8E — *Load 8E immediate into accumulator A*
Dieser Befehl lädt den Akkumulator mit der Zahl 8E.

An einigen weiteren Beispielen sollen noch ein paar Bemerkungen zur Schreibweise gemacht werden.

Beispiel:
LDAA # 7	# kennzeichnet die unmittelbare (*immediate*) Wertangabe des Operanden
LDAA # % 00000111	% kennzeichnet den folgenden Zahlenwert als Binärmuster
LDX # $ F12F	$ kennzeichnet eine Hexadezimalzahl;
	$ F12F ist gleichbedeutend mit $F12F_{16}$

1.4.3 Direct-Adressierung

Die Immediate-Adressierung ist sehr nützlich, wenn es sich bei dem Operanden z.B. um eine Konstante handelt, die nur einmal benötigt wird. Dann ist es sinnvoll, diese Konstante direkt in den Operandenteil des Befehls zu schreiben. Oft ist der Operand jedoch eine Variable, die auf verschiedene Weise behandelt werden soll. Dann hilft die Immediate-Adressierung nicht weiter. Man wendet in diesem Fall die Direct-Adressierung an. Bei ihr gilt:

> Das erste Byte des Befehls ist der Opcode.
> Das zweite Byte ist die Adresse des Operanden (nicht der Operand selbst!).

Beispiel:

| Speicherplatz n | LDAA | Opcode |
| Speicherplatz n + 1 | 8E | Adresse des Operanden |

LDA A 8E — *Load the contents of memory 8E into accumulator A*
Dieser Befehl lädt den Akkumulator A mit dem Inhalt des Speicherplatzes 8E.

Bei der Direct-Adressierung steht ein Byte für die Adresse des Operanden zur Verfügung. Daher können 256 Adressen gebildet werden, also die Speicherplätze 0 bis 255 angesprochen werden.
Der Unterschied zwischen Immediate- und Direct-Adressierung sei nochmals an Hand eines Beispiels herausgestellt:

Beispiel:

LDAA # EF   (*immediate*): Die Zahl EF wird in den Akkumulator geladen.

86 EF   (*direct*):   Die Zahl im Speicherplatz mit der Adresse EF wird in den

LDAA EF   Akkumulator geladen.

In Bild 1.4 ist ein Auszug aus der Befehlsliste des Modellmikrocomputers aufgeführt. Dabei ist der Opcode jeweils für die Immediate-Adressierung angegeben. Im Bild 1.7 werden nochmals einige Befehle angegeben, wobei diesmal der Opcode für die Direct-Adressierung angegeben wird. Die Mnemonics bleiben gleich.
Die Direct-Adressierung benötigt 3 CPU-Zyklen. Ein Zyklus wird für die Holphase benötigt und zwei Zyklen für die Ausführungsphase. Nach Decodierung des Opcode erhält die CPU erst die Adresse des Operanden, die wiederum decodiert werden muß. Dazu wird der zweite Zyklus benutzt. In einem dritten Zyklus wird dann der Operand geholt und die Operation ausgeführt.

| MNEMONIC | OPCODE | | Beschreibung |
	binär	hexadez.	
LDA	10010110	96	Lade den Akkumulator mit dem Inhalt des Speicherplatzes, dessen Adresse im nächsten Byte steht.
ADD	10011011	9B	Addiere zum gegenwärtigen Akkumulatorinhalt den Inhalt des Speicherplatzes, dessen Adresse im nächsten Byte steht. Bringe die Summe in den Akkumulator.
STA	10010111	97	Speichere den Inhalt des Akkumulators in den Speicherplatz, dessen Adresse im nächsten Byte steht.

Bild 1.7 Befehle des Modellmikrocomputers mit DIRECT-Adressierung

1.4.4 Beispielprogramm mit Direct-Adressierung

Es soll hier das gleiche Beispiel gerechnet werden wie in 1.3.1, nämlich die Addition
11 + 3. Nur soll jetzt ein Programm geschrieben werden, welches die Direct-Adressierung
verwendet. Außerdem lassen wir die Summe diesmal nicht im Akkumulator stehen, sondern speichern sie im Speicherplatz Nummer 9 ab. Der Summand 11 steht im Speicherplatz Nummer 7, der Summand 3 im Speicherplatz Nummer 8.

Das Programm lautet: LDA 7
                       ADD 8
                       STA 9
                       HLT

Der erste Befehl veranlaßt die CPU dazu, den Speicherplatz Nummer 7 zu adressieren und
die dort stehende Zahl (also die 11) in den Akkumulator zu holen.

Der zweite Befehl veranlaßt die CPU dazu, die im Speicherplatz Nummer 8 gespeicherte
Zahl (also die 3) in die CPU zu holen. Dort wird sie zum Akkumulatorinhalt addiert. Das
Ergebnis wird wiederum im Akkumulator abgespeichert.

Der dritte Befehl veranlaßt die CPU dazu, den Akkumulatorinhalt (also die Summe 14)
im Speicherplatz Nummer 9 abzuspeichern.

Der letzte Befehl ist der Halt-Befehl. Er veranlaßt die CPU anzuhalten. Dieser Befehl
scheint im ersten Augenblick überflüssig zu sein. Aber machen wir uns einmal klar, was
ohne den HLT-Befehl passieren würde: Die CPU würde den nächsten Befehl einlesen wollen. Sie würde die Zahl 7 einlesen und dieses Bitmuster als Opcode interpretieren. Der
Rechner würde sehr schnell völlig durcheinander geraten.

Die Ausführung des Beispielprogrammes mit Direct-Adressierung unterscheidet sich nicht
wesentlich von der mit Immediate-Adressierung. Anhand der nachfolgenden Bilder sollen
die Holphase und die Ausführungsphase bei dem ersten Programmbefehl Schritt für Schritt
erklärt werden.

a) Holen des ersten Befehls (Bild 1.8.a)

(1) Der Inhalt des Programmzählers wird in das Adressenregister geschrieben, welches mit dem Adressen-Bus verbunden ist. Somit steht auf dem Adressen-Bus die Adresse des gewünschten Speicherplatzes.

(2) Der Inhalt des Programmzählers wird um 1 erhöht.

(3) Über den Daten-Bus wird der Inhalt des ausgewählten Speicherplatzes in das Datenregister der CPU eingelesen.

(4) Der Inhalt des Datenregisters wird decodiert. Die CPU erkennt, daß es sich um einen Ladebefehl mit Direct-Adressierung handelt.

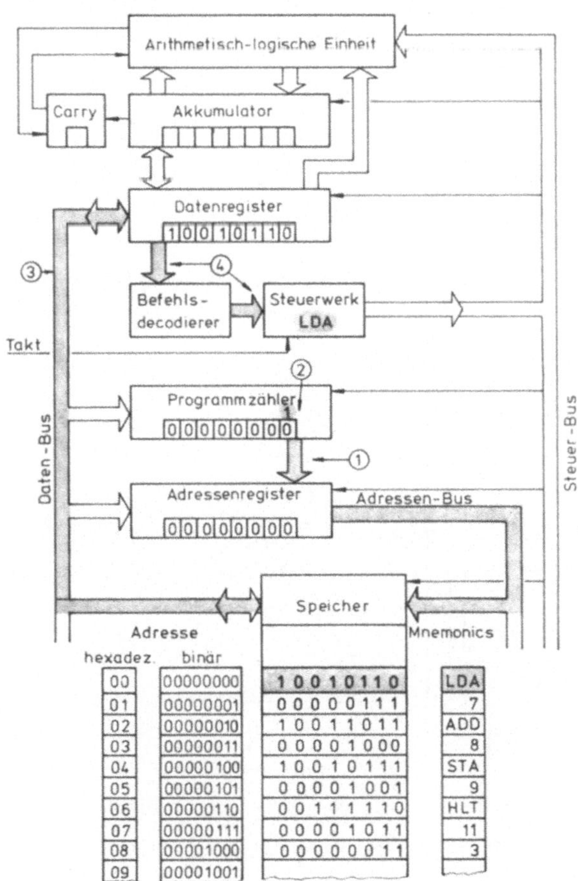

Bild 1.8a Holen des ersten Befehls

b) Ausführungen des ersten Befehls

Die Ausführungsphase zerfällt bei Befehlen mit Direct-Adressierung in zwei Hälften. Zunächst muß die Adresse des Operanden geholt werden. Wie dies geschieht, zeigt Bild 1.8.b.

1. Holen der Adresse des Operanden

(1) Der Inhalt des Programmzählers (also die Adresse des nächsten Byte) wird in das Adressenregister geschrieben.

(2) Der Inhalt des Programmzählers wird um 1 erhöht.

(3) Über den Daten-Bus wird der Inhalt des adressierten Speicherplatzes diesmal in das Adressenregister eingelesen. Im Adressenregister steht also jetzt die Zahl 7. 7 ist die Adresse des Operanden.

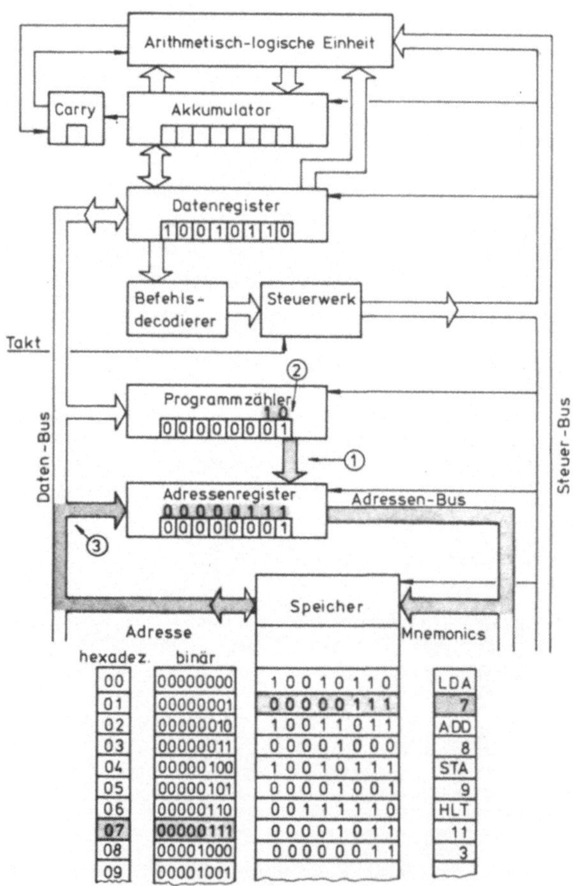

Bild 1.8b Holen der Adresse des Operanden

Als nächstes kann die CPU den Operand selbst holen. Dieser Vorgang wird im Bild 1.8.c erklärt.

2. Holen des Operanden

(1) Die Adresse des Operanden (also die 7), welche zur Zeit im Adressenregister steht, wird auf den Adressen-Bus geschaltet.

(2) Über den Daten-Bus wird der Inhalt des adressierten Speicherplatzes Nummer 7 (also die Zahl 11) in das Datenregister der CPU eingelesen.

(3) Der Inhalt des Datenregisters wird in den Akkumulator eingelesen.

In genau der gleichen Weise werden die restlichen Befehle des Programmes von der CPU abgearbeitet.

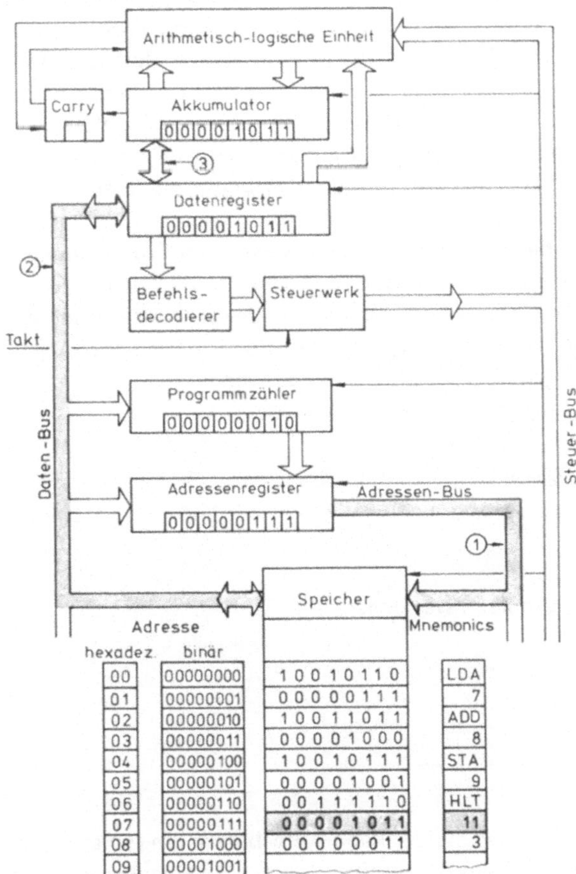

hexadez.	binär		Mnemonics
00	00000000	1 0 0 1 0 1 1 0	LDA
01	00000001	0 0 0 0 0 1 1 1	7
02	00000010	1 0 0 1 1 0 1 1	ADD
03	00000011	0 0 0 0 1 0 0 0	8
04	00000100	1 0 0 1 0 1 1 1	STA
05	00000101	0 0 0 0 1 0 0 1	9
06	00000110	0 0 1 1 1 1 1 0	HLT
07	00000111	**0 0 0 0 1 0 1 1**	**11**
08	00001000	0 0 0 0 0 0 1 1	3
09	00001001		

Bild 1.8c Holen des Operanden

2 Einführung in das Programmieren von Mikroprozessoren

2.1 Arbeitsweise beim Programmieren

Programmieren bedeutet das Erstellen einer Folge von Anweisungen, die in einer Programmiersprache abgefaßt sind. Das Problem muß vorher vollständig und genau beschrieben werden.

Programme sind Teil der Software. Jedes Computersystem setzt sich aus *Hardware* und *Software* zusammen. Zur Software gehören nicht nur Programme, sondern auch organisatorische Vorarbeiten, wie die Erstellung von Datenflußplan und Programmablaufplan. Die Kostenanteile von Hard- und Software haben sich in letzter Zeit sehr stark zu Ungunsten der Software entwickelt. (Die Hardware wird immer komplexer, und die Programmierleistung immer teurer.) Es wird also in Zukunft ein wichtiges Problem sein, gute Software ökonomisch herzustellen. Die Software ist ein sehr weites Gebiet. An dieser Stelle soll dem mehr in Hardware Vorgebildeten eine Einführung in die Software gegeben werden.

Der erste Schritt besteht darin, sich über die richtige Arbeitsweise beim Programmieren klar zu werden. Um das Programm so schnell wie möglich auf dem Rechner laufen zu lassen, beginnt der Anfänger oft mit dem Codieren des Programms, bevor er die Lösung des Problems vollständig durchdacht hat. Die Folge sind Fehler, höhere Testzeiten, Neuschreiben des Programms und damit allgemein ein höherer Zeitaufwand.

Beim Programmieren kann man etwa folgende Phasen unterscheiden:

1. *Entwurfsphase*
   Aufgabenspezifikation (Lösungsverfahren)
   Erstellung eines Algorithmus
   Flußdiagramm/Struktogramm
2. *Programmierung* (Codierung)
   Umsetzen des Flußdiagramms in Assembleranweisungen
3. *Übersetzung*
   Assembler-Compiler
4. *Test*
5. *Dokumentation*

2.1.1 Entwurfsphase

Ziel der Entwurfsphase ist es, eine mehr oder minder klare Aufgabenstellung so exakt zu formulieren und schriftlich zu fixieren, daß eine Bearbeitung durch den Rechner möglich wird. Die Randbedingungen sind dabei genau und vollständig zu klären. Auch Überlegungen über die zeitlichen Bedingungen (z. B. Notwendigkeit von *Interrupts*) und den zu erwartenden Speicherplatzbedarf sind an dieser Stelle anzustellen.

Auf der einen Seite steht eine speziell auf das Problem zugeschnittene Lösung, die wenig Zeit und damit wenig Kosten verursacht. Auf der anderen Seite ermöglicht eine allgemeinere Lösung des Problems eine universellere Anwendung und damit ebenfalls eine Kostensenkung.

Eine in der Umgangssprache formulierte Aufgabe versteht der Rechner nicht. Es muß eine eindeutige Bearbeitungsvorschrift, ein *Algorithmus* entworfen werden. Im Bereich der Mathematik liegen Algorithmen als Formeln vor. In anderen Bereichen müssen Algorithmen erst gesucht werden. Man kann den Algorithmus auch als eine umgangssprachliche Problemlösungsbeschreibung bezeichnen. Ein Algorithmus löst nicht nur ein Problem, sondern eine bestimmte Klasse von Problemen.

Wichtige Hilfsmittel bei der Problemlösung sind *Flußdiagramme* und die in letzter Zeit immer häufiger verwendeten *Struktogramme*.

Ein *Flußdiagramm* bzw. ein Programmablaufplan ist die graphische Beschreibungsform eines Programmes. Die verwendeten Symbole sind in DIN 66 001 genormt. Das Flußdiagramm ermöglicht die übersichtliche Darstellung eines komplexen Problems. Ein Lösungsweg ist durch mehrere Flußdiagramme mit unterschiedlichem Detaillierungsgrad beschreibbar. In einem ersten groben Diagramm werden umfangreiche Teilaufgaben in einem Symbol zusammengefaßt. Beim letzten fein strukturierten Diagramm, das dann auch Grundlage für die Programmierung ist, entspricht ein Symbol einem Befehl oder einer Befehlsfolge.

Eine andere Methode der Darstellung ist das *Struktogramm*. Es besteht aus sogenannten Strukturblöcken, die die Darstellung eines modular aufgebauten Programmes ermöglichen. Bei diesem Verfahren wird das Programm von oben nach unten entwickelt (*Topdown design*). Die Aufgabe wird zuerst in große logische Blöcke zerlegt, die dann zunehmend verfeinert werden. Das Programm besteht dann aus vielen, kleinen überschaubaren Modulen, die einfach strukturiert sind und nur wenige Verbindungen untereinander haben. Ein so aufgebautes Programm ist leicht auf Fehlerfreiheit zu überprüfen, einfach zu testen und zu warten und auch leichter an veränderter Problemstellung anzupassen.

2.1.2 Programmierung

In dieser Phase wird das Flußdiagramm in die entsprechende Programmiersprache umgesetzt. Bei der Programmierung von Mikroprozessoren ist dies sehr oft die Assemblersprache. Dabei werden die einzelnen Befehle mit ihren mnemonischen Abkürzungen niedergeschrieben. Man nennt diese Phase auch Codieren. Gleich nach dem Codieren sollte man von Hand einen ersten Test durchführen. Dies verkürzt die spätere, eigentliche Testphase am Rechner in den meisten Fällen. Auch eine ausführliche Kommentierung des Programms erleichtert die spätere Arbeit mit dem Programm.

2.1.3 Übersetzung

Bevor auf das Übersetzen eingegangen wird, soll ein kurzer Überblick über die Programmiersprachen gegeben werden:

Quellensprache	*Objektsprache*
(Primärsprache)	(Maschinensprache)

Assemblersprache
(Maschinenorientierte Sprache)
FORTRAN, ALGOL, COBOL
(Problemorientierte Sprachen)

Die *Quellensprache* oder *Primärsprache* ist eine symbolische Programmiersprache, in der der Programmierer sein erstes Programm schreibt, in die er also sein Flußdiagramm oder Struktogramm umsetzt. Diesen Vorgang nennt man Codieren. Symbolische Programmiersprachen vereinfachen die Codierung.

Die *Objektsprache* oder *Maschinensprache* kann der Rechner direkt lesen. Sie besteht aus einer Folge von Nullen und Einsen. Es würde für den Programmierer einen enormen Aufwand darstellen, sämtliche Befehle und Daten als Bitmuster niederzuschreiben. Daher schreibt der Programmierer sein Programm immer in einer Quellensprache.

Die *Quellensprache* kann *maschinenorientiert* sein. Man nennt sie in diesem Fall *Assemblersprache*. Jedem Befehl in der Quellensprache (Primärsprache) entspricht ein Befehl in der Objektsprache (Maschinensprache). Adressen und Operanden werden mit symbolischen Namen oder Abkürzungen dargestellt. Sie sind so für den Menschen leichter zu merken und zu handhaben. Die Programmierung in Assemblersprache erfolgt aber maschinengebunden, also auf einen bestimmten Mikroprozessor bezogen.

Die *Quellensprache* kann auch *problemorientiert* sein. Problemorientierte Programmiersprachen (auch höhere Programmiersprachen genannt) sind z.B. FORTRAN, ALGOL, COBOL und BASIC. Sie ermöglichen die Programmstellung in einer Form, die sich nicht mehr auf einen bestimmten Mikroprozessor bezieht. Bei problemorientierten Sprachen wird ein Befehl in mehrere Befehle in Maschinensprache umgewandelt.

Der *Assembler* ist ein *Übersetzerprogramm*, das das Quellenprogramm (geschrieben in Assemblersprache) in das Objektprogramm (also in Maschinensprache) umsetzt. Dabei setzt der Assembler auch die richtigen Werte für die symbolischen Adressen und Operanden ein. Assembliert wird in mindestens zwei Durchgängen:

1. Im ersten Durchlauf führt der Assembler die Adreßberechnung durch. Das gesamte Quellenprogramm wird dazu eingelesen. Eine Liste aller symbolischen Adressen wird erstellt und die zugehörigen aktuellen Adressen ermittelt.

2. Im zweiten Durchlauf wird die eigentliche Übersetzung vorgenommen. Dies macht der Assembler an Hand einer Liste, in der zu jedem mnemonischen Operationscode das entsprechende Bitmuster im Maschinencode vermerkt ist. Die aus dem ersten Durchlauf bekannten Bitmuster der Operanden können ebenfalls eingesetzt werden. Damit ist das Maschinenprogramm fertig.

Das Ergebnis des Assemblierens kann in zwei Formen ausgegeben werden:

1. *Maschinenprogramm:* Der Assembler gibt auf einen Datenträger (z.B. Lochkarten) ein Maschinenprogramm aus, das dann in den Computer geladen werden kann.

2. *Listing*: Das Listing enthält das Quellenprogramm, welches vom Assembler mit zusätzlichen Informationen versehen wurde. Die Listings ermöglichen die Prüfung des Programms. Programme werden in Form von Listings dokumentiert.

Natürlich kann man auch von Hand assemblieren. Bei kleineren Systemen (Kits) schaut der Programmierer selbst in der von der Firma mitgelieferten Befehlsliste nach und setzt für jeden mnemonischen Befehl das entsprechende Bitmuster ein oder tippt das hexadezimale Äquivalent in eine Hexadezimaltastatur ein. Natürlich muß er auch die Adreßberechnungen für Sprungbefehle selbst vornehmen.

Residente Assembler sind Assembler, die auf dem Mikrocomputer selbst laufen.

Cross-Assembler sind Assembler, die auf einem anderen System (Mikrocomputer oder EDV-Anlage) laufen.

Ein *Compiler* ist ein Programm zum Übersetzen eines in einer höheren Programmiersprache geschriebenen Quellenprogramms in das Objektprogramm (Maschinencode). Compiler sind aufwendiger als Assembler und benötigen daher auch viel mehr Speicherplatz. Sie ermöglichen allerdings das komfortable Programmieren in einer höheren Programmiersprache.

BASIC-Programme werden nicht in den Maschinencode übersetzt, sondern bei der Ausführung zeilenweise interpretiert. Das entsprechende Programm heißt *Interpreter*.

2.1.4 Test

Im allgemeinen wird ein Programm beim ersten Testlauf nicht fehlerfrei sein. Es ist daher wichtig bei der Fehlersuche systematisch vorzugehen. Dem Programmierer stehen eine Reihe von Software-Entwicklungshilfen zur Verfügung, von denen die wichtigsten nachfolgend kurz besprochen werden. Eine erste Prüfung des Programmes sollte am Schreibtisch erfolgen, nachdem das Quellenprogramm geschrieben ist. Danach wird das Programm auf dem Rechner selbst getestet, und zwar mit Daten, die zu bereits bekannten Ergebnissen führen. Bevor das Programm voll einsatzbereit ist, sind mehrere Stufen zu durchlaufen. Für jede Stufe werden vom Hersteller Hilfsprogramme angeboten — sogenannte Entwicklungsprogramme.

Es gibt grundsätzlich zwei Möglichkeiten für den Programmierer, sein Programm zu testen. Entweder er benutzt das Mikroprozessorsystem für das das Programm gedacht ist, oder er läßt sich an eine Großrechenanlage anschließen. Das letztere Verfahren nennt man *Timesharing*. Der Teilnehmer bedient ein sogenanntes „Terminal", das über Fernsprechleitungen der Post an einen Großrechner angeschlossen ist. Der Großrechner bietet komfortable Programmiermöglichkeiten, das Mikroprozessorsystem ermöglicht einen praxisnahen Test.

Ein *Editor* hat zwei Aufgaben:

1. Er ermöglicht das Eingeben von Quellenprogrammen. Es wird ein maschinell lesbarer Datenträger erstellt.
2. Er erlaubt das Korrigieren und Erweitern von Quellenprogrammen.

Der Editor ist ein Programm, das entweder in einem ROM gespeichert ist oder auf einem Lochstreifen vorliegt. Im ersten Fall genügt zur Eingabe des Editors das Eintippen eines Steuerzeichens und eines Startzeichens. Im zweiten Fall wird die Eingabe des Editors durch einige Steuerzeichen bewirkt, die am Anfang des Editorlochstreifens stehen und die das Laden des Streifens bewirken, auf dem sie stehen. Man nennt das „Bootstrap", denn eigentlich ist der Editor notwendig, damit ein Programm in den Rechner eingelesen werden kann.

Steht das Mikroprozessorsystem unter der Aufsicht des Editors, wird das Programm in den „Text-buffer" eingelesen. Es können nun Tippfehler korrigiert oder auch zusätzliche Zeilen eingefügt werden. Anschließend kann das „gesäuberte" Quellenprogramm (in Assemblersprache) auf einen Lochstreifen oder Floppy Disk ausgegeben werden. Es liegt dort nun zum Assemblieren bereit. Dieser Vorgang wurde bereits weiter oben beschrieben.

Der *Loader* ist ein weiteres Entwicklungshilfsprogramm. Er dient zum Laden von übersetzten Programmen von einem maschinell lesbaren Datenträger (z. B. Lochstreifen) in den Arbeitsspeicher des Mikroprozessorsystems, denn jedes Programm (auch ein Entwicklungshilfsprogramm) muß in den Arbeitsspeicher des Prozessors, bevor man es zum Laufen bringen kann. Bei Entwicklungsprogrammen entsteht dann das Problem der Urladung, das zum Beispiel durch „Bootstrap" oder auch hardwaremäßig gelöst werden kann.

Das *Simulatorprogramm* ermöglicht das Simulieren eines Mikroprozessors auf einem großen Computer. Eine bestimmte Hardware-Konfiguration wird also softwaremäßig nachgebildet.

Das *Debug-Programm* ist ein Hilfsprogramm für die Fehlersuche im Anwenderprogramm. Ein Debugger hat verschiedene firmenabhängige Funktionen, von denen nachfolgend einige aufgezählt werden sollen.

1. Eine beliebige Speicherzelle muß adressiert und korrigiert werden können: *Memory Change*
2. Die CPU soll an beliebiger Stelle angehalten, und der Inhalt sämtliche Register und Flags angezeigt, bzw. ausgedruckt werden können: *Register Display*
3. Die CPU soll nur eine Instruktion ausführen und dann von Hand weiter geschaltet werden können: *Single Step*
4. Die CPU soll an vorher markierten Stellen angehalten werden können:*Breakpoints*

Diese und ande Funktionen ermöglichen das Überprüfen und Ändern von Daten und Befehlen.

2.1.5 Dokumentation

Für ein gutes Programm ist eine Dokumentation notwendig. Dazu gehören unter anderem eine allgemeine Programmbeschreibung, sowie die Bedienungsanleitung. Ein anderer Programmierer muß in der Lage sein, ein Programm zu benutzen oder es zu ändern.

2.2 Programmierungstechniken

2.2.1 Flußdiagramm

Die von einem Computer zu lösenden Probleme sind oft sehr komplex; entsprechend komplex sind die Programme. Zur Erstellung einer ersten übersichtlichen Darstellung verhilft das Flußdiagramm. Das Flußdiagramm ist die grafische Beschreibungsform eines Pro-

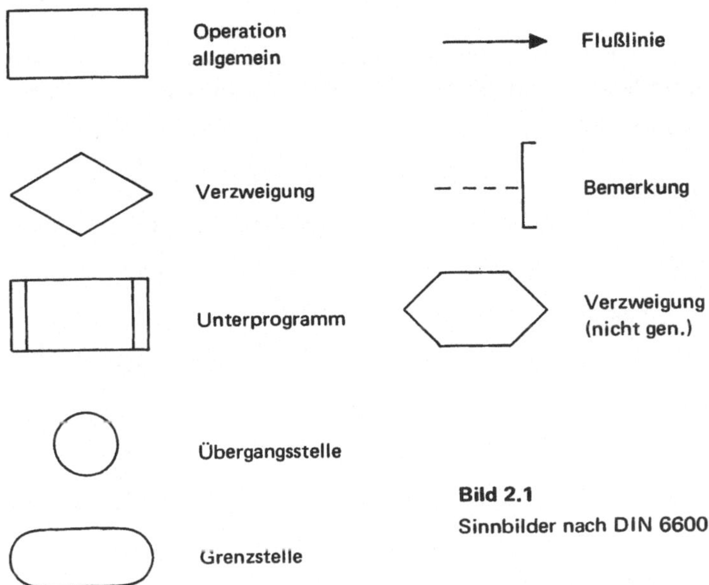

Bild 2.1
Sinnbilder nach DIN 66001

grammes. Ein Programm ist durch mehrere Flußdiagramme unterschiedlich detailliert beschreibbar. Ein grob strukturiertes Diagramm faßt umfangreiche Teilaufgaben in einem Symbol zusammen, während ein feiner strukturiertes mehr auf Programmierungsdetailles eingeht. In beiden Fällen steht ein Symbol für mehrere Maschineninstruktionen. Die Sinnbilder sind nach DIN 66 001 festgelegt. Die wichtigsten sind im Bild 2.1 aufgeführt.

2.2.2 Verzweigung, Verteiler

Oft müssen Zahlen miteinander verglichen werden. Ein Vergleich bewirkt eine Verzweigung. Je nachdem die Bedingung erfüllt ist oder nicht, bearbeitet der Rechner die nächste Anweisung oder verzweigt zu einem anderen Programmteil. Der Rechner kann auch zurückspringen und den gleichen Programmteil nochmals bearbeiten.

Muß ein Programm nach mehr als zwei Stellen verzweigen, spricht man von Verteilern. Eine Größe, die mehrere Werte annehmen kann, führt auf einen Verteiler. Bei jedem Wert verzweigt der Rechner auf einen bestimmten Programmteil. Bild 2.2a zeigt, wie Verteiler ausgeführt werden.

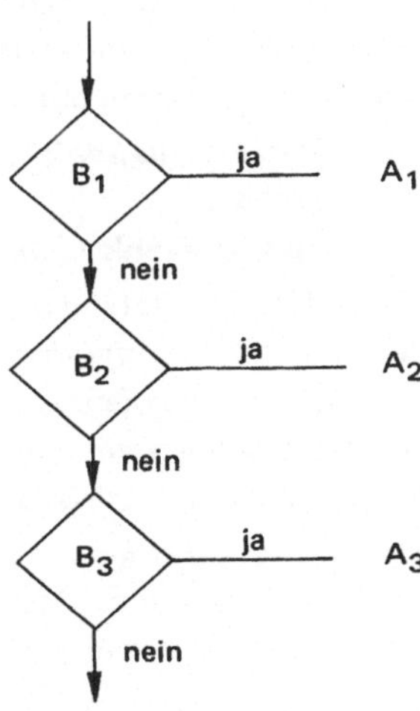

Bild 2.2a Verteiler

2.2.3 Schleifen

Programmierschleifen dienen der wiederholten Ausführung eines Programmteiles. Den Aufbau einer Programmierschleife zeigt Bild 2.2.b. Sie besteht aus vier Teilen:
1. Initialisierung (Schleifenkriterium)
2. Bearbeitung
3. Schleifenkriterium verändern
4. Endabfrage

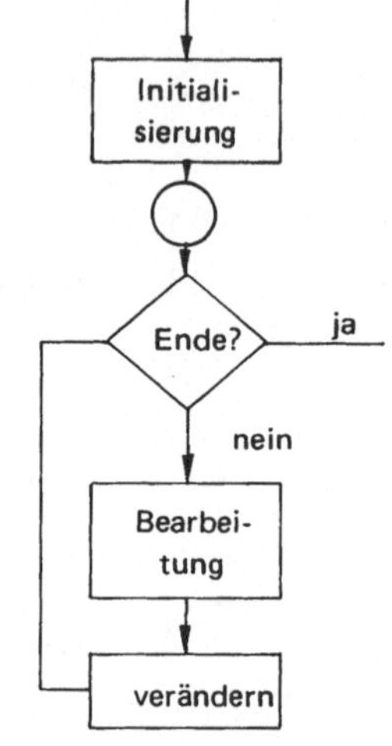

Bild 2.2b

Schleife

2.2.4 Relative-Adressierung

Die Programme, die wir bis jetzt geschrieben haben, waren alle sogenannte „Geradeaus-Programme". Das heißt, die Befehle werden in festgelegter Reihenfolge abgearbeitet, also so, wie sie aufgeschrieben wurden. Damit sind die Möglichkeiten des Mikroprozessors bei weitem nicht ausgeschöpft, und auch von der Praxis her ist die „Geradeaus-Programmierung" oft nicht anwendbar. Der Mikroprozessor bietet die Möglichkeit, eine bestimmte Anzahl von Befehlen abzuarbeiten und danach eine Gruppe von Befehlen zu überspringen und in einem ganz anderen Speicherbereich weiterzuarbeiten. Diese Möglichkeit wird geschaffen durch die

> **Verzweigungsbefehle** (*Branch*)
> und die
> **Sprungbefehle** (*Jump*).

Diese Art von Befehlen gestatten das wiederholte Ausführen einer Instruktion (Schleife) oder den Sprung in einen anderen Programmteil. Die Verzweigungsbefehle benutzen die relative Adressierung.

Bis jetzt kennen wir die Immediate-Adressierung und die Direct-Adressierung. Machen wir uns nochmals die Bedeutung der beiden klar:

Immediate-Adressierung: Das Datenwort ist das dem Opcode unmittelbar folgende Byte.

Direct-Adressierung: Das auf den Opcode folgende Byte enthält die Adresse, unter der das Datenwort gespeichert ist.

Ein Verzweigungsbefehl enthält ebenfalls eine Adresse in seinem zweiten Teil. Aber:

> Die Adresse gibt den Speicherplatz an, wo der nächste auszuführende Befehl steht.

Jeder Mikroprozessor hat mehrere unterschiedliche Verzweigungsbefehle in seinem Befehlssatz. Jeder dieser Befehle hat einen für ihn typischen Opcode, aus dem hervorgeht,
an welche Bedingung die Verzweigung geknüpft ist. Alle Verzweigungsbefehle sind 2-Byte-
Befehle. Das zweite Byte des Verzweigungsbefehls gibt an, an welchen Speicherplatz der
Rechner verzweigen soll. Es enthält also die Adresse des nächsten auszuführenden Befehls.
Ein Verzweigungsbefehl könnte zum Beispiel die Direct-Adressierung benutzen.

Beispiel:
BRANCH $7F_{16}$ (*Direct*)
Der Rechner soll zum Speicherplatz Nummer $7F_{16}$ springen. Dort steht der nächste Befehl, den er
ausführen soll.
Man nennt die Adresse $7F_{16}$ in diesem Zusammenhang auch „absolute Adresse".

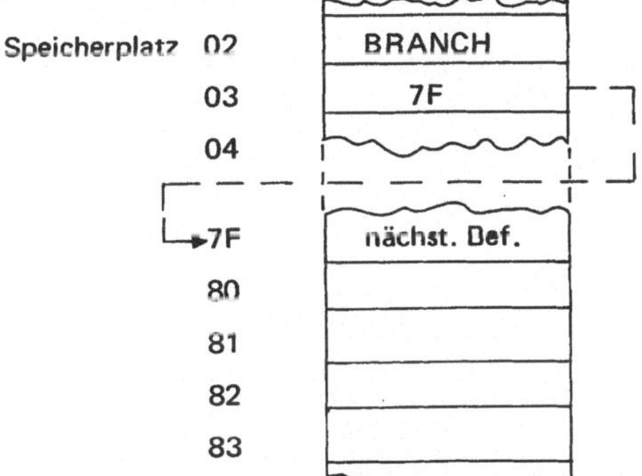

Viel häufiger aber wird die *Relative-Adressierung* benutzt. Sie ermöglicht es, ein Programmteil beliebig zu verschieben, ohne daß die relative Adresse geändert werden muß.
Dies ist besonders beim Arbeiten mit Unterprogrammen sehr hilfreich. Bei der Relative-
Adressierung stellt die Zahl im zweiten Byte des Befehls nicht die Adresse selbst dar, sondern diese Zahl muß zum aktuellen Stand des Programmzählers addiert werden, um die
wirkliche Adresse für die nächste Instruktion zu bilden.

Beispiel:
BRANCH $7F_{16}$ (*Relative*)
Der aktuelle Programmzählerstand sei 04_{16}. Der Rechner springt zum Speicherplatz Nummer 83_{16},
denn $04_{16} + 7F_{16} = 83_{16}$.

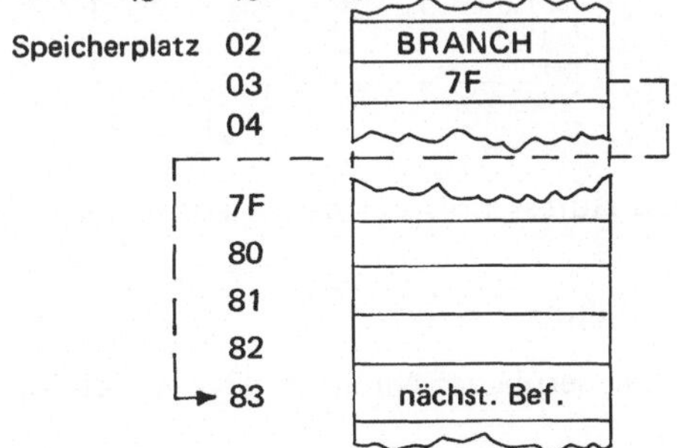

Nachfolgend soll genau gezeigt werden, wie die CPU einen Verzweigungsbefehl ausführt.

2.2.5 Ausführung eines Verzweigungsbefehls

Die Bilder 2.3.a/b/c zeigen einen Programmausschnitt mit einem Verzweigungsbefehl. Die im nachfolgenden Text eingekreisten Zahlen beziehen sich auf diese Bilder. Der Befehl BRA bedeutet „Branch Always". Das heißt, der Rechner soll auf jeden Fall verzweigen. Die Verzweigung ist nicht an eine Bedingung gebunden. Man spricht von *unbedingter Verzweigung* (*unconditional branch*).

Anhand des BRA-Befehls soll die Ausführung eines Verzweigungsbefehls durch die CPU gezeigt werden. Man kann drei Bearbeitungsteile unterscheiden:

a) Holen des Befehls (Opcode)

b) Holen der relativen Adresse

c) Berechnen der tatsächlichen Adresse.

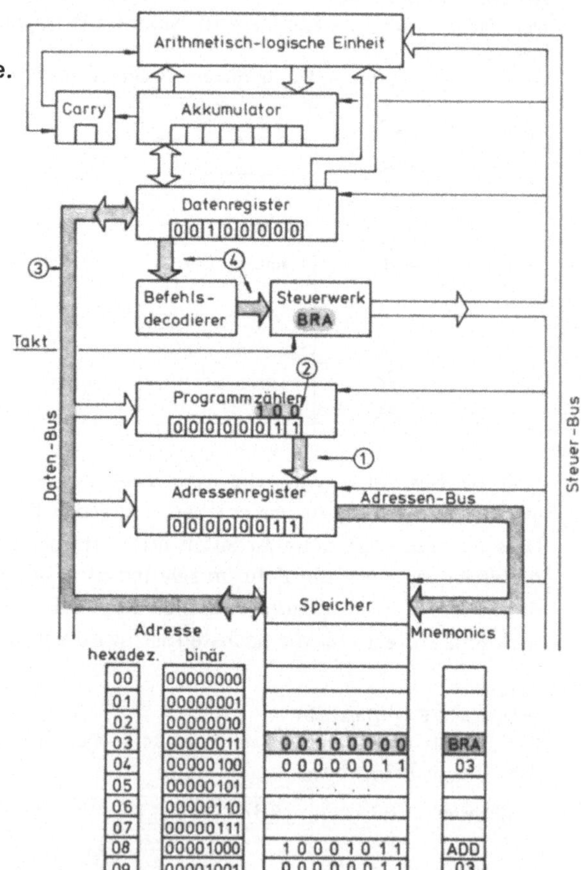

Bild 2.3a

Holen des Befehls

a) Holen des Befehls (Bild 2.3.a)

(1) Der Inhalt des Programmzählers wird in das Adressenregister geschrieben, welches mit dem Adressen-Bus verbunden ist.

(2) Der Inhalt des Programmzählers wird um 1 erhöht.

(3) Über den Daten-Bus wird der Inhalt des Speicherplatzes Nummer 03_{16} in das Datenregister eingelesen.

(4) Der Inhalt des Datenregisters wird decodiert. Die CPU erkennt, daß es sich um einen Verzweigungsbefehl handelt.

b) Holen der relativen Adresse (Bild 2.3.b)

(1) Der Inhalt des Programmzählers (04_{16}) wird in das Adressenregister geschrieben.

(2) Der Inhalt des Programmzählers wird um 1 erhöht.

(3) Der Inhalt des adressierten Speicherplatzes wird über den Daten-Bus in das Datenregister gelesen.

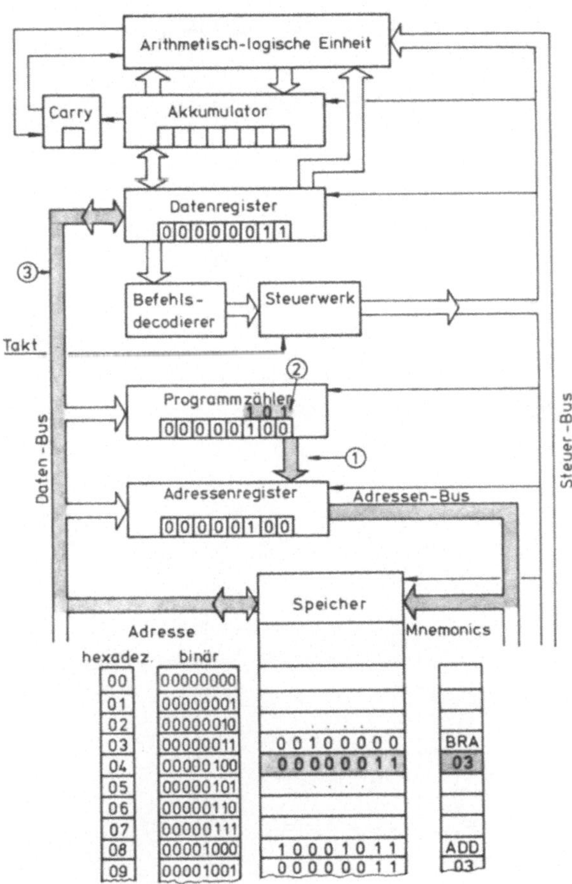

Bild 2.3b Holen der relativen Adresse

c) Berechnen der tatsächlichen Adresse (Bild 2.3.c)

Das Datenregister enthält jetzt die relative Adresse.

(1) Die ALU addiert nun den Inhalt des Datenregisters

(2) zum Inhalt des Programmzählers und

(3) speichert die Summe wieder zurück in den Programmzähler.

(4) Dieser enthält nun die tatsächliche Adresse des nächsten abzuarbeitenden Befehls.

(5) Der nächste Befehl, den also der Rechner ausführt, lautet: ADD 03_{16}.

```
  00000101    Programmzählerinhalt (alt)
+ 00000011    Datenregisterinhalt

  00001000    Programmzählerinhalt (neu)
```

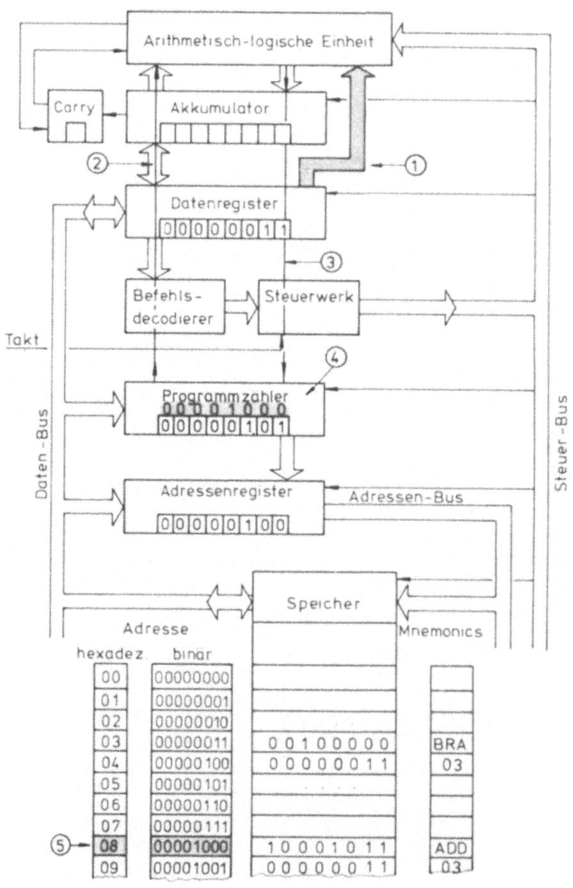

Bild 2.3c Berechnen der tatsächlichen Adresse

2.2.6 Vorwärtssprung

Programmsprünge können vorwärts und rückwärts ausgeführt werden. Bei dem Beispiel in 2.2.5 handelt es sich um einen Vorwärtssprung. Die beiden nachfolgenden Beispiele sollen die Berechnung der relativen Adresse beim Vorwärtssprung verdeutlichen. Speicheradresse und Speicherinhalt werden hexadezimal angegeben.

Beispiel:
Wohin verzweigt der Rechner bei der angegebenen Instruktion?

Adresse	Speicherinhalt	Mnemonic
24	20	BRA
25	05	05
26	—	—
27	—	—
28	—	—
29	—	—
2A	—	—
2B	86	LDA #
2C	77	77

Der Programmzähler enthält die Adresse der nächsten Instruktion, wenn der BRA-Befehl nicht ausgeführt würde. Er steht also in diesem Beispiel auf 26. 26 + 05 = 2B. Der nächste Befehl wird also von der Speicherstelle 2B geholt.

Beispiel:
Welche relative Adresse muß in Speicherplatz 25 geschrieben werden, damit der Rechner nach Speicherplatz 2C springt?
Der Programmzähler steht wieder auf 26. Diese Zahl ist jetzt von der Bestimmungsadresse zu subtrahieren. Die Differenz ist die relative Adresse. Also: 2C — 26 = 06

2.2.7 Rückwärtssprung

Soll ein Teil des Programms nochmals oder noch mehrmals wiederholt werden, so ist ein Rückwärtssprung nötig. Um vorwärts und rückwärts springen zu können, benutzt man für die relative Adresse die *Zweierkomplementdarstellung*. Damit kann man einen Zahlenbereich von -128_{10} bis $+127_{10}$ überstreichen. Das MSB ist das Vorzeichenbit (MSB: *Most Significant Bit*). Es bedeutet: MSB = 0: positive Zahl

MSB = 1: negative Zahl

Man muß noch berücksichtigen, daß der Programmzähler während der Adressenberechnung auf den nächsten Befehl zeigt.
Wir verwenden folgende Abkürzungen:

PC	Adresse des ersten Byte der Verzweigungsinstruktion
D	Zieladresse
R	Relative Adresse — abgespeichert als Zweierkomplementzahl im zweiten Byte des Verzweigungsbefehls.

Damit kann die Beziehung zwischen relativer und absoluter Adresse des Verzweigungsbefehls durch eine Gleichung ausgedrückt werden:

$$D = (PC + 2) + R$$

Da die relative Adresse aus 7 Bit besteht, muß sich die absolute Adresse (Zieladresse) in
bestimmten Grenzen bewegen:

$$(PC + 2) - 128 \leqslant D \leqslant (PC + 2) + 127$$

Die folgenden zwei Beispiele dienen zur Erläuterung.

Beispiel:

Wohin verzweigt der Rechner bei der angegebenen Instruktion?

Adresse	Speicher-inhalt	Mnemonic
24	–	–
25	–	–
26	86	LDA #
27	77	77
28	–	–
29	–	–
2A	20	BRA
2B	FA	FA
2C	–	–
2D	–	–

Die relative Adresse ist FA_{16} (11111010_2). In Zweierkomplementdarstellung ist das
– 6. Das heißt, der Programmzähler soll 6 Plätze rückwärts springen, und zwar von dem
Platz aus, wo er bei Berechnung der Adresse steht, also 2C. Wenn man von Hand die relative Adresse bestimmen muß, zählt man die Plätze im Programm einfach ab, wenn es
sich nur um wenige übersprungene Bytes handelt. Ansonsten kann man die absolute
Adresse in Zweierkomplement-Arithmetik auch berechnen.

Programmzählerstand (alt)	2C	00101100
Relative Adresse	+ FA	+ 11111010
Programmzählerstand (neu)	1 26	1 00100110

Der Übertrag wird ignoriert. Somit wird die nächste Instruktion vom Speicherplatz Nummer 26_{16} geholt.

Die in der Praxis häufiger auftretende Aufgabe besteht darin, die relative Adresse zu bestimmen, wenn die Zieladresse bekannt ist. Auch diese Aufgabe wird dem Programmierer
in der Regel durch den Assembler abgenommen. Wenn man allerdings von Hand assembliert, muß man wie folgt vorgehen:

1. Subtrahiere die Zieladresse vom aktuellen Zählerstand.
2. Bilde das Zweierkomplement der Differenz.

Beispiel:
Welche relative Adresse muß in Speicherplatz E3 geschrieben werden, damit der Rechner nach Speicherplatz DA springt?

Adresse	Speicherinhalt	Mnemonic
D9	−	−
DA	86	LDA #
DB	77	77
DC	−	−
DD	−	−
DE	−	−
DF	−	−
EO	−	−
E1	−	−
E2	20	BRA
E3	F6	F6
E4	−	−

aktueller Zählerstand: E4   11100100
Zieladresse   − DA − 11011010

Differenz   0A   00001010

davon das Zweierkomplement: F6 11110110
Die gesuchte relative Adresse lautet $F6_{16}$.

2.2.8 Bedingter Sprung

Was den Mikroprozessor gewissermaßen intelligenter macht, ist seine Fähigkeit, auf unterschiedliche Bedingungen in entsprechender Weise zu reagieren. Der Mikroprozessor kann also Entscheidungen treffen.

Beispiele:
1. Ist das Ergebnis einer Operation, welches nun im Akkumulator steht, positiv oder negativ?
2. Ist der Akkumulatorinhalt null?
3. Ergab eine Operation im Ergebnis einen Übertrag von der höchsten Stelle des Akkumulators, also von Bit 7?
4. Sind zwei Zahlen gleich?

Um eine Bedingung abfragen zu können und dann in der richtigen Weise reagieren zu können, hat der Mikroprozessor zwei Hilfsmittel:

1. das Statusregister (*condition code register*)
2. die bedingten Verzweigungsbefehle.

Zunächst wollen wir das Statusregister kennenlernen. Bild 2.4 zeigt das Statusregister des Mikroprozessors 6800.

Das *Statusregister* ist eigentlich eine Summe von einzelnen Flipflops, den sogenannten *Flags*. Jedes Flag kann einzeln durch das Programm abgefragt und gesetzt werden. Die meisten Mikroprozessorbefehle beeinflussen auch irgendwelche Flags. In der Befehls-

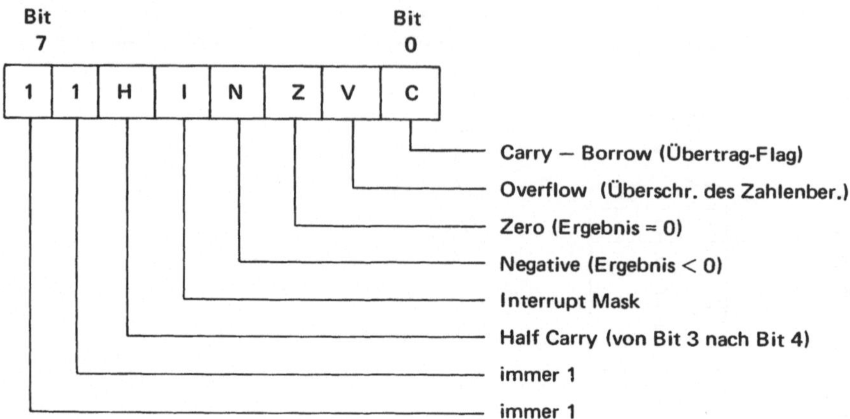

Bild 2.4 Das Statusregister

liste steht bei jedem Befehl, welche Flags er beeinflußt. Im folgenden werden die einzelnen Flags besprochen.

Das *Carry-Flag* (C-Flag) ist gewissermaßen eine Erweiterung des Akkumulators. Es zeigt einen Übertrag aus dem MSB (*Most Significant Bit*) bei arithmetischen Operationen mit vorzeichenlosen Dualzahlen an.

Beispiel:

$$11100001$$
$$+\,10001101$$

Carry $\longrightarrow$ ①01101110

Das C-Flag wird gesetzt, wenn sich aus den beiden höchsten Stellen ein Übertrag ergibt.

Beispiel:

$$00000010$$
$$-\,00000100$$

Borrow $\longrightarrow$ ① 11111110

Auch bei der Subtraktion kann das C-Flag gesetzt werden, und zwar wenn Bit 7 eine 1 „borgen" muß (*Borrow*).

Wie später noch gezeigt wird, hat das C-Flag auch Bedeutung bei Verschiebebefehlen. Das *Overflow-Flag* (V-Flag) ist beim Rechnen in Zweierkomplement-Arithmetik von Bedeutung. Bei einer 8-Bit-Dualzahl in Zweierkomplementdarstellung wird das MSB für das Vorzeichen verwendet. Die restlichen 7 Bit ergeben einen Zahlenbereich von -128_{10} bis $+127_{10}$. Wird dieser Zahlenbereich überschritten, so wird das vom V-Flag angezeigt, indem es auf 1 gesetzt wird. Wird der Zahlenbereich eingehalten, so hat das V-Flag den Wert 0. Eine Bereichsüberschreitung kann in der Zweierkomplement-Arithmetik nur bei der Addition zweier positiver oder zweier negativer Zahlen auftreten. Hat das Ergebnis ein anderes Vorzeichen als die beiden Summanden, so liegt es außerhalb des Zahlenbereichs.

Beispiel:

```
  ⌢
 (0) 1100001      97
+(0) 1010100    + 84
 ⌣⌣⌣⌣⌣⌣⌣⌣⌣⌣⌣⌣⌣
 (1) 0110101     181
```

Das Ergebnis wäre richtig, wenn alle Bitmuster reine Dualzahlen repräsentieren würden. Da die Zahlen aber in Zweierkomplementdarstellung vorliegen, ist das Ergebnis falsch. Der Grund für den Fehler ist der Übertrag von Bit 6 auf Bit 7. Das Bitmuster des Ergebnisses stellt die Zahl − 75 dar. Das V-Flag wird auf 1 gesetzt.

Beispiel:

```
  ⌢
 (1) 0011111     (− 97)
+(1) 0101100   + (− 84)
 ⌣⌣⌣⌣⌣⌣⌣⌣⌣⌣⌣⌣⌣
1 (0) 1001011    − 181
```

Das Ergebnis ist falsch, da die Zahl − 181 außerhalb des zulässigen Zahlenbereichs liegt. Das Ergebnis ist positiv (MSB = 0), obwohl die beiden Summanden negativ sind (MSB = 1).

Das *Zero-Flag* (Z-Flag) zeigt an, ob sich nach einer Operation im Akkumulator lauter Nullen befinden. Das Z-Flag wird benötigt, wenn Bitmuster verglichen werden. Wie später noch gezeigt wird, reagiert das Z-Flag auch auf andere CPU-Register (Stack Pointer, Indexregister). Häufig wird das Z-Flag dazu verwendet, einen Schleifenzähler abzufragen, ob er bei Null angelangt ist.

Das *Negative-Flag* (N-Flag) testet das MSB (also Bit 7) des Akkumulators. Ein gesetztes MSB (MSB = 1) zeigt an, daß die Dualzahl negativ ist. MSB = 0 bedeutet, daß die Dualzahl positiv ist.

Das N-Flag ist nicht an arithmetische Operationen gebunden. Es spielt zum Beispiel in Verbindung mit dem C-Flag eine wichtige Rolle bei Verschiebebefehlen. Oder es zeigt völlig unabhängig von der vorausgegangenen Operation den Zustand des MSB an.

Das *Half-Carry-Flag* (H-Flag) erlaubt es, im BCD-Code zu rechnen. Je zwei Ziffern werden in einem 8-Bit-Wort dargestellt. Das H-Flag wird gesetzt, wenn ein Übertrag von Bit 3 nach Bit 4 erfolgt. Wie später noch gezeigt wird, wird das H-Flag vom DAA-Befehl (*Decimal Adjust Accumulator*) so ausgewertet, daß das Ergebnis im BCD-Format erscheint.

Das *Interrupt-Mask-Flag* (I-Flag) kann vom Programm gesetzt und gelöscht werden. Wenn I = 1, so wird eine Programmunterbrechung (*Interrupt*) verhindert, bei I = 0 wird sie zugelassen. Der Interrupt wird später noch ausführlich besprochen.

Tabelle 2.1

Flag, bzw. Verknüpfung	Wert des Flags, bzw. der Verknüpfung, bei dem verzweigt wird	
	1	0
Carry-Flag	BCS	BCC
Overflow-Flag	BVS	BVC
Zero-Flag	BEQ	BNE
Negative-Flag	BMI	BPL
C + Z	BLS	BHI
N ⊕ V	BLT	BGE
Z + (N ⊕ V)	BLE	BGT

Die *bedingten Verzweigungsbefehle* stehen in engem Zusammenhang mit dem Statusregister. Die Verzweigung wird bei diesen Befehlen von einer Bedingung abhängig gemacht, die auch im Mnemonic des jeweiligen Befehls zum Ausdruck kommt. Diese Bedingung kann durch ein einzelnes Flag oder auch durch die Verknüpfung mehrerer Flags gegeben sein (Tabelle 2.1).

Wenn also bei einem BCS-Befehl (*Branch if Carry Set*) das C-Flag auf 1 gesetzt ist, wird verzweigt. Beim BCC-Befehl (*Branch if Carry Clear*) wird nur verzweigt, wenn das C-Flag auf 0 zurückgesetzt ist.

Der BLS-Befehl (*Branch if Lower or Same*) bewirkt eine Verzweigung, wenn das C-Flag oder das Z-Flag gesetzt ist. BLS wird meist nach einem Vergleichsbefehl (CMP) eingesetzt. Mit ihm kann man verzweigen, wenn der Akkumulatorinhalt kleiner oder gleich dem Inhalt des adressierten Speicherplatzes ist.

3 Mikroprozessorsystem 6800

3.1 Organisation des Mikroprozessorsystems 6800

In Kapitel 1 wurde das Modell eines Mikrocomputers vorgestellt. Nachfolgend soll nun ein reales Mikroprozessorsystem besprochen werden — das System 6800. Es soll in diesem Kapitel nur ein Überblick über das Gesamtsystem und das Zusammenwirken der einzelnen Baugruppen gegeben werden. Eine genauere Beschreibung der einzelnen Baugruppen erfolgt später.

Jeder Mikroprozessor-Hersteller bietet eine sogenannte Familie von Bauelementen an, aus der der Anwender auswählen kann, um sich sein eigenes System aufzubauen. Bei den meisten Herstellern sind die einzelnen einander entsprechenden Baugruppen zwar in ihrem Aufbau und in ihrer Arbeitsweise sehr unterschiedlich, in ihrer Funktion aber sehr ähnlich. In Bild 3.1 ist ein sogenanntes Minimalsystem aufgebaut. Unter einem Minimalsystem versteht man ein System, bei dem die CPU unterhalb ihrer einfachen Lastgrenze betrieben wird. Aus der Mikroprozessorfamilie 6800 wurden für das Minimalsystem ausgewählt:

CPU 6800   — Herz des Systems; enthält Rechenwerk, Steuerwerk und einige schnelle Register; bearbeitet Daten entsprechend dem vorgegebenen Programm.

ROM 6830   — Festwertspeicher für Programme (z.B. Monitorprogramm)

RAM 6810   — Schreib-/Lese-Speicher für das Benutzerprogramm, Ergebnisse und Daten.

PIA 6820   — Interface-Einheit, die die Verbindung zur Peripherie herstellt. Die Daten werden parallel ausgegeben.

ACIA 6850   — Interface-Einheit, die Daten an die Peripherie seriell ausgibt. ACIA ist für ein Minimalsystem nicht unbedingt notwendig.

Der Mikroprozessor benötigt zu seinem Betrieb einen *zweiphasigen Takt*, den ihm ein externer Taktgenerator liefert. Außerdem wird noch eine Schaltung benötigt, mit deren Hilfe man den Mikroprozessor starten kann und, falls erwünscht, auch wieder in einen gegebenen Anfangszustand zurücksetzen kann. Oft ist diese Schaltung auch so ausgelegt, daß sie einen kurzzeitigen Betriebsspannungsausfall überbrücken kann.

Um das System „zum Laufen" zu bringen, sind alle Baugruppen an eine Spannung von + 5 V zu legen und untereinander in geeigneter Weise zu verbinden. Dieses Verbinden geschieht heute meist nach dem *Buskonzept*. D.h., alle Baugruppen sind über Sammelschienen (Bus) miteinander verbunden. Wie bereits in Kapitel 1 erwähnt, unterscheidet man drei Arten:

Adressen-Bus, Daten-Bus, Steuer-Bus.

Die Bus-Spezifikationen der einzelnen Hersteller unterscheiden sich sehr stark, und zwar nicht bezüglich der Anzahl der Leitungen, sondern bezüglich der Art der Steuerleitungen

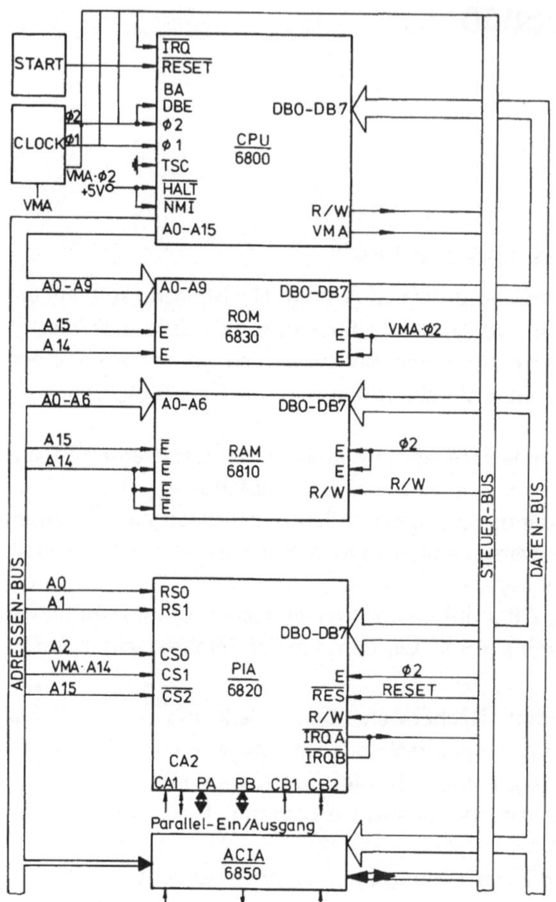

Bild 3.1
Minimalsystem 6800

und dem Zeitverhalten (*timing*). Das ist auch der Grund, warum jeder Mikroprozessor-
Hersteller seine eigene Bauelementefamilie anbietet, bei der die einzelnen Bauteile genau
auf das jeweilige Bus-System abgestimmt sind.
Der Daten-Bus des 6800 ist 8 Bit breit und bidirektional. D. h., die Daten können in beiden Richtungen fließen. Der Adressen-Bus ist 16 Bit breit und unidirektional. Im Normalfall kann nur die CPU Daten auf den Adressen-Bus legen. Wie später noch gezeigt wird,
ist aber der Speicherzugriff auch durch andere Baugruppen möglich. Man spricht dann
von *Direct Memory Access* (DMA).
Wie Bild 3.1 zeigt, kann die CPU zum Beispiel den ROM-Speicher ansprechen, indem sie
an A14 und A15 eine 1 legt. Eine bestimmte Adresse innerhalb des ROM wird dann durch
A0 – A9 ausgewählt. Der Benutzer kann die Adressenkombinationen der einzelnen Speicherbereiche selbst bestimmen. Er muß nur darauf achten, daß sich die einzelnen Speicherbereiche nicht überlappen. Wie das Bild weiter zeigt, wird der PIA-Baustein wie ein

Speicher angesteuert. D.h., daß der Mikroprozessor 6800 keine speziellen Ein-/Ausgabe-Befehle kennt, sondern ein Peripheriegerät über einen Interface-Baustein mit Hilfe ganz normaler Speicher-Lese-/Schreib-Befehle ansteuert.

Wie ebenfalls später noch gezeigt wird, ist die CPU in der Lage, Daten durch *Programm-unterbrechung* zu übertragen. Dazu dient die Leitung IRQ (*Interrupt Request*).

Die Art der Speicher, die beim Aufbau eines Systems zum Einsatz kommen, hängt von der Anwendung und der Stückzahl ab. Wird ein System in hoher Stückzahl gebaut und ändert sich seine Aufgabenstellung über längere Zeit nicht, so wird ein ROM verwendet. Das ROM wird von der Herstellerfirma im Kundenauftrag programmiert. Es gibt auch Festwertspeicher, die vom Kunden selbst programmiert werden können, sogenannte PROM. Bei der Entwicklung von Mikroprozessorsystemen kommen auch sogenannte RePROM zum Einsatz. Das sind Speicher, die elektrisch programmiert werden können und durch ultraviolettes Licht wieder gelöscht werden können. Handelt es sich um kleinere Stückzahlen, so daß der Einsatz eines ROM nicht lohnt, können RePROM auch im konkreten Anwendungsfall benutzt werden. Für veränderliche Programme oder variable Daten wird der RAM-Speicher verwendet.

In der Regel ist ein Minimalsystem ausbaubar, so auch das hier gezeigte System 6800. Man muß bei größeren Systemen allerdings zusätzliche Bauteile verwenden, sogenannte Bus-Extender. Das sind Bauteile, die die elektrische Belastung der CPU herabsetzen. Man kann auch Systeme mit mehreren CPU-Bausteinen aufbauen, die alle den gleichen Speicher benutzen. Ferner kann man zwei selbständige Mikroprozessorsysteme miteinander verbinden, z.B. über ein paralleles Interface mit Zwischenspeicher.

Die Vielseitigkeit ist ein Hauptvorteil des neuen Bauelementes Mikroprozessor. Der Begriff „Dezentralisierung" wird in Fachzeitschriften heute oft erwähnt.

3.2 CPU 6800

3.2.1 Programmiermodell der CPU 6800

Der Mikroprozessor 6800 steckt in einem Gehäuse mit 40 Pins. Er ist in n-Kanal-MOS-Technik hergestellt. Er benötigt nur eine einzige Versorgungsspannung von + 5 V. Sein Aufbau ist sehr komplex. Für den Programmierer sind aber nur 6 Register wichtig. Im Bild 3.2 ist daher die CPU gezeigt, wie der Programmierer sie sieht.

Einige der Register kennen wir schon von unserem Modellmikrocomputer her. Nachfolgend sollen die Register im einzelnen besprochen werden.

Der *Akkumulator* ist das wichtigste Register der CPU. Im Gegensatz zu unserem Modellprozessor verfügt der 6800 über zwei solcher Akkumulatoren. Sie werden Akkumulator A (ACCA) und Akkumulator B (ACCB) genannt. Dies ist beim Programmieren von großem Vorteil. Als Beispiel sei eine Operation erwähnt, die mehrmals wiederholt werden muß. Die Operation wird mit Akkumulator A durchgeführt, während Akkumulator B als Zähler fungiert. Viele Befehle sind zweifach ausgelegt, für Akkumulator A und Akkumulator B. Ihre Opcodes unterscheiden sich hinsichtlich ihres Binärmusters wie auch ihrer Mnemonics.

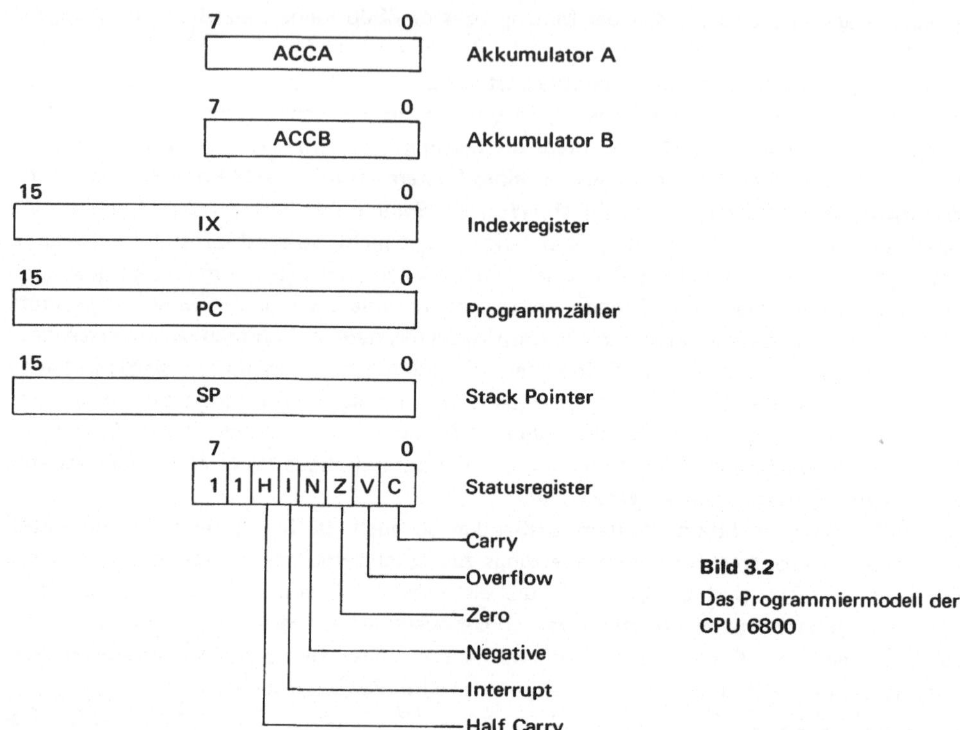

Bild 3.2

Das Programmiermodell der CPU 6800

Beispiel:
LDAA: Lade Akkumulator A
LDAB: Lade Akkumulator B

Das *Indexregister* (IX) ist 16 Bit lang. Wie später noch gezeigt wird, läßt es sich sehr elegant zum Adressieren von Speicherplätzen benutzen. Es gibt auch einige Befehle, die sich speziell auf das Indexregister beziehen.

Der *Programmzähler* (PC) ist ebenfalls 16 Bit lang. Wie bereits in Kapitel 1 erwähnt, zeigt sein Inhalt die Speicheradresse an, unter welcher der nächste auszuführende Befehl abgespeichert ist. Im Normalfall wird der Programmzähler automatisch inkrementiert. Ferner ist es möglich, daß sein Inhalt durch einen Sprung-Befehl verändert wird.

Da der Programmzähler 16 Bit lang ist, kann die CPU 6800 2^{16} unterschiedliche Adressen ansprechen, also 65 536. Diese Plätze sind nicht alle mit der Direct-Adressierung anzusprechen. Die Direct-Adressierung verwendet nur 8 Bit. Damit läßt sich aber nur ein Speicherraum von 2^8 = 256 Plätzen erfassen. Später wird eine Adressierungsart mit zwei Byte besprochen.

Der *Stapelzeiger*, nachfolgend wie allgemein üblich mit dem englischen Begriff *Stack Pointer* (SP) bezeichnet, ist ebenfalls ein 16-Bit-Register, das zum Arbeiten mit dem Stack benötigt wird. Wegen seiner Bedeutung ist ihm und dem Stack ein eigenes Kapitel gewidmet.

Das *Statusregister* (*Condition Code Register*: CC) wird auch Zustandsregister genannt. Es wurde bereits in 2.2.8 im Zusammenhang mit dem bedingten Sprung besprochen.

3.2.2 Aufbau der CPU 6800

Ein vereinfachtes Blockdiagramm der CPU 6800 wird im Bild 3.3 gezeigt. Der Programmzähler, der Stack Pointer und das Indexregister sind 16 Bit lang, weil sie mit der Adressierung des Speichers zu tun haben. Alle drei Register können über den Daten-Bus geladen werden. Da dieser nur 8 Bit breit ist, erfordert das zwei Schritte. Das höherwertige Byte wird immer zuerst geladen. Der Rechner macht das automatisch.
Wie das Bild 3.3 zeigt, hat die CPU 6800 große Ähnlichkeit mit unserem Modellmikroprozessor.

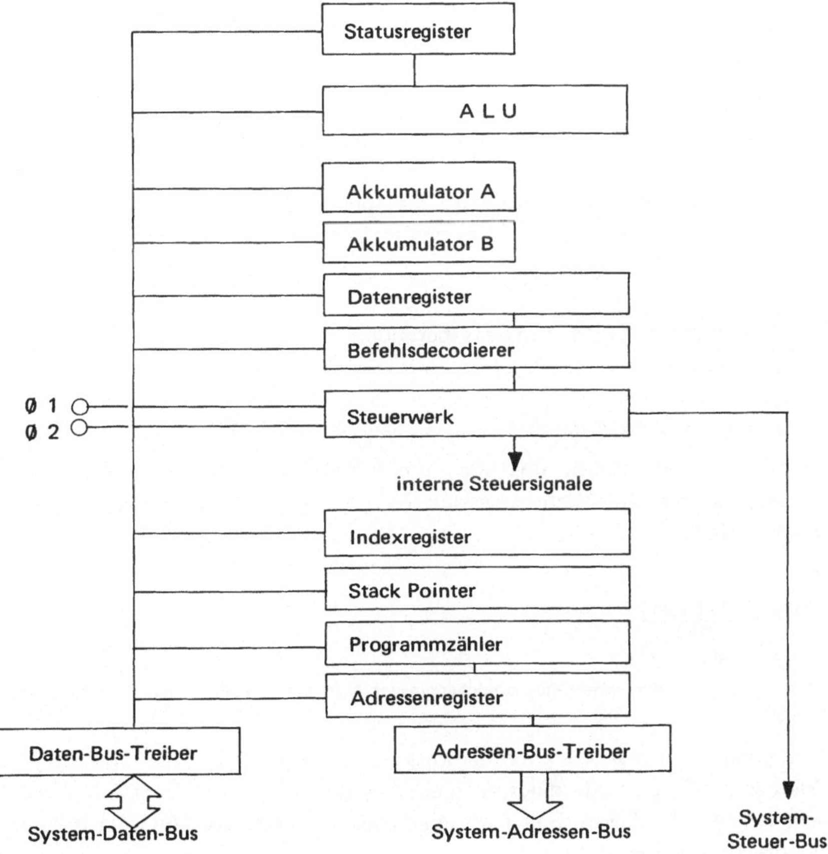

Bild 3.3 Aufbau der CPU 6800 (schematisch)

3.3 Adressierungsarten der CPU 6800

Die CPU kennt sechs verschiedene Adressierungsarten:

1. *Inherent*-Adressierung (implizite Adressierung)
2. *Immediate*-Adressierung (unmittelbare Adressierung)
3. *Direct*-Adressierung (direkte Adressierung)
4. *Extended*-Adressierung (erweiterte Adressierung)
5. *Indexed*-Adressierung (indizierte Adressierung)
6. *Relative*-Adressierung (relative Adressierung)

In 1.4 haben wir bereits die Adressierungsarten *Inherent, Immediate* und *Direct* kennengelernt. Alle drei am Modellcomputer besprochenen Adressierungsarten besitzt die CPU 6800 ebenfalls. Zur Wiederholung sei der Leser auf 1.4 verwiesen. In 2.2.3 haben wir ferner schon die *Relative*-Adressierung kennengelernt. Nachfolgend sollen nun noch die *Extended*-Adressierung und die *Indexed*-Adressierung besprochen werden.

3.3.1 *Extended*-Adressierung

Wie bei der Direct-Adressierung erhält auch hier das erste Byte den Opcode. Die Adresse besteht aber aus zwei Byte. Dies bedeutet, daß 64K Speicherplätze ansprechbar sind.

> Das zweite und dritte Byte ist die Adresse des Operanden.

Speicherplatz n   Opcode
Speicherplatz n + 1   ⎫
Speicherplatz n + 2   ⎬ Adresse des Operanden

Beispiel:
LDAA 478E — Lade Akkumulator A mit dem Inhalt des Speicherplatzes 478E.

Die Extended-Adressierung erlaubt uns also, alle 2^{16} (16 Adressleitungen!) möglicher Adressen anzusprechen, einschließlich der ersten 256, die ja auch über die Direct-Adressierung zu erreichen sind.

Beispiel:

Direct-Adressierung	Extended-Adressierung
LDAA EF	LDAA OOEF
96 EF	B6 OOEF

Beide Befehle bedeuten, daß der Inhalt des Speicherplatzes Nummer 00EF in den Akkumulator A geladen werden soll.

Wann immer möglich, wird man die Direct-Adressierung wählen, weil man Speicherplatz und CPU-Zyklen spart. Es gibt allerdings auch einige Befehle, die die Direct-Adressierung überhaupt nicht kennen. In diesem Fall muß eben auch für die ersten 256 Speicherplätze die Extended-Adressierung benutzt werden.

3.3.2 *Indexed*-Adressierung

Diese Adressierungsart benutzt das Indexregister zur Adressierung.

> Das erste Byte des Befehls ist der Opcode.
> Das zweite Byte ist die *Offset-Adresse* (Distanzadresse, Displacement)

Speicherplatz n   Opcode
Speicherplatz n + 1   Offset-Adresse (0 — 255)

Zu einer Basisadresse, die im Indexregister steht, wird eine vorzeichenlose ganze Zahl, die Offset-Adresse hinzugezählt. Dies ergibt dann die aktuelle Adresse.

Beispiel:
LDAA,X EF   Lade Akkumulator A mit dem Inhalt des Speicherplatzes, dessen Adresse der um die Zahl $EF_{16} = 254_{10}$ erhöhte Inhalt des Indexregisters ist.

Mit nur zwei Byte ermöglichen also indizierte Befehle den Zugriff auf einen Speicherbereich, der von 0 bis 255 Plätze über dem Inhalt des Indexregisters, also über der Basisadresse liegen kann. Dabei kann wiederum die Basisadresse selbst durch Indexregister-Befehle beeinflußt werden.

Wegen ihrer Bedeutung soll die Handhabung der Indexed-Adressierung noch an Hand einiger kleiner Programme erklärt werden. Bild 3.4 zeigt, wie die CPU einen Befehl mit Indexed-Adressierung behandelt.

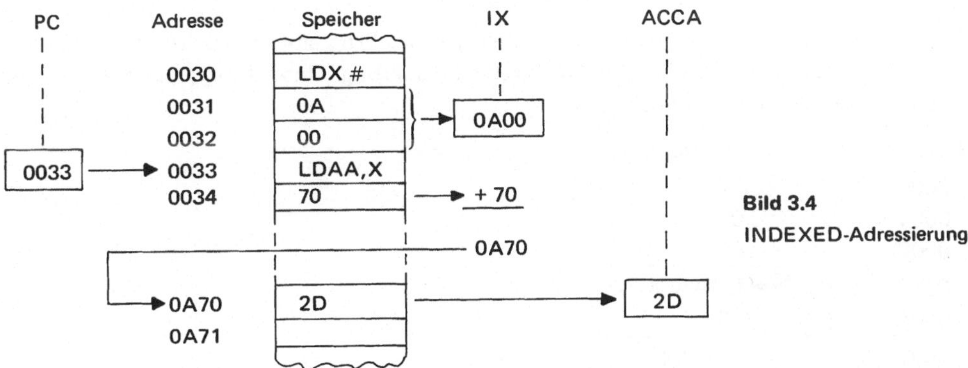

Bild 3.4
INDEXED-Adressierung

Im ersten Befehl wird die Adresse in das Indexregister geladen. Dieser erste Befehl benutzt seinerseits die Immediate-Adressierung, was durch das Symbol # zum Ausdruck kommt. Der nächste Befehl veranlaßt zunächst eine Adressenberechnung: Zum Indexregister-Inhalt wird die Hexadezimalzahl 70 addiert. Dies ergibt die aktuelle Adresse 0A70. Weiter bewirkt der Befehl, daß die unter dieser Adresse stehende Zahl 2D in den Akkumulator A geladen wird. Der Inhalt des Indexregisters bleibt dabei unverändert.

Bis jetzt ist dem Leser vielleicht nur aufgefallen, daß die CPU beim Abarbeiten eines indizierten Befehles sehr viel mehr zu tun hat, als wenn sie einen Befehl in Direct-Adressierung bearbeitet. Welche Vorteile bietet nun die Indexed-Adressierung? Die Indexed-Adressierung ist sehr gut geeignet, um einen ganzen Speicherbereich in der gleichen Art zu manipulieren. Sie steht in engem Zusammenhang mit der schon erwähnten Schleifentechnik.

Beispiele:
1. Aufeinanderfolgende Zahlen in einem Speicherbereich sollen addiert werden,
2. Ein bestimmter Speicherbereich soll null gesetzt werden
3. Eine Zeichenkette soll an ein Display ausgegeben werden
4. Von einem Peripheriegerät kommende Daten sollen in einem bestimmten Speicherbereich abgelegt werden.
5. Behandlung von Zahlen in Mehrfach-Genauigkeitsdarstellung (multiple precision value)

Das nachfolgende Programm dient der Umspeicherung eines Zahlenblocks von einem Speicherbereich in den anderen.

Eine Liste von 20_{16} Zahlen steht im Speicherbereich mit der Anfangsadresse 0050. Die Adresse der letzten Zahl ist 006F. Diese Zahlen sollen in den Speicherbereich 00A0 bis 00BF geschrieben werden. In Direct-Adressierung würde das Programm so aussehen:

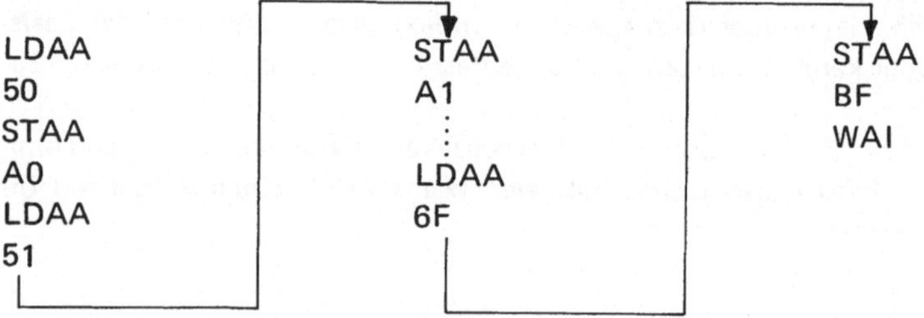

Ganz wesentlich verkürzen läßt sich nun ein solches Programm mit Hilfe der Schleifentechnik und unter Anwendung der Indexed-Adressierung. Unser Programm stehe in den ersten Plätzen unseres RAM-Speichers:

Adresse	Mnemonics
0000	LDX #
0001	00
0002	50
0003	LDAA,X
0004	00
0005	STAA,X
0006	50
0007	INX
0008	CPX #
0009	00
000A	70
000B	BNE
000C	F6
000D	WAI

Das Indexregister wird mit der ersten Adresse unseres Speicherbereichs geladen, aus dem Zahlen geholt werden sollen. Man faßt das Indexregister auch als Zeiger auf und sagt, das Indexregister zeigt auf die erste Speicheradresse. Der Inhalt dieses Speicherplatzes wird nun von indizierten 2-Byte-Befehlen manipuliert.

Der zweite Befehl hat als Offset-Adresse 00. Er lädt also den Inhalt des Speicherplatzes, dessen Adresse im Indexregister steht, in den Akkumulator A, also den Inhalt des Speicherplatzes 0050. Bei der dritten Instruktion ist die Offset-Adresse 50. Zur Bildung der Adresse für den STA-Befehl muß also der Inhalt des Indexregisters (0050) und die Offset-Zahl addiert werden. Die Summe ergibt die tatsächliche Adresse 00A0. Dorthin wird der Inhalt des Akkumulators A abgespeichert. Anschließend wird der Indexregisterinhalt um 1 erhöht, und dann mit 0070 verglichen. Dies ist der erste Speicherplatz, der nicht mehr bearbeitet werden soll. Da keine Gleichheit vorliegt, springt das Programm zurück zum LDAA, X-Befehl. Die Schleife wird so lange wiederholt, bis der letzte Speicherplatz umgespeichert ist. Dann zeigt das Indexregister auf die Adresse 0070. Der Vergleich ergibt Null, das Z-Flag wird gesetzt. Der BNE-Sprungbefehl wird nicht mehr ausgeführt. Der WAI-Befehl hält den Rechner an.

3.4 Befehlsvorrat der CPU 6800

Der Befehlsvorrat der CPU 6800 umfaßt 72 Befehle. Diese Befehle sollen im folgenden Kapitel klassifiziert und einzeln besprochen werden. Es gibt verschiedene Gesichtspunkte, nach denen die Befehle eingeteilt werden können. Eine Möglichkeit wäre z.B.:

1. CPU-Befehle
2. Speicherbefehle
3. Peripheriebefehle

In vielen Fällen führt aber die CPU mit den Speicherplätzen und ihren inneren Registern die gleichen Operationen aus. Außerdem kennt die CPU 6800 keine besonderen Ein-/Ausgabe-Befehle. Die Peripherie ist über besondere Interface-Bausteine mit der CPU verbunden, die ihrerseits wiederum wie ganz normale Speicherplätze ansprechbar sind. Daher soll hier folgende Einteilung der Befehle vorgenommen werden:

1. Arithmetische und Logische Befehle
2. Verschiebe- und Transferbefehle
3. Statusregister- und Testbefehle
4. Indexregister- und Stack Pointer-Befehle
5. Verzweigungs- und Sprungbefehle

Die einzelnen Befehlsgruppen sind anschließend in Tabellen übersichtlich zusammengestellt und werden jeweils im Anschluß an die Tabellen besprochen.

Die meisten Befehle arbeiten mit verschiedenen Adressierungsarten. Diese sind hier nicht berücksichtigt, daher ist auch der Opcode nicht aufgeführt.

Im Anhang befindet sich eine genaue Aufstellung des gesamten Befehlssatzes des Mikroprozessor 6800, wie er den Unterlagen der Firma Motorola entnommen wurde. Diese Aufstellung enthält den Befehlsnamen, den Mnemonic, die Funktionsweise in formalisierter Darstellung, den jeweiligen Opcode für die verschiedenen Adressierungsarten, Auswirkungen auf das Statusregister usw. Das vorliegende Kapitel soll den Leser in die Lage versetzen, ein solches oder ähnliches Datenblatt zu benutzen. Dies ist auch ein Grund, warum im folgenden die englische Bezeichnung der Befehle beibehalten wurde. Nun noch einige Erklärungen zu den Tabellen:

In der ersten Spalte steht das *Mnemonic* des Befehls.

In der zweiten Spalte steht der *Name* des Befehls.

In der dritten Spalte steht die *Funktionsbeschreibung* des Befehls.

In der vierten Spalte stehen die *Auswirkungen auf das Statusregister*.

Alle Registerbezeichnungen beziehen sich auf den Inhalt; also z. B. mit M ist der Inhalt des Speicherplatzes M gemeint. In der Statusregister-Spalte drücken die Zeichen aus, welches Flag bei der jeweiligen Operation manipuliert wird. Dabei bedeutet:

    0 = Löschen

    1 = Setzen

    − = keine Beeinflussung

    ↕ = wenn die Bedingung erfüllt ist, wird das Flag gesetzt, sonst gelöscht.

Ferner werden folgende Abkürzungen benutzt:

ACCA	Akkumulator A
ACCB	Akkumulator B
ACCX	Akkumulator A oder B
CC	Statusregister (*Condition Code Register*)
IX	Indexregister
IXH	höherwertiges Byte des Indexregisters (MSB)
IXL	niederwertiges Byte des Indexregisters (LSB)
PC	Programmzähler (*Program Counter*)
SP	Stapelzeiger (*Stack Pointer*)

3.4.1 Arithmetische und Logische Befehle

Die ersten drei Befehle in Tabelle 3.1 bewirken eine additive Verknüpfung des jeweiligen Akkumulators mit dem Speicher oder der Akkumulatoren untereinander. Davon abhängig werden die einzelnen Flags gesetzt oder gelöscht. Es sei an dieser Stelle noch vermerkt, daß das Statusregister sofort nach der Ausführung eines Befehls gesetzt wird. Eine Abfrage und damit eine eventuelle bedingte Verzweigung hat damit zu erfolgen, bevor das Statusregister erneut verändert wird.

Der **ADC-Befehl** (*Add with Carry*, addiere mit Übertrag) berücksichtigt den jeweiligen Wert des C-Flags. Auch bei diesem Befehl wird zunächst der Inhalt des Akkumulators zum Inhalt des adressierten Speicherplatzes addiert und zu dieser Summe dann noch der Inhalt des C-Flags. Ein Übertrag aus der vorhergehenden Operation wird also zum Ergebnis der laufenden Operation dazugezählt. Das Ergebnis wird im Akkumulator abgespeichert.

Der ADC-Befehl wird vorwiegend dazu verwendet, Zahlen in *Mehrfach-Genauigkeitsdarstellung* (*multi-precision representation*) zu verarbeiten. Mit einem Byte kann man vorzeichenlose Zahlen von 0 bis 255_{10} darstellen. In den meisten Fällen reicht dieser Umfang nicht aus. Man nimmt dann ein Vielfaches von Bytes und speichert diese der Reihe nach an aufeinanderfolgenden Speicherplätzen ab. Der größere Bereich zur Darstellung

einer Zahl hat zur Folge, daß mehr Befehle ausgeführt werden müssen, und damit die Berechnung länger dauert als in einem Mikroprozessorsystem mit größerer Wortlänge.
Wie der ADC-Befehl gehandhabt wird, soll am nachfolgenden Programmbeispiel gezeigt werden. Es sollen zwei Zahlen in Mehrfach-Genauigkeitsdarstellung addiert werden. Dieses Beispiel zeigt auch, wie die weiter vorn besprochene Indexed-Adressierung sehr nützlich eingesetzt werden kann.

Tabelle 3.1: Arithmetische und Logische Befehle

Mnemonic	Name	Funktionsbeschreibung	Statusregister					
			H	I	N	Z	V	C
ADDA	Add	$ACCA + M \rightarrow ACCA$	↕	−	↕	↕	↕	↕
ADDB		$ACCB + M \rightarrow ACCB$	↕	−	↕	↕	↕	↕
ABA	Add ACCB to ACCA	$ACCA + ACCB \rightarrow ACCA$	↕	−	↕	↕	↕	↕
ADCA	Add with carry	$ACCA + M + C \rightarrow ACCA$	↕	−	↕	↕	↕	↕
ADCB		$ACCB + M + C \rightarrow ACCB$	↕	−	↕	↕	↕	↕
COM	Complement (one's)	$\overline{M} \rightarrow M$	−	−	↕	↕	0	1
COMA		$\overline{ACCA} \rightarrow ACCA$	−	−	↕	↕	0	1
COMB		$\overline{ACCB} \rightarrow ACCB$	−	−	↕	↕	0	1
NEG	Complement (two's)	$- M \rightarrow M$	−	−	↕	↕	↕	↕
NEGA		$- ACCA \rightarrow ACCA$	−	−	↕	↕	↕	↕
NEGB		$- ACCB \rightarrow ACCB$	−	−	↕	↕	↕	↕
SUBA	Subtract	$ACCA - M \rightarrow ACCA$	−	−	↕	↕	↕	
SUBB		$ACCB - M \rightarrow ACCB$	−	−	↕	↕	↕	
SBA	Subtr. ACCB from ACCA	$ACCA - ACCB \rightarrow ACCA$	−	−	↕	↕	↕	
SBCA	Subtract with carry	$ACCA - M - C \rightarrow ACCA$	−	−	↕	↕	↕	
SBCB		$ACCB - M - C \rightarrow ACCB$	−	−	↕	↕	↕	
CLR	Clear	$0 \rightarrow M$	−	−	0	1	0	0
CLRA		$0 \rightarrow ACCA$	−	−	0	1	0	0
CLRB		$0 \rightarrow ACCB$	−	−	0	1	0	0
INC	Increment	$M + 1 \rightarrow M$	−	−	↕	↕	↕	−
INCA		$ACCA + 1 \rightarrow ACCA$	−	−	↕	↕	↕	−
INCB		$ACCB + 1 \rightarrow ACCB$	−	−	↕	↕	↕	−
DEC	Decrement	$M - 1 \rightarrow M$	−	−	↕	↕	↕	−
DECA		$ACCA - 1 \rightarrow ACCA$	−	−	↕	↕	↕	−
DECB		$ACCB - 1 \rightarrow ACCB$	−	−	↕	↕	↕	−
DAA	Decimal Adjust	siehe Text (s.)	−	−	↕	↕	↕	−
ANDA	AND	$ACCA \cdot M \rightarrow ACCA$	−	−	↕	↕	0	−
ANDB		$ACCB \cdot M \rightarrow ACCB$	−	−	↕	↕	0	−
EORA	Exclusive Or	$ACCA \oplus M \rightarrow ACCA$	−	−	↕	↕	0	−
EORB		$ACCB \oplus M \rightarrow ACCB$	−	−	↕	↕	0	−
ORA	Inclusive Or	$ACCA + M \rightarrow ACCA$	−	−	↕	↕	0	−
ORB		$ACCB + M \rightarrow ACCB$	−	−	↕	↕	0	−

Beispiel:

Addition von zwei Zahlen in Mehrfach-Genauigkeitsdarstellung

ADDR	CODE	LABEL	MNEM	COMMENT
0000	DE		LDX	Lade das IX mit der Adresse des LSB1
0001	1A		MEM 1	
0002	D6		LDAB	Lade Akku B mit der Anzahl der Byte
0003	1E		B	
0004	0C		CLC	C-Flag rücksetzen
0005	A6	ADDIT	LDAA,X	Lade niederwertigstes Byte vom ersten
0006	00		00	Summanden in den Akku A
0007	DF		STX	Speichere den Inhalt des IX, also die Adresse
0008	1F		MEM 3	des ersten Byte, in MEM 3 ab.
0009	DE		LDX	Hole die Adresse des ersten Bytes vom
000A	1C		MEM 2	zweiten Summanden in das IX.
000B	A9		ADCA,X	Addiere das Byte vom zweiten Summanden
000C	00		00	
000D	08		INX	Adresse des nächsten Byte vom zweiten Summ. wird angewählt
000E	DF		STX	... und einstweilen in MEM 2 abgespeichert
000F	1C		MEM 2	
0010	DE		LDX	Adresse des ersten Summanden wird wieder
0011	1F		MEM 3	zurückgeholt
0012	A7		STAA,X	Akkuinhalt wird dort abgespeichert, wo
0013	00			vorher der erste Summand stand.
0014	08		INX	Adresse des nächsten Byte vom ersten Summ. wird angewählt
0015	5A		DECB	Byte-Zähler um 1 erniedrigen
0016	26		BNE	wenn Akku B ungleich Null, weiter mit
0017	ED		ADDIT	Addition, sonst Halt.
0018	3E		WAI	HALT
0019				
001A	00	MEM 1		Adresse des LSB1
001B	21	MEM 1		Adresse des LSB1
001C	00	MEM 2		Adresse des LSB2
001D	23	MEM 2		Adresse des LSB2
001E	02	B		Anzahl der Bytes
001F		MEM 3		temporärer Speicher für IX
0020		MEM 3		temporärer Speicher für IX
0021	56			
0022	34			
0023	54			
0024	76			

Die beiden Zahlen sind jeweils zwei Bytes lang.

Folgende Addition wird ausgeführt: 3456
                                    + 7654
                                      AAAA

Das Ergebnis steht in den Speicherplätzen 0021 und 0022. Der Opcode in Spalte 2 wurde der Befehlstabelle des 6800 entnommen, die im Anhang aufgeführt ist.

Die übrigen in der Tabelle 3.1 aufgeführten Befehle bedürfen keiner weiteren Erklärung mit Ausnahme des DAA-Befehls. Der **DAA-Befehl** (*Decimal Adjust Accumulator*) ist eine sehr komfortable Möglichkeit des Mikroprozessors 6800, mit Dezimalzahlen zu rechnen. In Verbindung mit dem ADD- bzw. ADC-Befehl gestattet der DAA-Befehl, direkt im BCD-Code zu rechnen. Nach der Addition zweier BCD-Zahlen wird das Ergebnis, sofern nötig, mit Hilfe des DAA-Befehls korrigiert, d.h., auf das richtige Format gebracht.

Der Leser sei an dieser Stelle auf Anhang 8.4.b verwiesen. Dort wird an Hand von Beispielen die Addition im BCD-Code erklärt. Bei der Addition von zwei zweistelligen BCD-Zahlen können vier verschiedene Möglichkeiten auftreten.

1. Das Ergebnis ist eine korrekte BCD-Zahl, also kleiner oder gleich 1001.
2. Die niederwertige Stelle des Ergebnisses ist größer als 1001. Das kann sich dadurch äußern, daß eine sogenannte Pseudotetrade auftritt, oder daß an die höherwertige Stelle ein Übertrag geliefert wird. In diesem Fall muß durch die Addition von 06_{10} = = 0000 0110 korrigiert werden.
3. Die höherwertige Stelle des Ergebnisses ist größer als 1001. In diesem Fall muß durch die Addition von 60_{10} korrigiert werden.
4. Beide Stellen des Ergebnisses sind größer als 1001. In diesem Fall muß mit 66_{10} korrigiert werden.

Um diese Korrekturen auszuführen, könnte man ein Programm schreiben. Für den vorliegenden Mikroprozessor ist dies aber nicht nötig, weil die Korrektur automatisch durch den DAA-Befehl veranlaßt wird. Der DAA-Befehl führt zunächst zwei Tests durch:

1. Es wird geprüft, ob eine Pseudotetrade vorliegt.
2. Es wird geprüft, ob ein Übertrag aus dem Half-Carry- oder aus dem Carry-Flag vorliegt.

Fällt einer dieser Tests positiv aus, so wird korrigiert. Das nachfolgende Beispiel zeigt die Addition von zwei vierstelligen Dezimalzahlen. Zwei BCD-Ziffern passen in ein Byte, also benötigen wir jeweils zwei Byte für die beiden Summanden. Das Beispiel hat große Ähnlichkeit zum vorhergehenden Beispiel.

In Zeile OD ist der DAA-Befehl eingefügt, also unmittelbar hinter dem Additionsbefehl. Da das Programm eine Zeile länger ist, ändert sich bei dem bedingten Sprung die relative Adresse von ED in EC.

Beispiel:
Addition von BCD-Zahlen

ADDR	CODE	LABEL	MNEMONIC
0000	DE		LDX
0001	1A		MEM 1
0002	D6		LDAB
0003	1E		B
0004	0C		CLC
0005	A6	ADDIT	LDAA,X
0006	00		00
0007	DF		STX
0008	1F		MEM 3
0009	DE		LDX
000A	1C		MEM 2
000B	A9		ADCA,X
000C	00		00
000D	19		DAA
000E	08		INX
000F	DF		STX
0010	1C		MEM 2
0011	DE		LDX
0012	1F		MEM 3
0013	A7		STAA,X
0014	00		00
0015	08		INX
0016	5A		DECB
0017	26		BNE
0018	EC		ADDIT
0019	3E		WAI
001A	00	MEM 1	
001B	21	MEM 1	
001C	00	MEM 2	
001D	23	MEM 2	
001E	02	B	
001F	00		
0020	00		
0021	56		
0022	34		
0023	54		
0024	76		

Folgende Addition wird ausgeführt:

$$3456_{10}$$
$$+\ 7654_{10}$$
$$11110_{10}$$

Die höchste 1 steht im C-Flag. Die übrigen Stellen stehen in Speicherplatz 0021 und 0022. In 0021 stehen die beiden niederwertigen BCD-Zahlen und in 0022 die beiden höherwertigen.

3.4.2 Verschiebe- und Transferbefehle

Eine sehr wichtige Befehlsgruppe bilden die Verschiebe- und Transferbefehle. Sie sind in Tabelle 3.2 zusammengestellt.

Die *Transferbefehle* besorgen den Datenaustausch zwischen den Akkumulatoren und dem Speicher, bzw. zwischen den Akkumulatoren untereinander. Ihre Wirkungsweise wird an Hand der Tabelle einsichtig.

Tabelle 3.2: Verschiebe- und Transferbefehle

Mnemonic	Name	Funktionsbeschreibung	Statusregister H I N Z V C
LDAA	Load Accumulator	$M \rightarrow ACCA$	— — ↕ ↕ 0 —
LDAB		$M \rightarrow ACCB$	— — ↕ ↕ 0 —
STAA	Store Accumulator	$ACCA \rightarrow M$	— — ↕ ↕ 0 —
STAB		$ACCB \rightarrow M$	— — ↕ ↕ 0 —
TAB	Transfer ACCA to ACCB	$ACCA \rightarrow ACCB$	— — ↕ ↕ 0 —
TBA	Transfer ACCB to ACCA	$ACCB \rightarrow ACCA$	— — ↕ ↕ 0 —
ROL	M		— — ↕ ↕ * ↕
ROLA	Rotate left ACCA	$C \leftarrow b7 \leftarrow b0$	— — ↕ ↕ * ↕
ROLB	ACCB		— — ↕ ↕ * ↕
ROR	M		— — ↕ ↕ * ↕
RORA	Rotate right ACCA	$C \quad b7 \rightarrow b0$	— — ↕ ↕ * ↕
RORB	ACCB		— — ↕ ↕ * ↕
ASL	M		— — ↕ ↕ * ↕
ASLA	Arithmetic ACCA	$C \leftarrow b7 \quad b0 \leftarrow 0$	— — ↕ ↕ * ↕
ASLB	shift left ACCB		— — ↕ ↕ * ↕
ASR	M		— — ↕ ↕ * ↕
ASRA	Arithmetic ACCA	$b7 \quad b0 \quad C$	— — ↕ ↕ * ↕
ASRB	shift right ACCB		— — ↕ ↕ * ↕
LSR	M		— — 0 ↕ * ↕
LSRA	Logical ACCA	$0 \rightarrow b7 \quad b0 \quad C$	— — 0 ↕ * ↕
LSRB	shift right ACCB		— — 0 ↕ * ↕

$$* \quad V = N \oplus C$$

Bei den **ROL-** und **ROR-Befehlen** (rotierende Verschiebebefehle) wird das Carry-Flag mit in die Verschiebung mit einbezogen. Bei ROL wird das C-Flag nach b0 geschoben und b7 gelangt in das C-Flag. Bei ROR gelangt das C-Flag nach b7 und b0 wird ins C-Flag transportiert. Bei beiden Befehlen werden gleichzeitig alle Bits nach links bzw. nach rechts geschoben.

Die Rotationsbefehle ermöglichen es, den Akkumulatorinhalt oder Speicherplatzinhalt hin und her zu verschieben, ohne ihn zu zerstören. So ist es z.B. möglich, ganz bestimmte Bits in das C-Flag oder MSB zu schieben, sie dort mit Hilfe des Statusregisters zu testen, und anschließend wieder in ihre Ausgangslage zurückzuschieben. Auch bei der Multiplikation und Division von vorzeichenlosen Dualzahlen finden diese Befehle Verwendung. Für jeden Befehl ist anschließend noch ein Beispiel angegeben.

Beispiel:

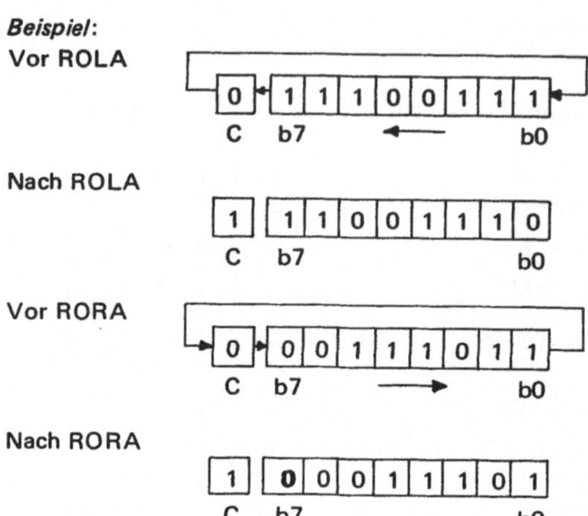

Bei den **LSR-Befehlen** (logische Verschiebebefehle) werden alle Bits von ACCX oder M um eine Stelle nach rechts geschoben. Das LSB wird in das C-Flag eingeschrieben und in das MSB kommt eine 0. Diese Befehle sind zur Division von vorzeichenlosen Zahlen und zum Bit-Test geeignet.

Bei den **ASL-** und **ASR-Befehlen** (arithmetische Verschiebebefehle) gibt es keinen Umlauf des Datenwortes. Bei ASL werden alle Bits von ACCX oder M um eine Stelle nach links geschoben. b7 gelangt in das C-Flag, und in b0 wird eine 0 eingeschrieben. Bei ASR werden alle Bits von ACCX oder M um eine Stelle nach rechts geschoben. b0 gelangt in das C-Flag, und b7 bleibt unverändert. Die arithmetischen Verschiebebefehle werden zur Multiplikation und Division von Zahlen in Zweierkomplementdarstellung verwendet. Dabei ist b7 das Vorzeichenbit. Die beiden nachfolgenden Beispiele verdeutlichen dies.

Beispiel:

Multiplikation mit 2 durch arithmetisch links Schieben

```
C  b7            b0
0  0  0  0  0  0  0  1  1      3
0  0  0  0  0  0  1  1  0      6
0  0  0  0  0  1  1  0  0     12
0  0  0  0  1  1  0  0  0     24
0  0  0  1  1  0  0  0  0     48
0  0  1  1  0  0  0  0  0     96
0  1  1  0  0  0  0  0  0    192
1  1  0  0  0  0  0  0  0      —
```

Beispiel:

Division durch 2 durch arithmetisch rechts Schieben

```
C  b7            b0
0  0  0  0  1  1  0  0  0     24
0  0  0  0  0  1  1  0  0     12
0  0  0  0  0  0  1  1  0      6
0  0  0  0  0  0  0  1  1      3
1  0  0  0  0  0  0  0  1      —
```

3.4.3 Statusregister- und Testbefehle

In der Tabelle 3.3 sind die Statusregister- und Testbefehle zusammengefaßt.

Die *Statusregister-Befehle* beziehen sich alle auf das Statusregister. Dieses wurde bereits in 2.2.8 ausführlich besprochen. Die Clear- und Set-Befehle erklären sich selbst. Die Befehle TAP und TPA sind für das Programmieren sehr hilfreich. Mit TAP kann man den Akkumulatorinhalt in das Statusregister laden, mit TPA die umgekehrte Richtung. Im Akkumulator können die einzelnen Bits durch Akkumulatorbefehle manipuliert werden oder auch getestet werden.

Der **BIT-Testbefehl** hat große Ähnlichkeit mit dem AND-Befehl. Es wird beim BIT-Befehl kein Ergebnis gebildet, sondern nur das Statusregister entspreechend beeinflußt. Die Operanden in ACCX und M bleiben also erhalten. Mit Hilfe einer im Akkumulator abgespeicherten Maske kann man so einen Speicherplatz Bit für Bit durchtesten. Dieser Test ist dazu geeignet, z. B. den Betriebszustand eines Registers oder eines Peripheriegerätes abzufragen.

Der **CMP-Befehl** ist dem Subtraktionsbefehl ähnlich. Aber auch hier wird kein Ergebnis abgebildet, und die Operanden werden nicht verändert. Nur das Statusregister wird beeinflußt. Mit Hilfe des CMP-Befehls werden zwei Operanden miteinander verglichen. Anschließend kann dann entsprechend dem Ergebnis verzweigt werden.

Tabelle 3.3: Statusregister- und Testbefehle

Mnemonic	Name	Funktionsbeschreibung	Statusregister H I N Z V C
CLC	Clear carry	$0 \rightarrow C$	— — — — — 0
CLI	Clear interrupt mask	$0 \rightarrow I$	— 0 — — — —
CLV	Clear overflow	$0 \rightarrow V$	— — — — 0 —
SEC	Set carry	$1 \rightarrow C$	— — — — — 1
SEI	Set interrupt mask	$1 \rightarrow I$	— 1 — — — —
SEV	Set overflow	$1 \rightarrow V$	— — — — 1 —
TAP	Transfer ACCA to status register	$A \rightarrow CCR$	
TPA	Transfer status register to ACCA	$CCR \rightarrow A$	
BITA	Bit test	$A \cdot M$	— — $\updownarrow$ $\updownarrow$ 0 —
BITB		$B \cdot M$	— — $\updownarrow$ $\updownarrow$ 0 —
CMPA	Compare	$ACCA - M$	— — $\updownarrow$ $\updownarrow$ $\updownarrow$ $\updownarrow$
CMPB		$ACCB - M$	— — $\updownarrow$ $\updownarrow$ $\updownarrow$ $\updownarrow$
CBA	Compare ACCB with ACCA	$ACCA - ACCB$	— — $\updownarrow$ $\updownarrow$ $\updownarrow$ $\updownarrow$
TST	Test Zero or Minus	$M - 0$	— — $\updownarrow$ $\updownarrow$ 0 0
TSTA		$ACCA - 0$	— — $\updownarrow$ $\updownarrow$ 0 0
TSTB		$ACCB - 0$	— — $\updownarrow$ $\updownarrow$ 0 0

3.4.4 Indexregister- und Stack Pointer-Befehle

Der Datentransport zwischen den IX und SP und dem Speicher erfordert einen zweimaligen Zugriff, da diese Register 16 Bit breit sind, die Speicherplätze und auch der Daten-Bus hingegen nur 8 Bit umfassen. Die Wirkungsweise der Daten-Transportbefehle geht im übrigen aus der Tabelle 3.4 hervor.

Die Befehle INX und DEX stellen eine wichtige Programmierhilfe dar. Neben der Adressierung kann man das Indexregister auch als Vor-/Rückwärtszähler einsetzen. Bei Anwendung der Schleifentechnik wird das Indexregister auf einen bestimmten Zählerstand vorgesetzt. Jeder Schleifendurchgang erniedrigt dann mit dem Befehl DEX diesen Wert. Wenn Null erreicht ist, wird das durch das Z-Flag angezeigt, und die Schleife kann über einen bedingten Sprung verlassen werden. Die beiden Stack-Befehle PSH und PUL werden später besprochen.

Tabelle 3.4: Indexregister- und Stack Pointer-Befehle

Mnemonic	Name	Funktionsbeschreibung	Statusregister H I N Z V C
CPX	Compare IX	$IX_H - M$; $IX_L - (M + 1)$	— — ↕ ↕ ↕ —
DEX	Decrement IX	$IX - 1 \rightarrow IX$	— — — ↕ — —
DES	Decrement SP	$SP - 1 \rightarrow SP$	— — — — — —
INX	Increment IX	$IX + 1 \rightarrow IX$	— — — ↕ — —
INS	Increment SP	$SP + 1 \rightarrow SP$	— — — — — —
LDX	Load IX	$M \rightarrow IX_H$; $(M + 1) \rightarrow IX_L$	— — ↕ ↕ 0 —
LDS	Load SP	$M \rightarrow SP_H$; $(M + 1) \rightarrow SP_L$	— — ↕ ↕ 0 —
STX	Store IX	$IX_H \rightarrow M$; $IX_L \rightarrow (M + 1)$	— — ↕ ↕ 0 —
STS	Store SP	$SP_H \rightarrow M$; $SP_L \rightarrow (M + 1)$	— — ↕ ↕ 0 —
TXS	Transfer IX to SP	$IX - 1 \rightarrow SP$	— — — — — —
TSX	Transfer SP to IX	$SP + 1 \rightarrow IX$	— — — — — —
PSHA	Push Data onto stack	$ACCA \rightarrow M_{SP}$; $SP - 1 \rightarrow SP$	— — — — — —
PSHB		$ACCB \rightarrow M_{SP}$; $SP - 1 \rightarrow SP$	— — — — — —
PULA	Pull data from stack	$SP + 1 \rightarrow SP$; $M_{SP} \rightarrow ACCA$	— — — — — —
PULB		$SP + 1 \rightarrow SP$; $M_{SP} \rightarrow ACCB$	— — — — — —

3.4.5 Verzweigungs- und Sprungbefehle

In 2.2.8 haben wir bereits einige Verzweigungsbefehle kennengelernt. In der Tabelle 3.5 sind alle Verzweigungsbefehle und Sprungbefehle des Mikroprozessor 6800 zusammengefaßt.

Tabelle 3.5: Verzweigungs- und Sprungbefehle

Mnemonic	Name	Funktionsbeschreibung	Statusregister H I N Z V C
BRA	Branch always		— — — — — —
BCC	Branch if carry clear	$C = 0$	— — — — — —
BCS	Branch if carry set	$C = 1$	— — — — — —
BEQ	Branch if $= 0$	$Z = 1$	— — — — — —
BGE	Branch if $\geqslant 0$	$N \oplus V = 0$	— — — — — —
BGT	Branch if > 0	$Z + (N \oplus V) = 0$	— — — — — —
BHI	Branch if higher	$C + Z = 0$	— — — — — —
BLE	Branch if $\leqslant 0$	$Z + (N \oplus V) = 1$	— — — — — —
BLS	Branch if lower or same	$C + Z = 1$	— — — — — —
BLT	Branch if < 0	$N \oplus V = 1$	— — — — — —
BMI	Branch if minus	$N = 1$	— — — — — —
BNE	Branch if $\neq 0$	$Z = 0$	— — — — — —
BVC	Branch if overflow clear	$V = 0$	— — — — — —
BVS	Branch if overflow set	$V = 1$	— — — — — —
BPL	Branch if plus	$N = 0$	— — — — — —
BSR	Branch to subroutine		— — — — — —
JSR	Jump to subroutine		— — — — — —
JMP	Jump		— — — — — —
NOP	No operation	$PC + 1 \rightarrow PC$	— — — — — —
RTI	Return from interrupt		
RTS	Return from subroutine		
SWI	Software interrupt		
WAI	Wait for interrupt		

Der **NOP-Befehl** wirkt sich nur auf den Programmzähler aus. Er erhöht dessen Inhalt um 1 und benötigt dazu zwei CPU-Zyklen. Er hält Speicherplatz frei, falls man später noch zusätzliche Befehle einfügen will. Falls man nach der Programmerstellung wieder Befehle weglassen muß, kann man das „Loch" mit NOP-Befehlen stopfen. Das ist einfacher, als das gesamte Programm vorzurücken.

Der **WAI-Befehl** ist ein Halt-Befehl. Er wird später genauer besprochen. Auch die Interrupt- und Subroutinen-Befehle werden später noch besprochen.

3.5 Der Stack

Ein Stack ist eine besondere Art von Speicher. Von anderen Speichern unterscheidet er sich durch die Art des Zugriffs und der Adressierung. Bevor auf den Stack eingegangen wird, sollen die Begriffe Silospeicher und Stapelspeicher erklärt werden.

Der *Silospeicher* (*First In First Out*: FIFO) ist ein serieller Speicher. Die Daten werden in derselben Reihenfolge ausgegeben, wie sie eingeschrieben werden. Vom normalen Schieberegister unterscheidet sich der Silospeicher durch die Tatsache, daß die Daten nicht taktweise in Richtung Ausgang geschoben werden, sondern nach dem Einlesen sofort bis zum Boden des „Silos" durchsinken. Eine spezielle Steuerschaltung regelt die Ein- und Ausgabe. Die Ein- und Ausgabegeschwindigkeiten dürfen verschieden sein, solange die Speicherkapazität nicht überschritten wird. Damit eignet sich dieser Speicher z. B. als Buffer zur Anpassung unterschiedlicher Geschwindigkeiten von Sender und Empfänger einer Übertragungsstrecke.

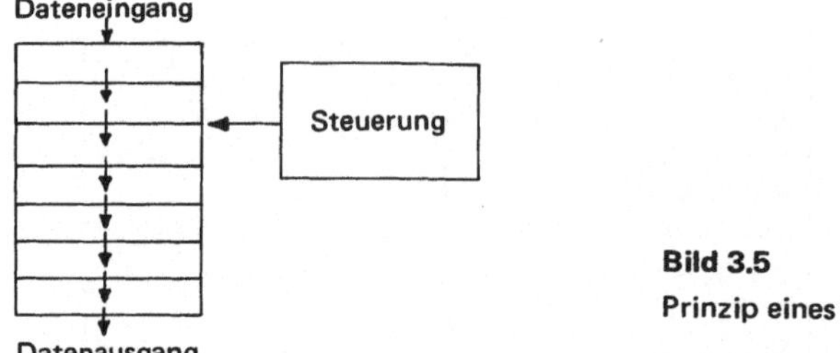

Bild 3.5
Prinzip eines Silospeichers

Beim *Stapelspeicher* (*Last In First Out*: LIFO) werden die zuletzt eingelesenen Daten zuerst wieder ausgelesen. Den Einschreibvorgang bezeichnet man beim Stapelspeicher mit PUSH und den Auslesevorgang mit PULL. Auch hier sorgt eine Steuerschaltung dafür, daß die Daten ohne Einwirkung des Taktes bis zum letzten freien Platz des Stapels „sinken".

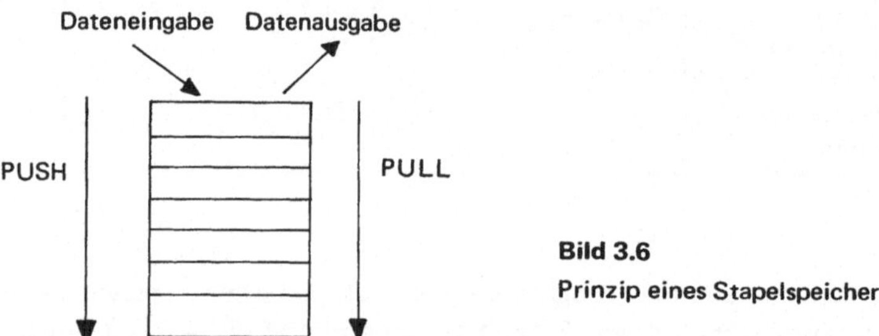

Bild 3.6
Prinzip eines Stapelspeichers

Der Stack in einem Mikroprozessor arbeitet nach dem LIFO-Prinzip. Man unterscheidet wiederum zwei Arten von Stacks:

1. Hardware-Stack
2. Software-Stack.

Der *Hardware-Stack* wird durch mehrere Register innerhalb der CPU gebildet. Die Anzahl dieser Register ist auf eine bestimmte Anzahl begrenzt — meist 4 bis 32.

Der *Software-Stack* ist ein Teil des Arbeitsspeichers (RAM) des Mikrocomputers. Der Programmierer kann den Teil des RAM, den er als Stack verwenden will, selbst definieren. Ein Register in der CPU, der sogenannte *Stack Pointer*, adressiert dann den Stack. Bei jedem Zugriff wird der Stack Pointer automatisch dekrementiert (PUSH) bzw. inkrementiert (PULL). Der Stack Pointer hat dieselbe Bitbreite wie der Programmzähler, beim Mikroprozessor 6800 also 16 Bit. Zu Beginn des Programms legt der Programmierer mit Hilfe des Stack Pointers die Anfangsadresse des RAM-Bereichs fest, die er als Stack definieren will. Er sollte dabei darauf achten, daß der Stack nicht in das Benutzerprogramm hineinwächst.

Mit Hilfe des **PUSH-Befehls** kann dann der Akkumulatorinhalt in den Stack geschrieben werden, und zwar immer auf den obersten freien Speicherplatz des Stack. Anschließend wird der Inhalt des Stack Pointers automatisch um 1 vermindert. Damit zeigt er auf die nächste freie Stelle im Stack.

Beim **PULL-Befehl** geht das ganze umgekehrt. Zunächst wird der Stack Pointer um 1 erhöht. Anschließend wird der Inhalt des jetzt adressierten Stack-Platzes in den Akkumulator geladen. Somit zeigt anschließend der Stack Pointer wieder auf den obersten leeren Platz im Stack.

An dieser Stelle sei nochmals daraufhingewiesen, daß der Akkumulatorinhalt auch in einen ganz normalen Speicherbereich geschrieben werden kann. Nur benötigt man dazu Befehle von 2 bis 3 Byte-Länge und zwar für das Abspeichern wie das Zurückholen.

Beim Mikroprozessorsystem 6800 ist der Stack als Software-Stack realisiert. Die Wirkungsweise der PUSH- und PULL-Befehle ist in den Bildern 3.7 bzw. 3.8 nochmals verdeutlicht. Es gibt zwei PUSH- und zwei PULL-Befehle, für ACCA und ACCB.

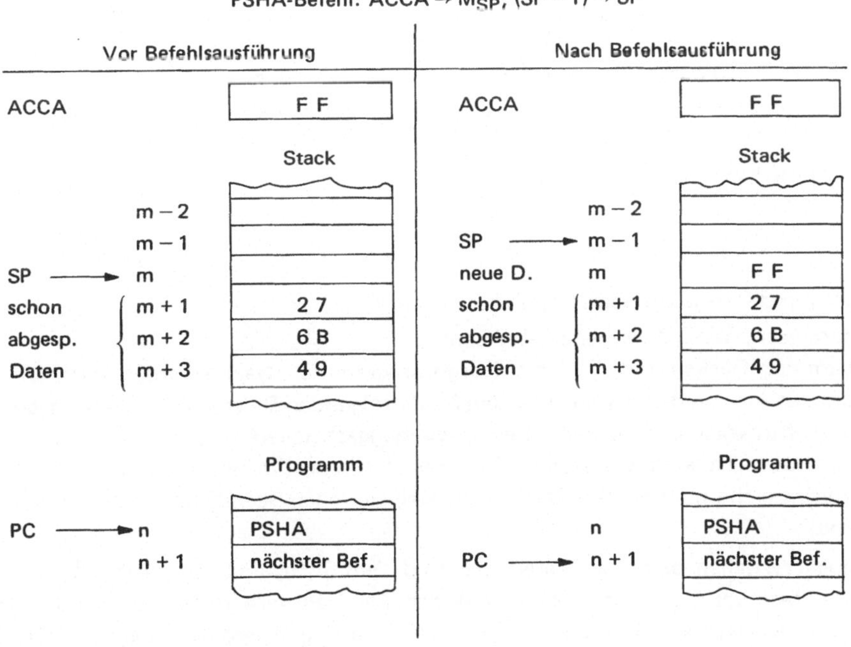

Bild 3.7 Ausführung des Push-Befehls

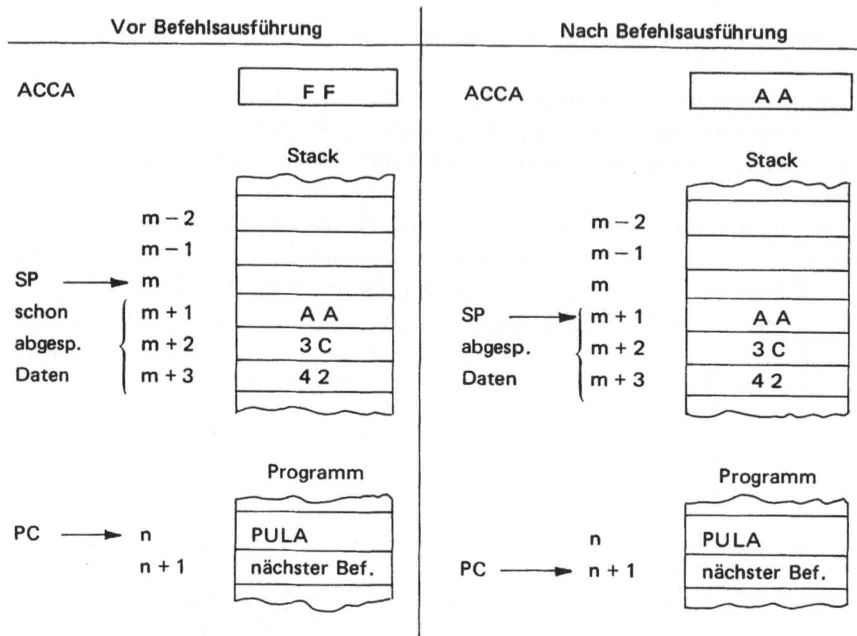

Bild 3.8 Ausführung des PULL-Befehls

Der Stack hat verschiedene Aufgaben. Die wichtigsten davon sind:

1. Abspeichern von Daten (Zwischenergebnissen)
2. Abspeichern von Rücksprungadressen bei Unterprogrammen. Nach Abarbeiten des Unterprogrammes wird an den der aufrufenden Stelle folgenden Befehl zurückgesprungen. Bei jedem Aufruf wird die Rückkehradresse zwischengespeichert.
3. Abspeichern des aktuellen Status aller CPU-Register beim Eintreffen eines Interrupt-Signals. Rückspeichern vom Stack in die CPU-Register nach Beendigung des Interruptprogrammes.

Man muß noch zwischen dem Hardware-Stack und dem Software-Stack unterscheiden. Der *Hardware-Stack* besitzt nur eine begrenzte Anzahl von Registern und eignet sich damit sehr schlecht für Unterprogramm- und Interrupt-Verarbeitung. Allerdings ist ein schneller Datentransfer zwischen Stack und übriger CPU gewährleistet.

Der *Software-Stack* wird von den meisten heutigen Mikroprozessoren benutzt. Der Programmierer kann den Software-Stack selbst definieren, d. h. seine Lage und seine Länge festlegen. Er kann mit allen Befehlen zugegriffen werden, die für einen normalen Speicher auch benutzt werden.

Der Stack und die ihn betreffenden Befehle sind ein wichtiges Werkzeug, um übersichtliche und gut zu testende Programme zu gestalten.

4 Mikroprozessor in Verbindung mit seiner Peripherie

4.1 Bus-Struktur

Der Begriff *Bus* wurde bis jetzt schon mehrfach erwähnt. Wir verstanden bis jetzt darunter ein Leitungsbündel, das die einzelnen Blöcke eines Rechners miteinander verbindet. Nun versteht man unter einem Bus mehr als nur eine Gruppe paralleler Drähte. Nachfolgend soll der Aufbau von Bus-Systemen und die benutzte Schaltungstechnik erklärt werden. In elektronischen Systemen und ganz besonders in Rechnersystemen ist die Anzahl der zu verbindenden Baugruppen meist sehr groß. Man kann prinzipiell jede Baugruppe mit jeder anderen verbinden. Dies ermöglicht ein gleichzeitiges Übertragen von mehreren Informationen. Die Anzahl der Leitungen sind bei einem solchen System allerdings sehr groß. Wie die Praxis zeigt, ist es auch sehr selten der Fall, daß alle Baugruppen gleichzeitig Informationen übertragen müssen. Damit ist aber die Leitungsausnützung schlecht. Die Mikroprozessor-Hersteller haben nun ein neues Verfahren entwickelt, welches heute fast alle Mikroprozessoren benutzen — die sogenannte Bus-Struktur.

Wie Bild 4.1 zeigt, geschieht die Verbindung aller Baugruppen über eine Sammelschiene — den *Bus*.

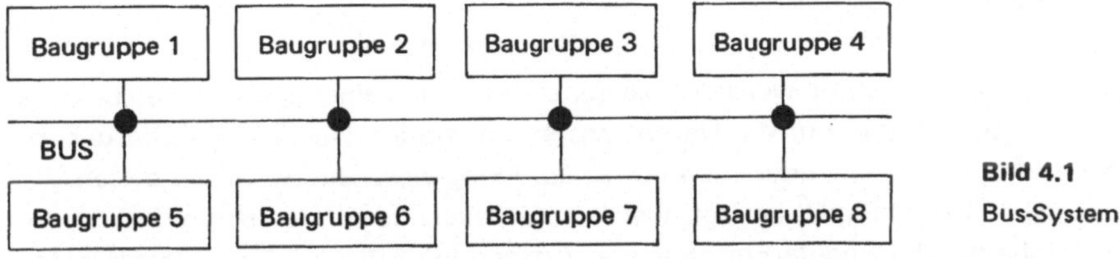

Bild 4.1
Bus-System

> Ein Bus besteht aus mehreren Drähten, die *Datenquellen* mit *Datensenken* verbinden.

Einunddieselbe Baugruppe kann Quelle und Senke sein, aber nicht zum gleichen Zeitpunkt. Der Informationsaustausch ist nur zeitlich gestaffelt möglich. Zu einem bestimmten Zeitpunkt kann die Verbindung immer nur zwischen *einer* Quelle und *einer* Senke erfolgen. Dies hat möglichst kurz zu geschehen, denn der Bus hat auch die Informationsübertragung zwischen allen anderen Baugruppen zu übernehmen. Für die Einhaltung dieser Bedingung sorgt eine Steuerung.

Bus-Systeme können nach verschiedenen Gesichtspunkten klassifiziert werden. Wir wollen zunächst vier Unterscheidungen machen:

1. *Bit-seriell, Wort-seriell*

   Der Bus besteht aus einem Draht. Pro Zeiteinheit kann immer nur ein Bit übertragen werden.

2. *Bit-parallel, Wort-seriell*

   Der Bus besteht aus mehreren Drähten, und zwar für jedes Bit des Wortes ein Draht. Pro Zeiteinheit kann ein ganzes Datenwort, welches aus mehreren Bit besteht, übertragen werden. In der Praxis häufig sind 8 oder 16 Leitungen.

3. *Einfach-Bus-Struktur*

   Es ist eine Gruppe von mehreren parallelen Leitungen vorhanden. Über diesen einen Bus müssen aber sämtliche Signale des Systems laufen, also z.B. Daten-, Adressen- und Steuersignale in einem Mikroprozessorsystem. Die Art der Signale muß gekennzeichnet werden, und die Übertragung kann nur zeitlich gestaffelt erfolgen. Man spricht von *Zeitmultiplexbetrieb*.

4. *Mehrfach-Bus-Struktur*

   Daten-, Adressen- und Steuersignale werden über getrennte Busse geleitet. Der Daten-Bus ist bidirektional ausgebildet. Information fließt in beiden Richtungen.

Wie schon erwähnt, könnte man Bus-Systeme auch noch anders einteilen, z.B. nach der Art der verwendeten Schaltkreise (*Open-collector* oder *Tri-state*) oder nach der Art der Signalpegel (TTL-Pegel oder V-24-Schnittstelle). Es soll anschließend noch etwas auf die am häufigsten benutzte Bus-Struktur eingegangen werden — die Mehrfach-Bus-Struktur. Auch der Mikroprozessor 6800 benutzt sie. Er hat drei Busse:

1. *Unidirektionaler Adressen-Bus* (16 Bit)
2. *Bidirektionaler Daten-Bus* (8 Bit)
3. *Steuer-Bus* (11 Leitungen, Takt-, Steuer- und Statusleitungen)

Es muß streng darauf geachtet werden, daß jeder Baustein seine eigene Adresse erhält. Nur so ist sichergestellt, daß nur ein Datentransfer stattfindet. Die RAM, ROM und die Interface-Bausteine haben ein oder mehrere *Enable-Eingänge*. Nur wenn an diesen Eingängen das entsprechende Signal anliegt, werden die Bausteine auf den Bus aufgeschaltet. Diese Signale erhalten die Enable-Eingänge von Adressendecodierern. Zu jedem Baustein gehört ein Adressendecodierer. Diese sind wiederum an den Adressen-Bus angeschlossen, über den sie von der CPU die entsprechende Adresse erhalten. Die RAM und ROM haben zwei Anschlüsse zum Adressen-Bus. Der eine führt über den Adressendecodierer. Er wählt den entsprechenden Speicher aus. Der andere direkte Anschluß wählt das entsprechende Byte innerhalb des Speichers aus.

Detailliertere Spezifikationen sind den Datenblättern zu entnehmen. Das *Timing* der Bus-Signale ist von großer Bedeutung. Die Anzahl der Quellen und Senken, die Leitungslängen, Art und Größe der Lasten (ohmisch-kapazitiv) sind Dinge, die beim Entwurf eines Systems zu bedenken sind, und auf die an dieser Stelle nicht näher eingegangen werden kann. Es sei nur noch erwähnt, daß das Bus-System des 6800 für kleinere Mikrocomputersysteme ausgelegt ist. Will man das System vergrößern, muß man die Busleitungen über Treiber, sogenannte Bus-Extender, führen (Bild 4.2). Es gibt integrierte Treiber für uni- und bidirektionale Busse.

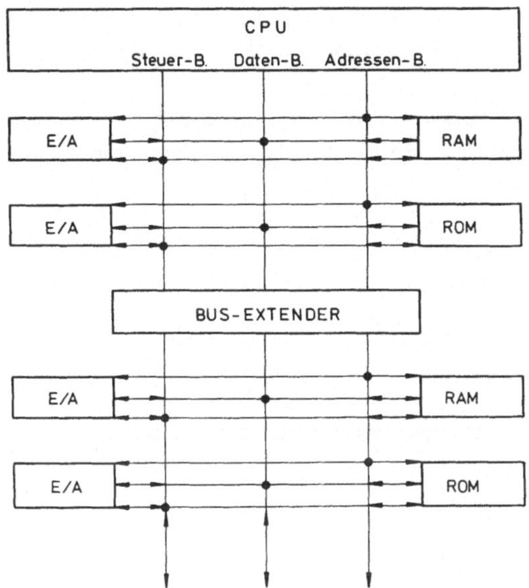

Bild 4.2
Mikrocomputer mit Bus-Extender

4.2 Schaltkreise zum Betrieb von Bus-Systemen

Bild 4.3 zeigt den Aufbau eines NAND-Gatters bei der bekannten TTL-Serie SN 74 ...
Es handelt sich um den Baustein SN 7400. Diese Art der Ausgangsschaltung nennt man
Totem-pole Output. Bei diesen Schaltungen ist es nicht erlaubt, die Ausgänge mehrerer
Schaltkreise galvanisch zu verbinden. Die Schaltungen haben einen kleinen Ausgangswi-
derstand, und zwar auch im High-Zustand, so daß bei galvanischer Verbindung ein undefi-
nierter Zustand eintritt, wenn der eine Ausgang z.B. High-Potential und der andere Low-
Potential hat.

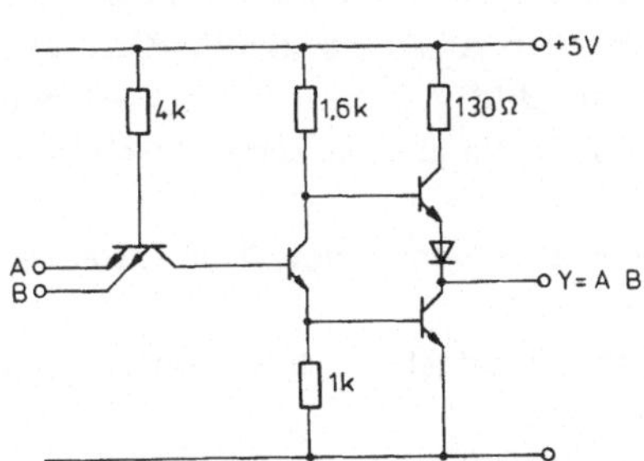

Bild 4.3 NAND-Gatter mit Totem-pole
Output

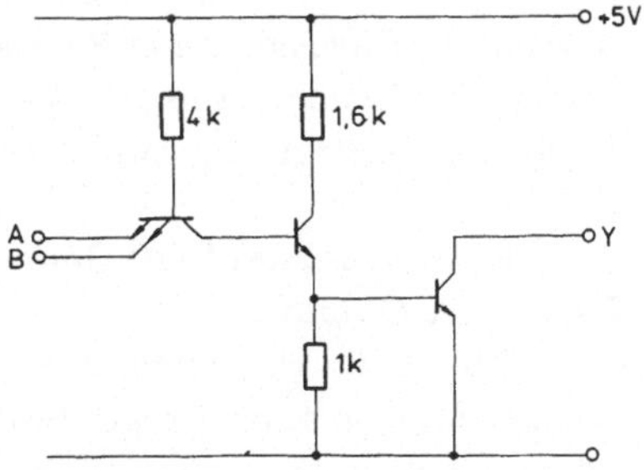

Bild 4.4 NAND-Gatter mit Open-collector
Output

Bild 4.4 zeigt ein NAND-Gatter mit *Open-collector Output*. Bei diesen Ausgangsschaltun-
gen ist der Kollektor offen. Es dürfen mehrere Ausgänge parallel geschaltet, also galvanisch verbunden werden. In diesem Fall überwiegt das Low-Potential, weil der Ausgangs-

widerstand im Low-Zustand kleiner ist als im High-Zustand. Die miteinander verbundenen Kollektoren müssen über einen Widerstand R_L (*Pull-up Widerstand*) mit der Versorgungsspannung verbunden werden.

Im Bild 4.5 sind vier Inverter mit offenen Kollektoren (SN 7401) galvanisch miteinander verbunden. Dem Verknüpfungspunkt wird über den Widerstand R_L die Versorgungsspannung zugeführt.

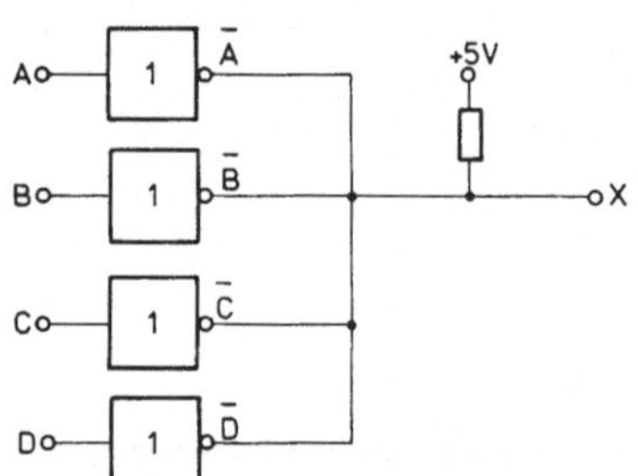

Bild 4.5

Verknüpfung von Invertern mit Open-collector Output

Je nach Interpretation gibt es nun zwei Auffassungen:

amerikanische Auffassung: deutsche Auffassung:
WIRED — AND   WIRED — OR

$$X = \overline{A} \cdot \overline{B} \cdot \overline{C} \cdot \overline{D} \longrightarrow \qquad X = \overline{A + B + C + D}$$

Mit „de Morgan"
umgeformt

Bei diesen Bausteinen überwiegt Low. D. h., die Ausgangsspannung ist immer dann Low, wenn mindestens einer der Transistoren leitend ist. Oder anders ausgedrückt, die Ausgangsspannung geht nur dann in den High-Zustand, wenn sich jeder einzelne Ausgang im High-Zustand befindet. Es handelt sich also um eine UND-Verknüpfung der einzelnen Ausgänge. Berücksichtigt man aber, daß es sich ja um invertierende Bausteine handelt, und bezieht man sich auf die Eingänge dieser Bausteine, dann kommt man zur Auffassung WIRED-OR. Zum besseren Verständnis dieser Verknüpfung sind im Bild 4.6 drei unterschiedliche Schaltungen gezeichnet, die mit den Variablen A, B, C, D die gleiche Schaltfunktion Y realisieren.

In Bild 4.6.a werden zwei UND-Gatter und ein ODER-Gatter verwendet. Alle Gatter haben *Totem-pole Outputs*.

In Bild 4.6.b ist die gleiche Funktion mit NAND-Gattern aufgebaut. Eine Umformung nach dem de Morgan'schen Gesetz bestätigt diese Gleichheit.

In Bild 4.6.c haben die beiden NAND-Gatter *Open-collector Outputs*. Am Verknüpfungspunkt stellt sich die Funktion Y negiert ein ($Y = \overline{AB \cdot CD}$). Eine nochmalige Negierung liefert die Funktion Y. Dazu kann wieder ein Inverter mit *Totem-pole Output* verwendet werden.

Wie der Vergleich von Bild 4.6.b und 4.6.c zeigt, kann ein NAND-Gatter eingespart und durch ein Inverter ersetzt werden. Der Vorteil dieser Technik macht sich vor allem dann bemerkbar, wenn viele Ausgänge durch ODER verknüpft werden sollen.

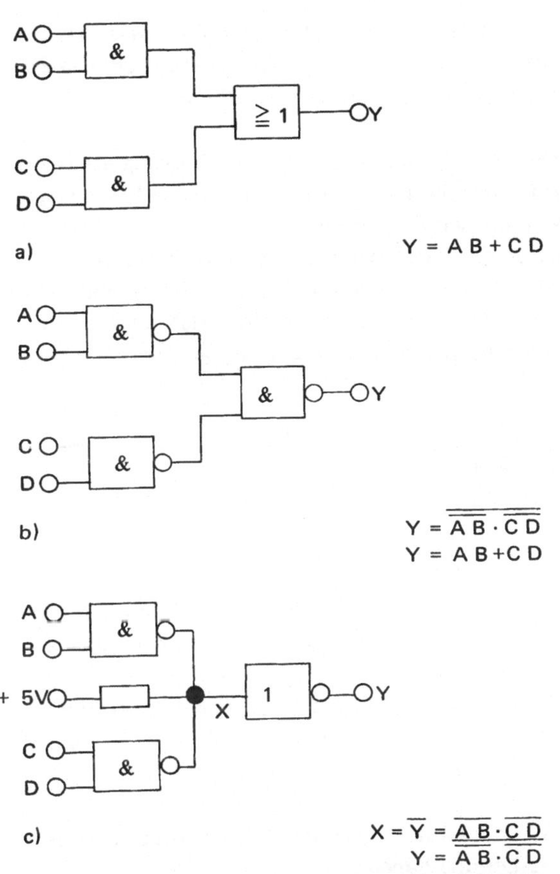

Bild 4.6
Drei gleichwertige Schaltungen einer
UND/ODER-Verknüfung

Nachfolgend sollen einige Richtlinien zur Dimensionierung des *Pull-up-Widerstandes* gegeben werden. Der Pull-up-Widerstand R_L ist abhängig von der Anzahl der verknüpften Ausgänge und der Anzahl der angesteuerten Eingänge. Er muß so gewählt werden, daß einmal bei High-Potential die Restströme der Ausgangstransistoren und die Eingangsströme der nachfolgenden Multiemitter am Widerstand R_L einen Spannungsabfall von kleiner als 2,6 V erzeugen, um auf jeden Fall den H-Pegel von 2,4 V (bei TTL) zu garantieren. Zum anderen darf R_L nur so klein gewählt werden, daß bei Low-Potential am Ausgang der Strom durch R_L und der Strom der nachfolgenden Gattereingänge den zulässigen Kollektorstrom von 16 mA nicht überschreitet. Es ist zu beachten, daß im ungünstigsten Fall nur ein Baustein am Ausgang Low-Potential führt, und dieser dann den gesamten Strom übernehmen muß. Weitere Angaben sind den Datenblättern der Hersteller zu entnehmen.

Gatter mit *Tri-state Output* haben außer den beiden Zuständen Low und High noch einen dritten, hochohmigen Zustand. In diesen hochohmigen Zustand kann der Ausgang mit Hilfe eines Steuereingangs geschaltet werden. Das Gatter belastet dann den Bus nur sehr wenig. Der Zustand High ist bei Tri-state-Ausgängen wesentlich niederohmiger als bei Open-collector-Ausgängen. Bei allen Bausteinen eines Systems stellt der hochohmige Zustand die Ruhelage dar; der Baustein ist abgeschaltet — man spricht von „floating outputs".

Es gibt im Prinzip vier verschiedene Arten von Tri-state-Gattern. Am Ausgang erscheint das Eingangssignal direkt oder invertiert. Der Steuereingang, auch Enable-Eingang genannt, schaltet mit einer 0 oder mit einer 1 auf den Bus durch.
Die ersten beiden Gatter im Bild 4.7 schalten das Eingangssignal direkt auf den Bus durch. Im ersten Bild bewirkt dieses Durchschalten eine 1 am Enable-Eingang. Wenn eine 0 anliegt, wird der Baustein hochohmig; damit ist er vom Bus getrennt, also abgeschaltet. Im zweiten Bild wird der Baustein durch eine 0 am Enable-Eingang aktiviert — eine 1 macht ihn hochohmig.

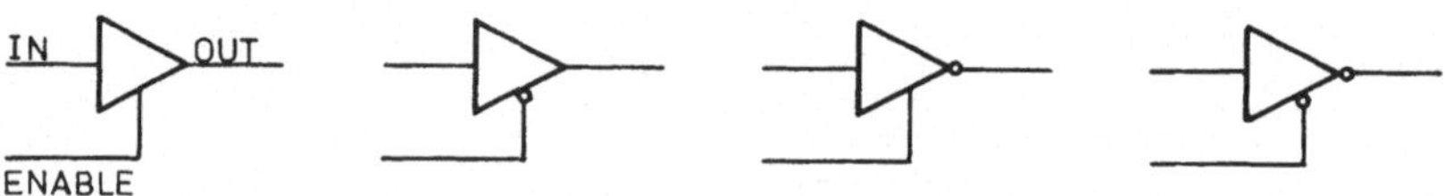

Bild 4.7 Gatter mit Tri-State Output

Diese Tri-state-Gatter werden auch Treiber, Bus-Extender oder *Buffer* genannt. In der Praxis sind meist vier oder mehr solcher Gatter in einem einzigen Chip integriert, zum Teil mit gemeinsamer Enable-Leitung.
Die Bausteine SN 74 125 und SN 74 126 enthalten vier Treiber, von denen jeder eine eigene Enable-Leitung hat. Beim SN 74 125 ist 0 das aktive Enable-Signal, beim SN 74 126 ist es die 1. Beide Bausteine schalten das Eingangssignal unverändert auf den Ausgang durch.
Die Bausteine SN 74LS240 und SN 74LS241 enthalten je acht Tri-state-Gatter, wobei je vier Gatter an einer gemeinsamen Enable-Leitung hängen.
Wie wir wissen, müssen auf dem Daten-Bus Daten in beiden Richtungen laufen können. Man benötigt also auch Treiber-Bausteine, die in beiden Richtungen arbeiten können. Dies sind z. B. die Bausteine SN 74LS242 und SN 74LS243. Man spricht in diesem Fall von TRANSCEIVERN. Auch der im Bild 4.8 abgebildete Typ MC 6880 (MC 8T26) ist ein solcher Baustein.

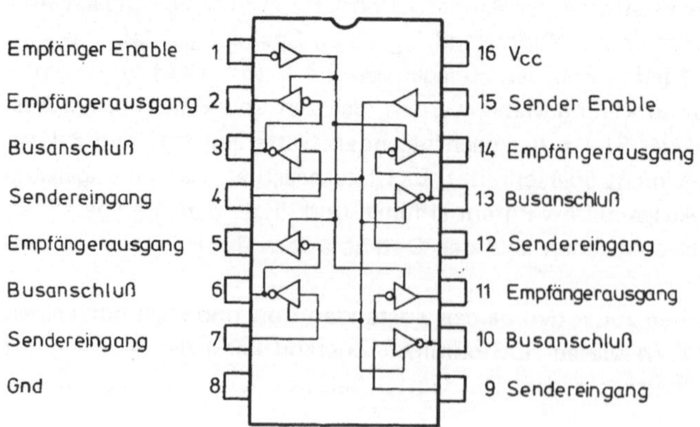

Bild 4.8

Quad Tri-State Bus Transceiver MC 6880/MC 8T26

4.3 Adressendecodierung

Der 8-Bit-Mikroprozessor hat einen 16 Bit breiten Adressen-Bus. D. h., es können 65536 Adressen gebildet werden. Dieser verfügbare Adressenbereich wird für drei Bausteinarten benutzt: die RAM-Bausteine, die verschiedenen Arten von ROM und die Interface-Bausteine, die wie Speicherplätze behandelt werden.

Beim Entwurf eines Systems muß man sich einen *Speicherplan* (*Memory Map*) anlegen, in dem für jeden Baustein ein fester Platz reserviert ist, also die Anfangs- und Endadresse angegeben ist. Bild 4.9 zeigt ein Beispiel für einen Speicherplan. Die Verteilung der Adressen ist von verschiedenen Gesichtspunkten abhängig, wie z. B. eine hardwaremäßig einfache Adressendecodierung, wenn nur ein Teil des Adreßraumes belegt wird, oder Ausnutzung der Direct-Adressierung usw.

F F F F F F 0 0	256 (P) ROM-Speicherplätze
8 0 2 9 8 0 0 0	Ein-/Ausgabe-Interface
0 0 F F 0 0 0 0	256 RAM-Speicherplätze

Bild 4.9
Beispiel eines Speicherplanes

Es gibt grundsätzlich zwei Möglichkeiten der Adressendecodierung:

1. Partielle Decodierung
2. Volle Decodierung

4.3.1 Partielle Adressendecodierung

In Bild 4.9 hat das System ein ROM und ein RAM mit jeweils 256 Speicherplätzen. Um eines der 256 möglichen Worte auszuwählen, sind acht Adreßleitungen nötig. Die CPU muß aber auch in der Lage sein, zwischen dem RAM und dem ROM sowie dem Interface wählen zu können. Dazu haben die Speicherbausteine einen oder mehrere *Auswahleingänge* (*Chip Select* = CS). Über diesen CS-Anschluß wird der Speicherbaustein überhaupt erst aktiviert, so daß geschrieben oder gelesen werden kann.

Die partielle Decodierung für unser kleines Mikroprozessorsystem sieht nun folgendermaßen aus: Zur Auswahl der in jedem Baustein verfügbaren 256 Worte schließen wir die Adreßeingänge *aller* Chips an die Adreßleitungen A0 bis A7. Ferner wird jeder Baustein durch eine eigene Adreßleitung angewählt. Diese Adreßleitung wird mit dem CS-Eingang verbunden, der in unserem Beispiel beim Eintreffen einer 0 den Baustein aktiviert. Das RAM verwendet die Adreßleitung A15 zur Chip-Auswahl, d. h., wenn das höchstwertige Adreßbit eine 0 ist, dann wird das RAM ausgewählt. Die Adreßleitungen des RAM sind mit

den Leitungen A0 bis A7 vom Adressen-Bus verbunden; diese wählen dann das betreffen-
de Wort im RAM aus. Das ROM verwendet A14 zur Chip-Auswahl und ebenfalls A0 bis
A7 zur Wortauswahl. Der Interface-Baustein verwendet A13 zur Chip-Auswahl und A0
bis A1 zur Auswahl der internen Register. A8 bis A12 sind in unserem System nicht belegt und stehen für Erweiterungen zur Verfügung. Bild 4.10 zeigt, wie der Adressendecodierer für das RAM aussehen könnte.

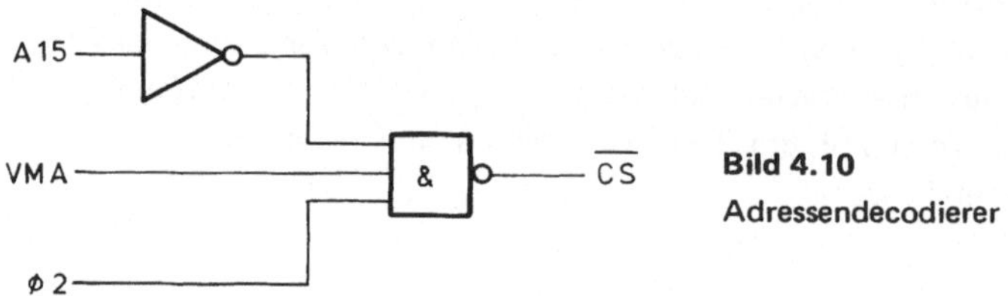

Bild 4.10
Adressendecodierer

Der Decodierer benötigt auch die Signale VMA und den Takt Φ2. VMA *(Valid Memory
Adress* = gültige Adresse) kommt von der CPU. Wenn auf dieser Leitung eine 1 ansteht,
ist die Adresse auf dem Bus gültig. Φ2 ist ein Taktsignal der CPU. Nur wenn Φ2 auf 1
liegt, kann die CPU Daten senden und empfangen. Wir müssen also diese beiden Signale
für unseren Adressendecodierer mit heranziehen. In unserem Beispiel führt die CS-Lei-
tung Low-Potential, wenn A15 Low ist und VMA *und* Φ2 High sind.
Der gezeichnete Adressendecodierer spricht auf alle Adressen an, die gleich oder kleiner 0111 1111 1111 1111 (7 F F F) sind. Da unser RAM nur 256 Bytes groß ist, kann
es von sehr vielen Adressen angesprochen werden. Wollen wir z. B. den Speicherplatz
$0 0 0 0_{16}$ ansprechen, so legen wir die Kombination 0 0 0 0 auf den Adressen-Bus. Wir
können aber genauso gut die Kombination 0 A 0 0 auswählen, oder 7 F 0 0, 3 B 0 0, usw.
In allen Fällen ist A15 0, und damit wird der RAM angewählt. Ferner sind A0 bis A7 0,
und damit wird der Speicherplatz mit der Nummer 0 innerhalb des RAM ausgewählt. Die
partielle Decodierung ist sehr einfach, weil keine zusätzlichen Bausteine oder nur sehr wenige benötigt werden. Jeder neue Baustein erhält einfach eine neue Adreßleitung. Der
Nachteil ist, daß jede neu zur Decodierung verwendete Adreßleitung den vorhandenen
Speicherbereich halbiert.
Die partielle Adressendecodierung findet bei kleineren Mikroprozessorsystemen häufig
Verwendung, weil sie Decodier-Logik einspart. Man muß nur einen genauen Speicherplan
aufstellen und bei System-Erweiterungen die oben erwähnten Einschränkungen beachten.

4.3.2 Volle Adressendecodierung

Sinn einer vollständigen Adressendecodierung ist es, sich die Möglichkeit zu erhalten
64 K verschiedene Plätze anzusprechen. Jede Adreßleitung muß in diesem Fall entsprechend dem Speicherplan beschaltet werden. In unserem Beispiel belegt der RAM-Speicher
die unteren 256 Plätze. D.h., der RAM darf nur angesprochen werden, wenn die Adreßleitungen A8 bis A15 Low-Potential führen. Bild 4.11 zeigt eine mögliche Schaltung. Das
VMA-Signal und der Φ2-Takt ist wieder entsprechend berücksichtigt.

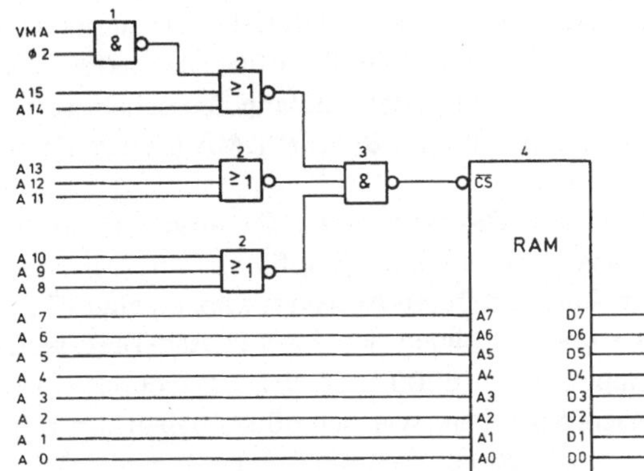

Bild 4.11

Beispiel einer vollen Adressendecodierung

Es gibt auch Decodierer, die auf einem IC untergebracht sind, wie z. B. den „3-to-8 line decoder" SN 74LS138. Dieser Baustein hat drei Eingänge, mit deren Hilfe man acht verschiedene Ausgänge einzeln anwählen kann. Außerdem besitzt er drei CS-Eingänge zur Auswahl des Decodierers selbst.

Vollständige Adressendecodierung verschenkt nichts von dem verfügbaren Adreßraum. Es entstehen allerdings zusätzliche Kosten für die Decodierbausteine. Wenn es die Problemstellung zuläßt, wird daher in der Praxis partielle Decodierung eingesetzt.

4.4 Steuerleitungen der CPU 6800

Die CPU ist in einem 40-poligen *Dual-in-line-Gehäuse* untergebracht. Bild 4.12 zeigt die Anschlußbelegung der CPU 6800. Die Bedeutung der einzelnen Signale werden im folgenden besprochen.

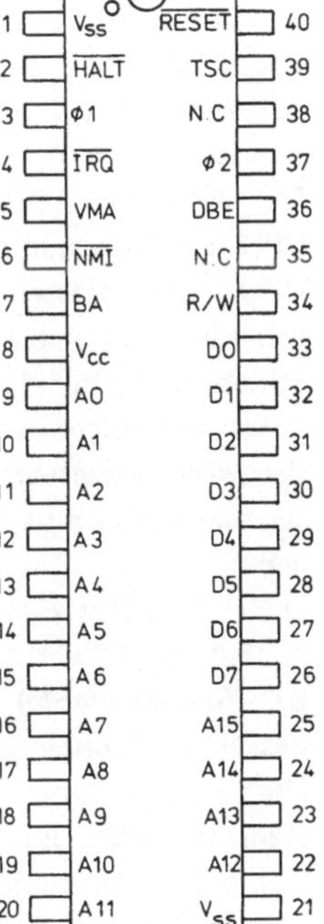

Bild 4.12

Anschlußbelegung der CPU 6800 (pin assignment)

Der *Adressen-Bus* wird durch die Anschlüsse 9 bis 20 und 22 bis 25 gebildet. Die Ausgänge sind in Tri-state-Technik aufgebaut. Jeder Ausgang ist imstande, eine TTL-Standardlast zu treiben. Wenn der Ausgang abgeschaltet ist, ist die CPU vom äußeren Adressen-Bus getrennt, so daß zum Beispiel DMA (*Direct Memory Access*: direkter Speicherzugriff) möglich ist.

Der *Daten-Bus* wird durch die Anschlüsse 26 bis 33 gebildet. Die Ausgänge liegen an Bus-Transceivern (Sender/Empfänger) in Tri-state-Technik, da der Daten-Bus bidirektional ist. Auch die Daten-Ausgänge können eine TTL-Standardlast treiben.

$\Phi 1$ *und* $\Phi 2$ bilden den Zwei-Phasen-Takt, wobei sich die beiden Taktphasen nicht überlappen. Beim 6800 muß der Takt durch einen externen Taktgenerator erzeugt werden. Nachfolgetypen, wie der 6802, haben ihn mit auf dem Chip integriert. In diesem Fall ist nur noch der Anschluß eines Quarzes nötig. Auf den Takt wird in einem späteren Kapitel genauer eingegangen.

Beim R/$\overline{\text{W}}$- (*Read/Write*) Anschluß handelt es sich um einen CPU-Ausgang. Das R/$\overline{\text{W}}$-Signal gibt an, ob die CPU liest oder ob sie schreibt. Bei einer 1 auf der Leitung liest die CPU Daten aus einem Speicher oder von einem Interface-Baustein. Bei einer 0 auf der Leitung schreibt die CPU Daten in einen Speicher oder in das Register eines Interface-Bausteins. Auch die R/$\overline{\text{W}}$-Leitung ist an einen Tri-state-Treiber angeschlossen, der eine TTL-Standardlast treiben kann. Normalerweise befindet sich die CPU im Lesezustand. In den hochohmigen Zustand gebracht (also abgeschaltet) wird der R/$\overline{\text{W}}$-Anschluß durch eine positive Flanke am *Tri-state Control* (TSC)-Anschluß oder wenn die CPU in den Halt-Zustand geht.

Der Anschluß VMA (*Valid Memory Address*) ist ein Ausgang. Er zeigt der Peripherie an, daß auf dem Adressen-Bus eine gültige Adresse steht. Wie wir bereits gesehen haben, wird das VMA-Signal häufig dazu benutzt, Speicher und Interface-Bausteine zu aktivieren (*Enable*). Eine 1 auf der VMA-Leitung zeigt an, daß es sich um ein gültiges Adreßwort handelt.

Der Anschluß TSC (*Tri-State Control*) ist ein Eingang. Normalerweise kontrolliert die CPU den Adressen-Bus und die R/$\overline{\text{W}}$-Leitung. Eine 1 am TSC-Eingang aber veranlaßt die CPU, den Adressen-Bus freizugeben, d. h. in den hochohmigen Zustand zu schalten. Damit kann ein externes Gerät die Kontrolle über den Adressen-Bus übernehmen. Dies geschieht z. B. bei der später noch zu besprechenden DMA-Übertragung. TSC = 1 bewirkt außerdem folgende Signaländerungen: VMA = 0; BA = 1; $\Phi 1$ wird auf High gehalten. Da der Mikroprozessor ein dynamisch arbeitendes Bauelement ist, dürfen die Taktsignale nur für maximal 4,5 μs abgeschaltet werden, da sonst der Inhalt der internen Register verloren geht.

DBE (*Data Bus Enable*) aktiviert die Tri-state-Ausgänge des Daten-Busses. DBE ist im Normalfall mit $\Phi 2$ verbunden.

BA (*Bus Available*) ist ein Ausgangssignal. Normalerweise ist BA = 0. Nach Eintreffen eines HALT-Signals oder nach Ausführung des WAIT-Befehls geht die BA-Leitung in den High-Zustand und zeigt damit an, daß alle Tri-state-Ausgänge sich im hochohmigen Zustand befinden und alle anderen Ausgänge nicht aktiviert sind. Der Adressen-Bus und der Daten-Bus sind damit von der CPU getrennt und die CPU hat damit ihre gesamte Arbeit gestoppt. Ein anderes Gerät dann damit über die Busse verfügen und z. B. auf den Speicher zugreifen (DMA Operation).

Der $\overline{\text{HALT}}$-Anschluß macht es möglich, die CPU über Hardware zum Halten zu bringen. Bei $\overline{\text{HALT}}$ = 0 bearbeitet die CPU den laufenden Befehl zu Ende und hält dann an. Alle Treiber gehen in den hochohmigen Zustand. Der $\overline{\text{HALT}}$-Anschluß wird zur Einzelbefehlssteuerung verwendet. Nach jeder Befehlsabarbeitung stoppt die CPU. Die Einzelbefehlssteuerung ist ein willkommenes Hilfsmittel bei der Fehlersuche und bei der Programmentwicklung.

Der $\overline{\text{RESET}}$-Anschluß dient der Initialisierung des Prozessors, z. B. nach Aufschalten der Versorgungsspannung. Wenn $\overline{\text{RESET}}$ auf High geht, beginnt der Mikroprozessor mit der Bearbeitung eines Programms, dessen Anfangsadresse in den beiden Speicherplätzen mit den Adressen FFFE und FFFF steht. Bei dem Programm handelt es sich um ein Monitorprogramm, das den Betriebsablauf kontrolliert. Dieses Monitorprogramm wird meist von der Herstellerfirma mitgeliefert.

Das Signal $\overline{\text{IRQ}}$ (*Interrupt Request*) an Anschluß 4 veranlaßt die CPU, ihre laufende Arbei einzustellen und sich einem neuen Programm zuzuwenden. Peripheriegeräte verlangen eine Unterbrechung des Hauptprogramms, um bestimmte Routinen auszuführen. Auf den genauen Ablauf wird in einem gesonderten Kapitel eingegangen.

Das Signal $\overline{\text{NMI}}$ (*Non-Maskable Interrupt*) an Anschluß 6 hat große Ähnlichkeit mit dem IRQ-Signal. Ein $\overline{\text{NMI}}$-Signal wird aber auf jeden Fall bedient, egal, welche Arbeit die CPU gerade verrichtet.

V_{cc} und V_{ss} bilden die Anschlüsse für die Versorgungsspannung. An Anschluß 8 wird die Versorgungsspannung von + 5 V gelegt. Die Anschlüsse 1 und 21 werden an Masse (*Ground*) gelegt.

4.5 Timing beim Mikroprozessorsystem 6800

Der Mikroprozessor 6800 arbeitet mit einem zweiphasigen Takt, der extern erzeugt werden muß. Dieser Takt steuert alle CPU-internen Abläufe und regelt auch den Datenverkehr auf den Bussen. Die genauen dynamischen Eigenschaften, insbesondere das genaue Timing der Busschnittstelle, sind dem Datenblatt zu entnehmen. Hier soll nur das Prinzip des Timing anhand eines Lese- und eines Schreibzyklus erklärt werden. Ferner soll die zeitliche Steuerung eines Befehls anhand des einfachen ,,LDAA immediate''-Befehls genauer erklärt werden.

Mit der ersten Hälfte von $\Phi 1$ werden CPU-interne Operationen durchgeführt. Die Steuersignale für die Datenübertragung werden vorbereitet. In der zweiten Hälfte von $\Phi 2$ schickt die Datenquelle die Daten auf den Bus. Diese werden dann mit der abfallenden Flanke von der jeweilig adressierten Datensenke übernommen.

Das Timing für den Lesezyklus zeigt Bild 4.13. Der gesamte Zyklus benötigt eine Taktperiode. Das R/W-Signal geht zu Beginn des Zyklus auf High und zeigt damit an, daß ein Lesezyklus vorliegt. Gleichzeitig mit dem Anlegen der Adresse gibt die CPU das VMA-Signal ab, um damit anzuzeigen, daß die auf dem Adressen-Bus stehende Adresse gültig ist. Das VMA-Signal wird daher (oft gemeinsam mit dem $\Phi 2$-Signal) zur Aktivierung von Speichern und Interface-Bausteinen benutzt. Mit der abfallenden Flanke von $\Phi 2$ wird das Datenwort in die CPU übernommen. Die minimale Zeit für eine Taktperiode beträgt 1 μs.

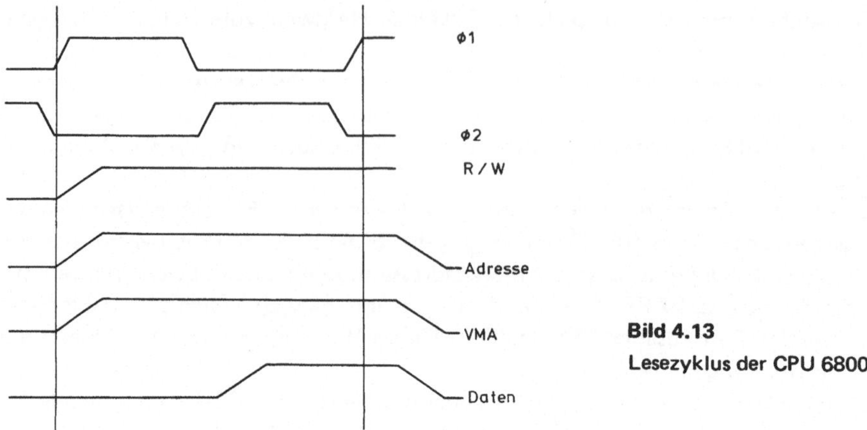

Bild 4.13
Lesezyklus der CPU 6800

Der Schreibzyklus ist im Bild 4.13 gezeigt. Er läuft ähnlich ab wie der Lesezyklus. Das R/W-Signal geht auf Low, womit die CPU einen Schreibvorgang anzeigt. Die Daten, die jetzt die CPU liefert, erscheinen erst relativ spät auf dem Daten-Bus. Mit der negativen Flanke von $\Phi 2$ werden sie in den Speicher bzw. in den Interface-Baustein übernommen.

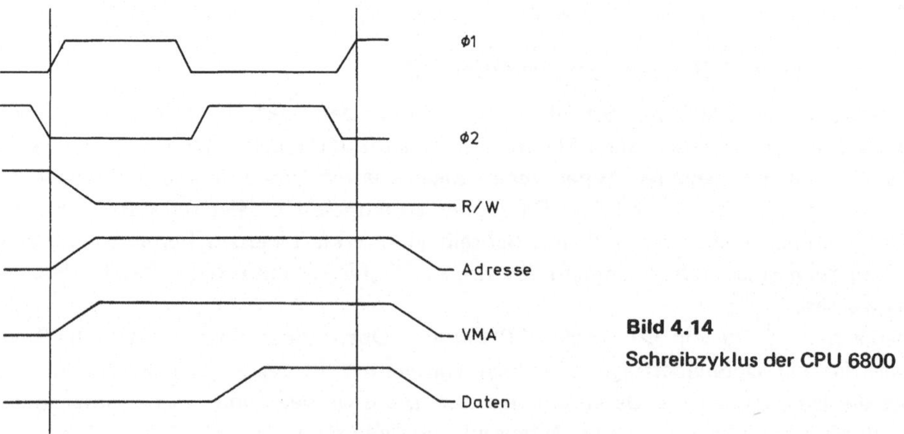

Bild 4.14
Schreibzyklus der CPU 6800

An einem Beispiel soll nochmals näher auf den zeitlichen Ablauf bei der Bearbeitung eines Befehls eingegangen werden. Je nach Befehl benötigt die CPU zur Ausführung zwei oder mehr Zyklen. In einem Lesezyklus holt sich die CPU den Befehl; zu dessen Ausführung benötigt sie dann mindestens nochmals einen Zyklus. Der LDAA-Befehl in Immediate-Adressierung benötigt nur zwei Zyklen; der Befehl zur Interrupt-Bearbeitung benötigt zwölf Zyklen. Nachfolgend wird der Befehl „LDAA immediate" anhand von Bild 4.15 nochmals genau beschrieben. Die Zahlen im Text beziehen sich auf das Bild.

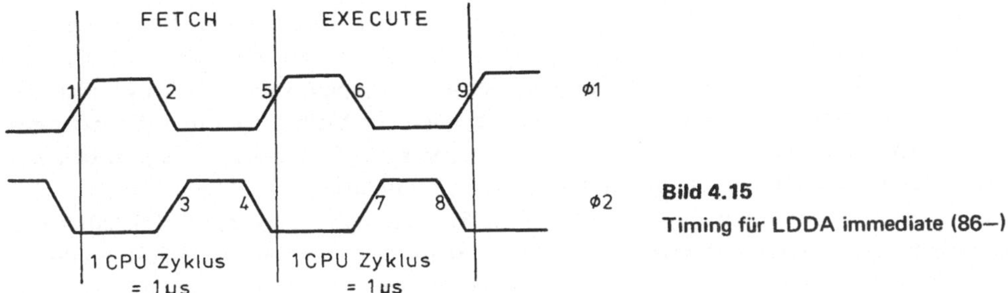

Bild 4.15
Timing für LDDA immediate (86—)

Erster Zyklus: Holen und Decodieren des Opcode

1 Die Adresse des Opcode wird vom Programmzähler über das Adressenregister auf den Adressen-Bus gelegt. Dies wird von der positiven Flanke des Φ1-Taktes bewirkt.

2 PC wird inkrementiert und enthält damit die Adresse des Operanden. Die Adresse auf dem Bus bleibt aber bestehen, da diese noch im Adressenregister steht.

3 Die Daten des eingestellten Speicherplatzes werden auf den Daten-Bus geschaltet, also die Zahl 86_{16}.

4 Dieses Byte wird im Befehlsregister decodiert und als „LDAA immediate"-Befehl erkannt. Damit weiß die CPU, daß das nächste Byte ein Operand ist, der in Akkumulator A geschafft werden muß.

Zweiter Zyklus: Holen und Bearbeiten des Operanden

5 Die Adresse des Operanden wird über das Adressenregister vom Programmzähler auf den Adressen-Bus gelegt.

6 Der PC wird um 1 erhöht.

7 Wie auch aus dem Bild für den Lesezyklus hervorgeht, bewirkt die ansteigende Flanke von Φ2 die Übernahme des Operanden aus dem Speicherplatz auf den Daten-Bus.

8 Mit der abfallenden Flanke von Φ2 übernimmt die CPU die Daten vom Daten-Bus in den Akkumulator A.

9 Beginn der „Fetch-Phase" der nächsten Instruktion.

Bei einer Taktfrequenz von f = 1 MHz benötigt die CPU für diesen 2-Byte-Befehl zwei CPU-Zyklen und damit 2 μs.

4.6 Ein-/Ausgabe-Prinzip

In diesem Abschnitt soll das Prinzip der Eingabe und Ausgabe erklärt werden. Zur Erläuterung dient ein einfaches Beispiel aus der Praxis.

Der Wert des Mikroprozessors liegt zum großen Teil in seiner Fähigkeit zur Kommunikation. Er muß Daten der verschiedensten Art und in großen Mengen in möglichst kurzer Zeit aufnehmen können. Nach entsprechender Verarbeitung muß er diese Daten wieder in einer an das Problem angepaßten Form ausgeben können. Der Mikroprozessor eröffnet z. B. in Verbindung mit dem Telefon und dem Fernseher eine Fülle neuer Kommunikationsmöglichkeiten, deren Techniken zum Teil noch in den Anfängen stecken. Die hier angesprochene Problematik gehört zu einem großen Teil in das Gebiet der Datenfernverarbeitung. Was wir in diesem Kapitel besprechen wollen, betrifft die Kommunikationsmöglichkeiten, die die CPU mit ihrer Umwelt – auch mit ihrer analogen Umwelt – hat. Um die verschiedenen Aufgaben lösen zu können, steht dem Anwender eine Fülle von Peripheriegeräten und Interface-Bausteinen zur Verfügung. Einige Peripheriegeräte seien nachstehend genannt: Tastatur, Teletype, LED-Anzeige, 7-Segmentanzeige, Lochstreifenleser, Kartenleser, Kassettenrekorder, Bildschirmgerät, Floppy-Disk.

Bei einem sehr einfachen System können die Peripheriegeräte aus einigen Schaltern für die Eingabe und einige Leuchtdioden für die Ausgabe bestehen. Wir wollen uns an diesem einfachen Anwendungsfall klarmachen, wie der Mikroprozessor mit der Außenwelt verkehrt. Wir müssen dabei die Software-Seite und die Hardware-Seite berücksichtigen. Zunächst zur Software.

Es gibt zwei grundsätzlich verschiedene Methoden, Ein-/Ausgabe-Operationen zu behandeln: Bearbeitung durch spezielle Ein-/Ausgabe-Befehle oder durch die normalen Speicher-Befehle. Im letzten Fall werden sämtliche Peripheriegeräte, bzw. ihre zugehörigen Interface-Bausteine wie ganz normale Speicherplätze behandelt. Nach der letzten Methode arbeiten die meisten Mikroprozessor – auch der 6800.

Beispiel:

Eine Schalterreihe von 8 Schaltern erhält die Adresse A 0 0 0. Mit dem Befehl LDA A A000 können wir dann ein Datenwort – entsprechend der Schalterstellung – in den Akkumulator A laden.

Eine Leuchtdiodenreihe von 8 Leuchtdioden erhält die Adresse B 0 0 0. Mit dem Befehl STA A B000 können wir die CPU veranlassen, den Inhalt von Akkumulator A mit Hilfe der Leuchtdioden anzuzeigen.

Bezüglich der Hardware benötigen wir im einfachsten Fall drei Bausteine: einen Zwischenspeicher (Buffer), einen Bus-Treiber, Adressendecodierer. Bild 4.16 zeigt das Prinzip eines Ein-/Ausgabe-Interface.

Die *Eingabe-Treiber* verbinden die Schalter mit dem Daten-Bus. Da die CPU über den Daten-Bus außer mit den Schaltern auch noch mit anderen Bausteinen verkehrt, müssen die Schalter über Treiber (in Tri-state-Technik) geführt werden. Die CPU aktiviert über den Steuer-Bus zur gegebenen Zeit die Treiber, womit dann die Schalter direkt mit den Daten-Busleitungen verbunden sind.

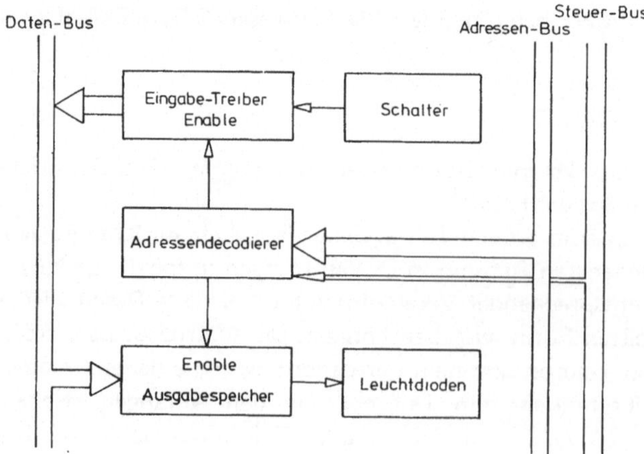

Bild 4.16
Prinzip eines Ein-/Ausgabe-Interface

Der *Ausgabespeicher* verbindet den Daten-Bus mit der Anzeige. Bei der Besprechung des Schreibvorgangs haben wir gesehen, daß die Daten jeweils nur sehr kurz auf dem Daten-Bus stehen (Bruchteil einer μs). Deshalb werden die Ausgabedaten von der CPU in einen Zwischenspeicher geschrieben, wo sie solange verbleiben, bis sie durch neue Daten überschrieben werden. Dies ermöglicht eine bequeme Anzeige durch Leuchtdioden.

Der *Adressendecodierer* decodiert die von der CPU ausgesendete Adresse und aktivert den Ausgabespeicher oder die Eingabe-Treiber (*Enable*).

4.7 Anschluß von Anzeigen an den Mikroprozessor

4.7.1 LED-Anzeigen

Zur Anzeige von Zuständen und Ergebnissen stehen verschiedene Anzeigeeinheiten zur Verfügung:

> Gasgefüllte Anzeigeröhren
> GaAs-P-Leuchtdiodenanzeigen
> Flüssigkristallanzeigen
> Glühfadenanzeigen (Minitron).

Wir wollen in diesem Kapitel die sogenannten LED (*Light-Emitting Diodes*) oder Leuchtdioden besprechen. Ihre Vorteile sind:

> hohe Zuverlässigkeit
> hohe Lebensdauer
> geringe Betriebsspannung
> stoßfest

Die Durchlaßspannung einer einzelnen Leuchtdiode beträgt je nach Typ 1,2 V bis 2,4 V, der Durchlaßstrom 5 mA bis 100 mA. Am meisten verbreitet ist die rote Leuchtdiode, die Licht mit einer Wellenlänge von 650 nm aussendet. Die Leuchtdioden werden über Transistoren oder integrierte Treiber an das digitale System angeschlossen.

Eine *7-Segment-Anzeige* besteht aus einer Anordnung von 7 unabhängigen Dioden oder Diodengruppen. Mit Hilfe dieser Bausteine lassen sich die Ziffern 0 bis 9 und einige Buchstaben anzeigen. Bild 4.17 zeigt einige stilisierte Hexadezimalziffern.

Bild 4.17 7-Segment-Anzeige

Es werden zwei verschiedene Arten von 7-Segment-Anzeigen gebaut. Beim *Common Anode Type* (Bild 4.18) sind alle acht Dioden (einschließlich dem Dezimalpunkt) mit ihrer Anode miteinander verbunden. Die gemeinsame Anode wird an die Versorgungsspannung (+ 5 V) gelegt. Ein Segment wird zum Leuchten gebracht, indem an die entsprechende LED-Katode Low-Pegel gelegt wird.

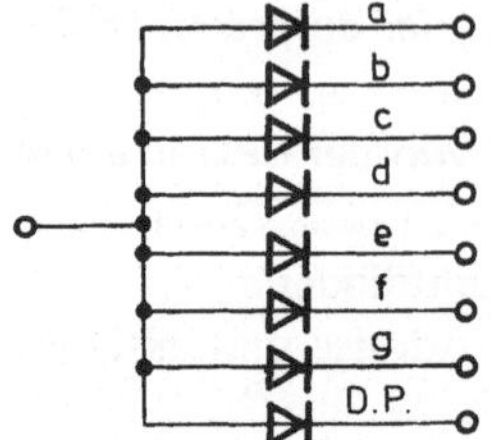

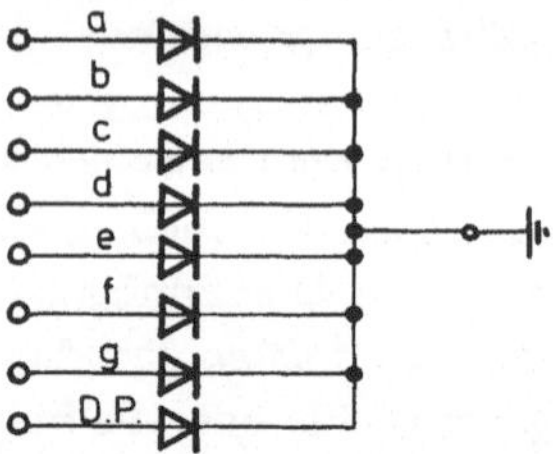

Bild 4.18 Common Anode Type   **Bild 4.19** Common Cathode Type

Beim *Common Cathode Type* (Bild 4.19) sind alle acht Dioden mit ihrer Katode verknüpft und mit Masse verbunden. Ein Segment wird in diesem Fall zum Leuchten gebracht, indem an die entsprechende Anode High-Pegel gelegt wird. In beiden Fällen müssen die LED's Schutzwiderstände erhalten, um den Strom zu begrenzen.

4.7.2 Anschluß von Leuchtdioden

Wie der Mikroprozessor Daten an seine Peripherie ausgibt, wird an einem einfachen Beispiel gezeigt (Bild 4.20).

Wenn am Eingang des Adressendecoders die Adresse B000 erscheint, wird ein Enable-Signal an den Ausgangsspeicher gegeben. Auch einige Steuersignale (unter anderen das R/W-Signal) werden vom Adressendecodierer verwertet. Sobald das Enable-Signal am Speicher

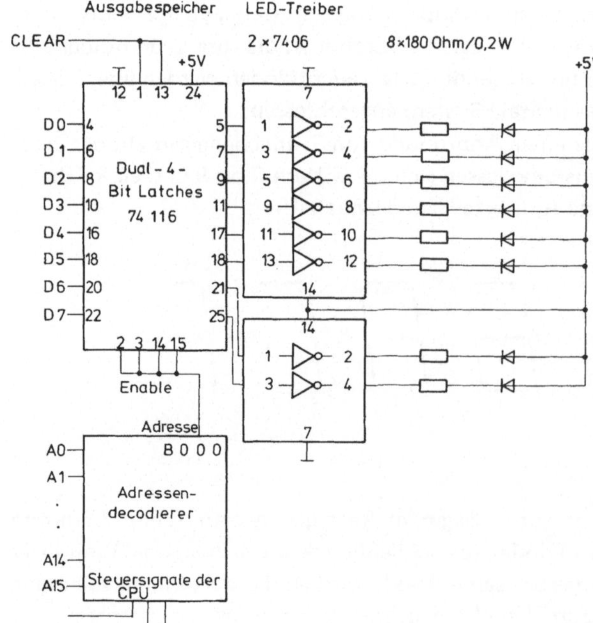

Bild 4.20

Beispiel einer Ausgangsschaltung mit Einzel-LED's

anliegt, übernimmt der Speicher das Byte vom Daten-Bus. Die Ausgänge des Speichers steuern über Treiber LED's an. Die Widerstände dienen der Begrenzung des Diodenstromes. Wurde z.B. von der Daten-Leitung D0 eine 1 in den Ausgangsspeicher übernommen, so erscheint am Ausgang 2 des Inverter-Treibers eine 0. Damit fließt über die zugehörige Diode ein Strom von + 5 V nach Masse und bringt diese zum Leuchten.

Wie weiter vorn bei der Besprechung des Schreibzyklus erwähnt wurde, erscheinen die Daten nur für den Bruchteil einer Mikrosekunde auf dem Daten-Bus. Gleichzeitig aktiviert der Decoder den Speicher, so daß das Datenwort übernommen wird. Wenn das Bitmuster einmal übernommen ist, bleibt es solange im Speicher und wird angezeigt, bis es durch ein neues überschrieben wird. Angenommen, das auszugebende Bitmuster steht als Ergebnis einer Berechnung im Akkumulator A. Wie Bild 4.20 zeigt, hat der Adressendecodierer und damit das ganze Display die Adresse B000. D.h., der Akkumulatorinhalt wird durch den Befehl „STAA B000" von den Dioden angezeigt.

4.7.3 Anschluß von 7-Segment-Anzeigen mit Decoder

Zur Darstellung einer BCD-Zahl durch eine 7-Segment-Anzeige sind spezielle integrierte Decoder entwickelt worden. Als Beispiel sei der Decoder 7447 genannt (Bild 4.21). Neben einigen Steueranschlüssen hat dieser Decoder 4 Eingänge für die BCD-Zahl und 7 Ausgänge für die 7 Segmente einer Anzeige. Für weitere Details sei der Leser auf das entsprechende Datenblatt verwiesen. Wegen der kurzen Zeit, in der das Signal nur auf dem Daten-Bus ansteht, ist auch hier ein Speicher nötig. Wie beim Dioden-Display ist nur ein Befehl, nämlich ein Schreibbefehl, nötig. Allerdings können von den 2^8 = 256 möglichen Bitmustern nur die angezeigt werden, für die der Decoder gebaut ist; in diesem Fall also die 10 Dezimalziffern.

Die meisten käuflichen einfachen Mikroprozessor-Kits benutzen zur Datenanzeige zwei 7-Segment-Anzeigen. Eine solch einfache Anzeige hat den großen Nachteil, daß immer nur ein Datenwort zu einer bestimmten Zeit angezeigt wird.

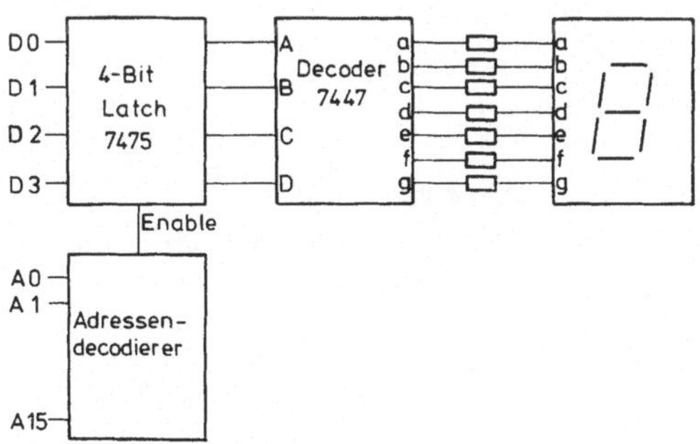

Bild 4.21
7-Segment-Anzeige mit Decoder

4.7.4 Anschluß von 7-Segment-Anzeigen mit adressierbarem Zwischenspeicher

Bei dieser Methode wird das Bitmuster auf dem Daten-Bus in serieller Form in die Anzeigeeinheit eingeschrieben und von der 7-Segment-Anzeige angezeigt. Die Decodierung wird in diesem Fall von der CPU übernommen.

Zunächst soll am Baustein 74LS259 der Aufbau und die Wirkungsweise eines adressierbaren Registers besprochen werden (Bild 4.22).

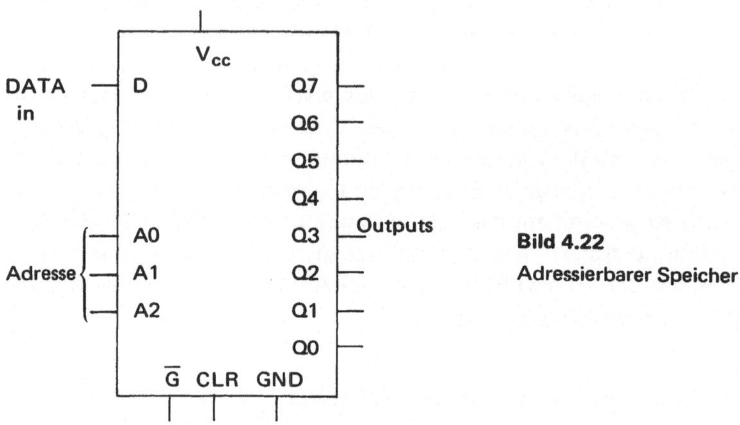

Bild 4.22

Adressierbarer Speicher

Der Baustein 74LS259 ist ein Registerspeicher, dessen einzelne Flipflops adressierbar sind. Das Register hat einen Eingang und acht Ausgänge. Damit eignet es sich zur Serien-Parallel-Umsetzung. Das Ausgangssignal im aktiven Zustand beträgt High. Wenn der Baustein über den Enable-Eingang ($\overline{\text{G}}$) aktiviert wird, erscheint bei dem jeweils gerade adressierten Flipflop das Eingangssignal am Ausgang (D-Flipflop-Verhalten). Die Ausgänge der anderen *Latches* bleiben unberührt. Die Adressen 0 bis 7 werden als Dualzahl an die Anschlüsse A0, A1 und A2 angelegt. Bild 4.23 zeigt, wie dieser Baustein bei einer Anzeigeeinheit zum Einsatz kommen kann.

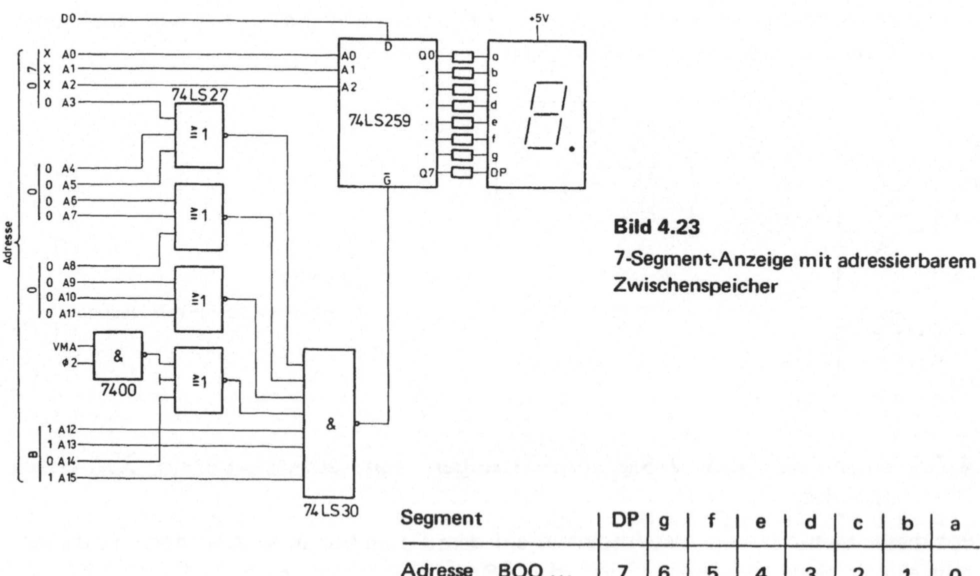

Bild 4.23

7-Segment-Anzeige mit adressierbarem Zwischenspeicher

Segment	DP	g	f	e	d	c	b	a
Adresse B00 ...	7	6	5	4	3	2	1	0

Die ersten drei Leitungen des Adressen-Busses A0, A1 und A2 sind mit den drei Adreß-
anschlüssen des Registers verbunden. Die übrigen Adreßleitungen werden decodiert und
dienen zur Auswahl des Registers. Wie man sieht, benötigt diese Anzeigeschaltung 8 Adressen, nämlich für jedes Segment und den Dezimalpunkt eine. In unserem Beispiel wurden
für den Adressendecodierer (und damit für die gesamte Anzeige) die Adressen B000 bis
B007 belegt. Wie die Belegung erfolgt, zeigt Bild 4.23. Danach gibt es nur eine Datenleitung, nämlich D0. Über diese Leitung müssen alle 8 Bit seriell in den Ausgabespeicher eingelesen werden. Die Speicherausgänge Q0 bis Q7 treiben die Segmente und den Dezimalpunkt.
Wenn nun die CPU eine Hexadezimalzahl ausgeben will, so muß sie die Adressen B000
bis B007 der Reihe nach auf dem Adressen-Bus legen. Gleichzeitig muß sie über die Datenleitung D0 in das jeweils adressierte Speicher-Flipflop den Binärwert einlesen, der zu
dem angesteuerten Segment gehört, also eine 1, wenn das Segment leuchten soll und eine 0, wenn das Segment dunkel bleiben soll. Bevor die Ausgabe beginnen kann, muß im
Akkumulator das zur auszugebenden Zahl gehörige 7-Segment-Bitmuster stehen. In
Bild 4.24 ist die Segmentzuordnung für die Ziffer 6 gezeigt.

D7	D6	D5	D4	D3	D2	D1	D0
0	1	1	1	1	1	0	1
DP	g	f	e	d	c	b	a

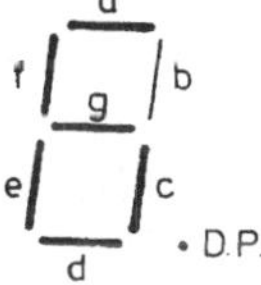

Bild 4.24 Segmentzuordnung für die Ziffer 6

Bei dieser Ausgabeeinheit hat die CPU zwei Aufgaben:
1. Sie muß das Binärmuster decodieren, und zwar so, daß das neue Binärmuster direkt
   die Segmente treiben kann.
2. Sie muß eine Parallel-Serien-Umwandlung vornehmen, damit alle Bits des Datenwortes der Reihe nach an der Datenleitung D0 erscheinen und in das Ausgaberegister
   übernommen werden können.

Das nachfolgende Programmbeispiel zeigt, wie mit Hilfe der Schaltung in Bild 4.23 eine
Hexadezimalzahl dargestellt werden kann.
Die Decodierung geschieht in diesem Beispiel einfach dadurch, daß die 7-Segment-Bit-
muster in die ersten 16 Speicherplätze geschrieben werden. Die Adreßnummer ist damit
identisch mit der abzubildenden Zahl, und der jeweilige Speicherplatzinhalt entspricht
dem 7-Segment-Bitmuster der Zahl. So gehört z. B. zur Adresse 0006 das Bitmuster
0111 1101, also 7D. Im Speicherplatz 0010 steht ein Akkumulator-Ladebefehl, der die
Direct-Adressierung verwendet. Als Operand dieses Befehls setzt man nun in Speicherplatz 0011 einfach die Zahl ein, die man abbilden möchte, also z. B. 06. Damit wird der
Inhalt des Speicherplatzes Nummer 6 in den Akkumulator A geladen; das aber ist das 7-
Segment-Bitmuster der Zahl 6.
Man kann diese Umwandlungstabelle irgendwo im Speicherbereich unterbringen. Man
muß dann mit der indizierten Adressierung arbeiten. Das Indexregister wird zu Beginn

auf die Anfangsadresse der Tabelle gesetzt. Das 7-Segment-Bitmuster der abzubildenden
Zahl bekommt man in den Akkumulator, indem man einen indizierten Akkumulator-
Ladebefehl verwendet, dessen Offset-Adresse die abzubildende Zahl ist.

Beispiel:
Betriebsprogramm für die Anzeige mit adressierbarem Zwischenspeicher

ADDR	CODE	LABEL	MNEM	COMMENT
00	3F			
01	06			
02	5B			
03	4F			
04	66			
05	6D			Vergleichstafel
06	7D			Hexadezimalzahl — 7-Segment-Bitmuster
07	07			
08	7F			
09	67			
0A	77			
0B	7C			
0C	39			
0D	5E			
0E	79			
0F	71			
10	96		LDAA	
11	—		—	hier abzubildende Ziffer einschreiben
12	CE		LDX #	IX wird mit der Adresse des FF Q0 des Speichers
13	B0		B0	geladen
14	00		00	
15	A7		►STAA, X	Akkuinhalt wird abgespeichert
16	00		00	
17	46		RORA	Akkuinhalt um 1 nach rechts verschieben
18	08		INX	Nächstes FF adressieren
19	8C		CPX #	mit letzter Adresse vergleichen
1A	B0		B0	
1B	08		08	
1C	26		↳ BNE	
1D	F7		F7	
1E	3E		WAI	(Halt)

Nachdem nun das richtige Bitmuster im Akkumulator A steht, muß das Programm eine
Parallel-Serien-Umsetzung vornehmen, denn nur die Datenleitung D0 ist mit dem Ausgabespeicher verbunden. Da hier der Reihe nach acht Adressen angesprochen werden müssen, ist die indizierte Adressierung geeignet.
Zunächst wird das Indexregister auf die Adresse von Q0 des Ausgangsspeichers gesetzt,
d. h. auf B000. Der nachfolgende Speicherbefehl legt das Bitmuster im Akkumulator A
auf den Daten-Bus und aktiviert das Display, also den Adressendecodierer. Da aber nur
die Leitung D0 mit dem Display verbunden ist, wird auch nur das auf D0 stehende Bit
übernommen und in Q0 eingeschrieben. Der anschließende Rotationsbefehl verschiebt
den gesamten Akkumulatorinhalt um eine Stelle nach rechts. Damit liegt jetzt das Bit,
welches sich auf Segment b bezieht, an D0. Dieses Bit soll in Q1 des Ausgabespeichers

geschrieben werden. Durch den Befehl INX wird der Inhalt des Indexregisters um 1 erhöht. Damit steht die Adresse von Q1 im IX. Das Programm springt zurück, um den Speicherbefehl mit dem verschobenen Akkumulatorinhalt auszuführen. Nachdem der gesamte Speicher voll ist, also nach acht Durchläufen, spricht der Vergleichsbefehl an, und das Programm geht auf HALT. Die Zahl wird solange angezeigt, bis sie durch einen erneuten Schreibvorgang überschrieben wird.

Die Anzeige, wie sie hier besprochen wurde, kostet mehr Befehle und damit mehr Zeit. Die Anzeige ist aber wesentlich flexibler geworden. Nehmen wir den Dezimalpunkt dazu, dann können wir $2^8 = 256$ verschiedene Zeichen mit einer 7-Segment-Anzeige erzeugen.

4.8 Anschluß von Schaltern an den Mikroprozessor

4.8.1 Anschluß von Einzelschaltern

Bei dem Eingabevorgang mit der Schaltung in Bild 4.25 sind folgende Probleme zu bewältigen:

1. Die CPU muß die entsprechende Schalteranordnung adressieren.
2. Die CPU muß feststellen, ob ein Schalter gedrückt ist.
3. Entprellen des Schaltersignals.
4. Decodieren des Schalters.

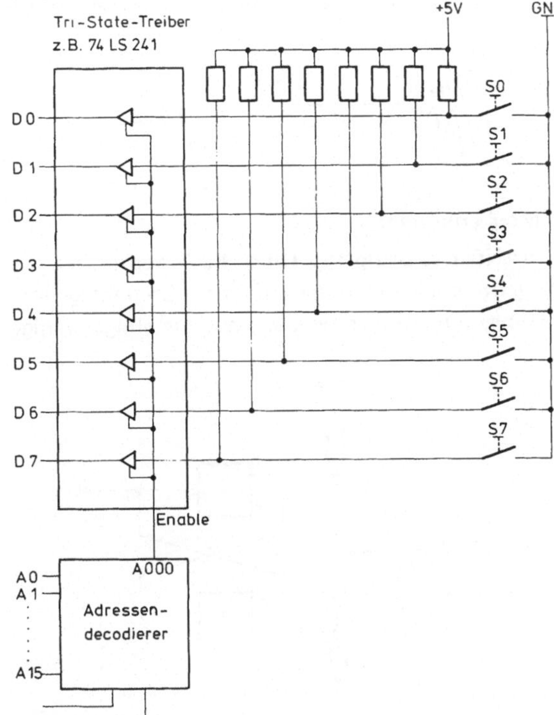

Bild 4.25

Beispiel einer Eingangsschaltung mit Einzelschaltern

Wie das Bild zeigt, werden die Schalter über Treiber an den Daten-Bus angeschlossen. Über den gemeinsamen Enable-Eingang können alle Treiber in den hochohmigen Zustand gebracht werden. Damit sind die Schalter vom Daten-Bus getrennt. Das Enable-Signal wird vom Adressendecodierer geliefert, der die auf dem Adressen-Bus liegende Adresse für die Schalteranordnung decodiert.

Wie schon bei der Ausgabeschaltung erklärt, behandelt auch hier die CPU die Schalteranordnung wie einen gewöhnlichen Speicherplatz (in diesem Fall mit einem Festwertspeicher (ROM) vergleichbar). Die Adresse der Eingabeschaltung sei A000. Dann wird durch den Befehl LDAA A000 das mit den Schaltern eingestellte Bitmuster in den Akkumulator A übernommen. Wie kann die CPU nun feststellen, wann ein Schalter geschlossen wurde? Es gibt dabei verschiedene Möglichkeiten. Die eine besteht darin, daß die CPU in regelmäßigen Abständen die Schalteranordnung abfragt. Ist kein Schalter betätigt, wird durch den Lade-Befehl FF in den Akkumulator geschrieben. Ist ein Schalter betätigt, so kann dies dadurch festgestellt werden, daß man das Bitmuster im Akkumulator mit FF vergleicht (CMPA FF). Der darauf folgende Verzweigungsbefehl läßt die CPU verzweigen, falls ein Schalter betätigt war. Dieses Verfahren hat den Nachteil, daß die CPU in mehr oder weniger häufigen Abständen nachschauen muß, ob bereits ein Schalter betätigt wurde. Dies kostet wertvolle Rechenzeit. Es gibt noch andere Möglichkeiten, die aber erst später besprochen werden.

Ein wichtiges Problem bei einer Eingabeschaltung ist auch das *Entprellen von Schaltern.* Jeder mechanische Schalter prellt, d. h., die Kontakte bleiben beim Schließen nicht sofort zusammen, sondern schwingen erst eine kurze Zeit, etwa 10 bis 20 ms, je nach Schalter, wie Bild 4.26 zeigt.

Bild 4.26
Schalterprellen

Zur Lösung dieses Problems gibt es zwei Möglichkeiten:

1. *Hardware-Lösung*: Ein sogenanntes NAND-Basis-Flipflop (Bild 4.27) verhindert das Kontaktprellen. Von dieser Schaltung gibt es auch mehrere auf einem Chip integrierte (74279). Sie wird in der Praxis allerdings nur dort verwendet, wo nur einige wenige Schalter entprellt werden müssen.

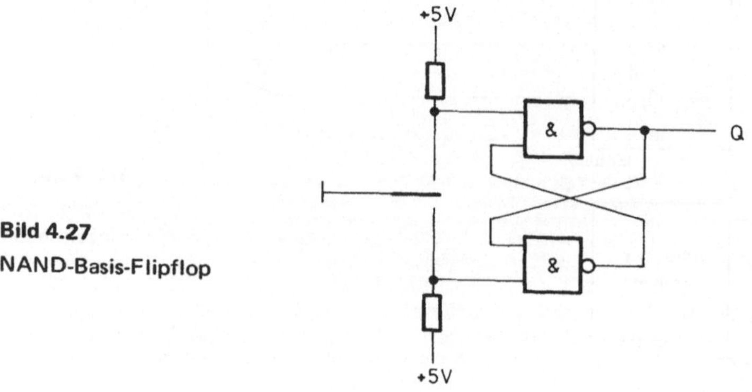

Bild 4.27
NAND-Basis-Flipflop

2. *Software-Lösung*: Die CPU übernimmt das Entprellen. Dies geschieht einfach dadurch, daß die CPU nach dem ersten Einlesen der Daten eine Verzögerungsroutine durchläuft und anschließend nochmals abfragt. Diese Lösung wird in der Praxis sehr häufig angewandt.

Die letzte Aufgabe besteht nun noch darin, die eingelesene Schalterstellung entsprechend zu codieren. Wurde z. B. der Schalter S2 gedrückt, dann steht im Akkumulator nach dem Einlesen das Bitmuster 1 1 1 1 1 0 1 1. Wie kann die CPU nun die Zahl 2 erkennen? Man läßt den Akkumulatorinhalt solange rotieren, bis die 0 in das C-Flipflop gelangt. Die Anzahl der Verschiebungen werden gezählt. Außer den hier erwähnten Aufgaben sind bei der Eingabe noch einige andere Probleme zu lösen, die hier aber nicht weiter behandelt werden sollen, wie z. B. die Mehrfachbetätigung von Schaltern.

4.8.2 Anschluß von Tastaturen

Eine Tastatur besteht aus mehreren Tasten, die meist in Matrixform angeordnet sind. Es gibt codierte und uncodierte Tastaturen. Codierte Tastaturen enthalten die nötige Hardware, um festzustellen, welche Taste gedrückt wurde, und um die entsprechende Codierung vorzunehmen. Bei uncodierten Tastaturen muß dies durch Hardware oder Software gelöst werden. Bei beiden Arten gibt es eine Vielzahl von Techniken, die je nach Komfort recht aufwendig sind. Hier können nur einige Prinzipien der Tastatureingabe erklärt werden. Zunächst zur uncodierten Tastatur.

Das Bild 4.28 zeigt eine Tastatur in Matrixform mit je 8 Spalten und 8 Zeilen. Die Tastatur arbeitet nach dem Zeilenabtastverfahren (*row-scanning*). Wenn die Tastatur nicht aktiviert ist, liegt an dem 4-aus-16-Decoder an allen Ausgängen eine 1. Ebenso liegt an allen Zeilen über die Widerstände High-Potential, also logisch 1. Wird nun die entsprechende Adresse an die Tastatur angelegt, so wird die Adresse von den beiden Decodern decodiert.

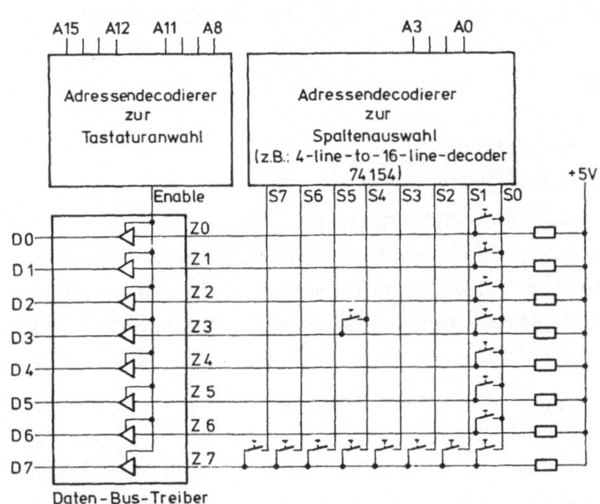

Bild 4.28

Uncodierte Tastatur

Dabei werden die beiden oberen Tetraden (A8 — A15) vom Tastaturanwahl-Decoder decodiert. Dieser gibt an den Daten-Bus-Treiber ein Enable-Signal ab und verbindet damit sämtliche Zeilen der Matrix mit dem Daten-Bus des Systems. Gleichzeitig erhalten nun die
Spalten ihre Signale vom Spaltenauswahl-Decoder, und zwar werden die Spalten der Reihe nach auf Low gelegt. Dies geschieht dadurch, daß die CPU 16 aufeinanderfolgende
Adressen an den Adressen-Bus legt. In unserem Beispiel belege der Tastatur-Baustein
die Adressen A 0 X 0 bis A 0 X F. Das X bedeutet, daß die Adreßleitungen A4 bis A7
nicht ausgewertet wurden, daß also nicht vollständig decodiert wurde. Damit gehören
also zu jeder Taste mehrere Adressen. Wir nehmen nun an, die CPU lege auf den Adressen-Bus nacheinander die Adressen A 0 0 0 bis A 0 0 F. Dann werden nun über den Decoder der Reihe nach die Spalten S0 bis S7 auf 0 gelegt. Die in der Mitte der Matrix ein-
gezeichnete Taste sei in unserem Beispiel gedrückt. Wenn die Adresse A 0 0 4 anliegt, liegt
Spalte S4 auf Low-Pegel. Über die gedrückte Taste wird der Eingang Z3 des Treibers
auf Low gezogen, damit erscheint auf der Daten-Bus-Leitung D3 eine 0. Alle anderen
Zeilen bleiben High. Dieser Zustand wird etwa 20 ms lang abgefragt, bis das Kontaktprellen sicher vorbei ist. Anschließend wird dann von der CPU die gedrückte Taste decodiert.

Bei einer solchen Tastatur treten verschiedene Probleme auf, z. B. das der *Mehrfachbetätigung (rollover)*. Wenn gleichzeitig mehr als eine Taste gedrückt wird, spricht man von
Mehrfachbetätigung. Die CPU muß diesen Fall erkennen können. Es gibt dazu zwei Möglichkeiten:

1. *Mehrtastentrennung (n-key-rollover)*: Bei dieser Art werden alle Tasten nicht beach-
   tet, bis nur noch eine gedrückt ist.
2. *Mehrtastenausblendung (n-key-lockout)*: Es wird nur dann decodiert, wenn nur eine
   einzige Taste gedrückt ist. Jede Taste muß also völlig losgelassen sein, bevor die nächste
   gedrückt werden kann.

Eine *decodierte Tastatur* enthält auf der Platine eine zusätzliche Hardware-Schaltung, die
bei Drücken einer Taste das entsprechende Bitmuster erzeugt. Die Aufgaben im einzelnen
sind:

    Feststellen der gedrückten Taste

    Entprellung

    Trennung der Tasten bei Mehrfachbetätigung

    Erzeugen des zugehörigen Code (z.B. ASCII)

    Abspeichern des Codewortes bis zur Übernahme durch die CPU

All dies kann meist mit ein oder zwei hochintegrierten Schaltkreisen erledigt werden. Der
Leser sei hier auf weiterführende Literatur und Datenblätter verwiesen. In einem späteren
Kapitel wird nochmals eine Tastatur als Anwendungsfall für einen hochintegrierten Inter-
face-Baustein vorgestellt.

4.9 Peripherie-Interface-Adapter (PIA)

Der PIA ist ein programmierbarer paralleler Ein-/Ausgabe-Baustein. Dieser sehr flexible
Baustein hat die Aufgabe, periphere Geräte an den Mikroprozessor zu adaptieren. Er ersetzt dabei ein größeres Schaltwerk mit mehreren IC's, wodurch die Hardware-Gestaltung

eines Systems einfacher wird. Der PIA nimmt der CPU auch einige weniger wichtige Aufgaben ab, wie zum Beispiel spezielle Ein-/Ausgabe Aufgaben. Das Zusammenwirken zwischen PIA und CPU ist sehr einfach, weil die CPU den PIA-Baustein wie einen Speicher behandeln kann, und somit keine besonderen Befehle braucht.

Auch im Bezug auf die Zeit ist der PIA sehr nützlich. Er dient als Buffer zwischen der schnellen CPU und langsameren Peripheriegeräten. Der PIA hat zwei vollständig getrennte Kanäle, so daß er z. B. ein Ausgabe- und ein Eingabegerät bedienen kann. Die große Flexibilität besteht in der Programmierbarkeit. Durch das laufende Programm kann die Funktion des Bausteins geändert werden. Bild 4.29 zeigt wie ein einziger PIA in einem kleinen Mikroprozessorsystem für ein Eingabe- und ein Ausgabegerät eingesetzt wird.

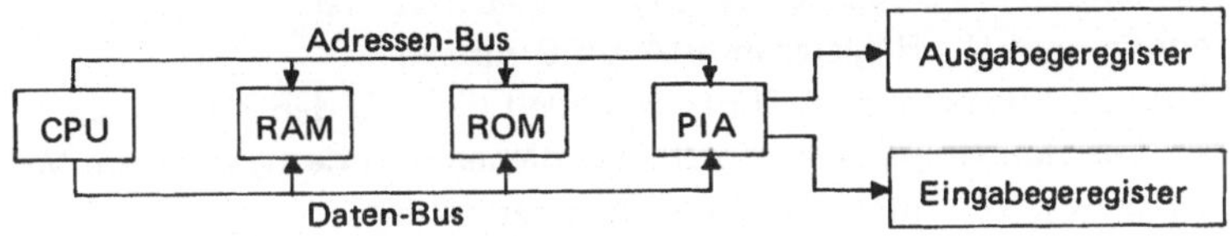

Bild 4.29 Mikroprozessorsystem mit PIA

4.9.1 Anschlüsse des PIA 6820

Die Anschlüsse des PIA (Bild 4.30) lassen sich aufteilen in Anschlüsse, die zur CPU führen und in Anschlüsse, die zu Peripheriegeräten führen. Der PIA ist wie die anderen Bausteine auch Byte-orientiert. D.h., die internen Register sind in einer Breite von 8 Bit ausgeführt. Auch der Daten-Bus ist in voller Breite (also 1 Byte) angeschlossen. Adreßanschlüsse gibt es allerdings nur 5. Dies ist aber für eine partielle Decodierung in vielen Fällen ausreichend.

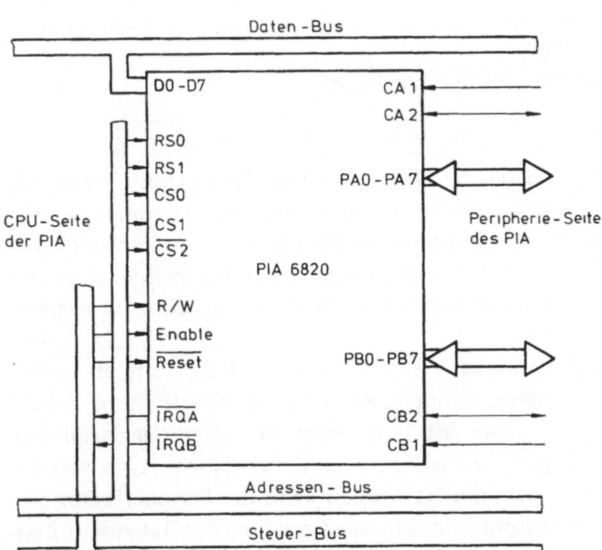

Bild 4.30
Die Anschlüsse des PIA 6820

Auch vom Steuer-Bus kommen verschiedene Signale an den PIA. Ein Interrupt-Signal für jeden Kanal der PIA geht zur CPU. Auf der Peripherie-Seite gibt es, wie bereits erwähnt, zwei getrennte Kanäle mit je einem Peripherie-Daten-Bus, die durch zwei Steuerleitungen ergänzt werden.

Im folgenden sollen die Bedeutungen der einzelnen Anschlüsse kurz besprochen werden. Für eine detailliertere Betrachtung sei auf das Datenblatt der Herstellerfirma verwiesen.

Die Anschlüsse *DO bis D7* bilden den bidirektionalen Daten-Bus. Sie haben Tri-state-Treiber.

Das *Enable-Signal* aktiviert den PIA. Im Normalfall wird das CPU-Zeitsignal $\Phi2$ an Enable gelegt.

Das *R/W-Signal* legt die Richtung des Datenflusses auf dem Daten-Bus fest.

Eine 0 auf der *Reset*-Leitung setzt alle Register im PIA auf 0 zurück.

Chip Select wählt den PIA aus. Wie bereits erwähnt, behandelt die CPU den PIA wie einen Speicherbaustein (RAM). Die drei Chip-Select-Anschlüsse dienen nun dazu, in einem Mikroprozessorsystem einen ganz bestimmten PIA-Baustein auszuwählen.

Register Select wählt die einzelnen Register innerhalb des PIA aus. Die beiden Anschlüsse RS0 und RS1 dienen im Zusammenwirken mit einem speziellen Kontroll-Bit innerhalb des PIA dazu, die internen Register zu adressieren.

$\overline{IRQA}$ und $\overline{IRQB}$ sind die beiden Interrupt-Leitungen des PIA. Über diese Leitungen gibt der PIA einen Interrupt, den er von einem Peripheriegerät erhalten hat, an die CPU weiter.

Auf die peripherieseitigen Anschlüsse soll später eingegangen werden.

4.9.2 Interner Aufbau des PIA 6820

Das Bild 4.31 zeigt das vereinfachte Blockschaltbild des PIA 6820. Jeder der beiden Kanäle in dem PIA enthält drei Register:

> **Datenregister** (*Output Register*, OR)
> **Datenrichtungsregister** (*Data Direction Register*, DDR)
> **Steuerregister** (*Control Register*, CR)

Das *Datenregister* dient als Zwischenspeicher für Daten, die von der CPU zur Peripherie geschickt werden, da beide im allgemeinen asynchron arbeiten. Das Datenregister und das Datenrichtungsregister sind von der CPU unter derselben Adresse ansprechbar. Welches von beiden jeweils gemeint ist, wird von einem bestimmten Bit im Steuerregister festgelegt. Dieser Sachverhalt ist beim Programmieren etwas unangenehm, wie später noch deutlich wird.

Das *Datenrichtungsregister* legt bei jedem einzelnen Peripherieanschluß fest, ob es sich um einen Eingang oder um einen Ausgang handelt. Zu jeder Peripherieleitung gehört ein Bit im Datenrichtungsregister. Wenn dieses Bit 1 ist, wirkt die zugehörige Peripherieleitung als Ausgang, bei einer 0 als Eingang. Es sei nochmals darauf hingewiesen, daß der systemeigene Daten-Bus nur als Ganzes manipuliert werden kann. Im Peripherie-Bus hingegen kann jede Leitung für sich durch entsprechende Programmierung des Datenrichtungsregisters als Eingang oder Ausgang arbeiten.

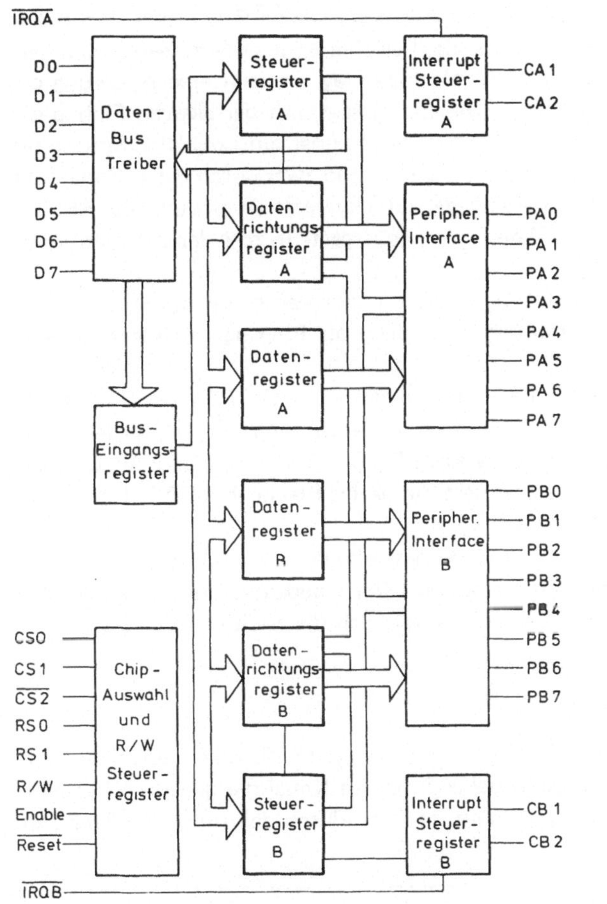

Bild 4.31

Blockschaltbild des PIA 6820

Die Flexibilität des PIA wird in der Hauptsache durch das programmierbare *Steuerregister* erreicht. Es bestimmt unter anderem die Funktion der vier Steuerleitungen CA1, CA2, CB1 und CB2. Wegen seiner Bedeutung soll das Steuerregister genauer besprochen werden.

4.9.3 Steuerregister des PIA 6820

Der PIA hat zwei Steuerregister — für jeden Kanal eines. Sie unterscheiden sich nur geringfügig in ihren elektrischen Eigenschaften. Bezüglich ihrer Logik sind sie gleich. Es soll daher im folgenden das Steuerregister des Kanals A besprochen werden.

Steuerregister des PIA 6820

7	6	5	4	3	2	1	0
IRQA(B)1 Flag	IRQA(B)2 Flag	CA2 (CB2) Control			DDR Access	CA1 (CB1) Control	

Das Bit 2 soll später besprochen werden. Es hat mit den anderen Bits nichts zu tun. Die übrigen Bit hängen in ihrer Bedeutung mit den vier Peripherie-Steuerleitungen zusammen. Bit 7 (IRQA(B)1) des Steuerregisters ist ein Interrupt-Flag. Es zeigt eine Änderung des Pegels auf der Steuerleitung CA1 (CB1) an. Genauer gesagt, mit der aktiven Flanke des CA1-Signals wird Bit 7 gesetzt. Ob ein High-Low-Sprung oder ein Low-High-Sprung die aktive Flanke ist, kann ebenfalls programmiert werden, und zwar durch Bit 1. Sobald die CPU das Datenregister liest, wird dieses Flag wieder zurückgesetzt. Auch durch ein RESET-Signal wird es zurückgesetzt. Auf diese Weise wird sichergestellt, daß der Interrupt auch wirklich bearbeitet wird.

Bit 6 (IRQA(B)2) hat die gleiche Bedeutung wie Bit 7, nur daß es für die Steuerleitung CA2 (CB2) zuständig ist. Die Steuerleitung muß dann als Eingang programmiert sein (Bit 5 = 0).

Die Bit 3 bis 5 (CA2 (CB2)) programmieren die Arbeitsweise des CA2-Anschlusses. Es gibt dazu acht Möglichkeiten, auf die hier nicht im einzelnen eingegangen werden kann. Der Leser sei wieder auf das Datenbuch verwiesen. Bit 5 = 0 definiert CA2 als Eingang, eine 1 definiert CA2 als Ausgang. Bit 4 definiert die aktive Flanke von CA2. 1 bedeutet, daß die positive Flanke die aktive Flanke ist.

Die Bit 0 und 1 (CA1 (CB1)) bestimmen die Wirkungsweise der Steuerleitung CA1 (CB1). Sie ermöglichen bzw. verhindern einen Interrupt. Bit 0 = 1 bedeutet, daß IRQA(B) über CA1 (CB1) gesetzt werden kann. Bit 1 = 1 bedeutet, daß die positive Flanke von CA1 aktiv ist.

4.9.4 Adressierung des PIA 6820

Der PIA 6820 besitzt 6 Register, aber nur 2 Adreßeingänge (RS0, RS1). Das Datenregister und das Datenrichtungsregister müssen daher in jedem Kanal die gleiche Adresse benutzen. Welches von den beiden jeweils gemeint ist, wird durch den Inhalt des Flag 2 im Steuerregister bestimmt.

> Bit 2 = 0: Das Datenrichtungsregister wird ausgewählt.
> Bit 2 = 1: Das Datenregister wird ausgewählt.

Tabelle 4.1 zeigt, wie die einzelnen Register in den beiden Kanälen ausgewählt werden.

Tabelle 4.1: Adreßplan der PIA-Register

RS1	RS0	BIT2 (A)	BIT2 (B)	Ausgewähltes Register	
0	0	0	–	Datenrichtungsregister	(Kanal A)
0	0	1	–	Datenregister	(Kanal A)
0	1	–	–	Steuerregister	(Kanal A)
1	0	–	0	Datenrichtungsregister	(Kanal B)
1	0	–	1	Datenregister	(Kanal B)
1	1	–	–	Steuerregister	(Kanal B)

Tabelle 4.1 zeigt, daß wir für einen PIA vier Adressen reservieren müssen, wie zum Beispiel:

	Datenregister	
8 0 0 0	ODER	von Kanal A
	Datenrichtungsregister	
8 0 0 1	Steuerregister von Kanal A	
	Datenregister	
8 0 0 2	ODER	von Kanal B
	Datenrichtungsregister	
8 0 0 3	Steuerregister von Kanal B	

Beispiel:

Adresse	Registerinhalt		
8000	– – – – – –	DR	
	00000000	DDR	Kanal A
8001	00000100	SR	
8002	– – – – – –	DR	
	11111111	DDR	Kanal B
8003	00000100	SR	

Zur Initialisierung dient nun folgendes Programm:

```
L D A B # F F
S T A B 8 0 0 2
L D A B # 0 4
S T A B 8 0 0 1
S T A B 8 0 0 3
```

Der erste Befehl lädt den Akkumulator B mit Einsen. Der zweite Befehl schreibt diese Einsen unter die Adresse 8002. Zu dieser Adresse gehört in diesem Augenblick das Datenrichtungsregister; denn nach der System-Initialisierung steht in Bit 2 des Steuerregisters 0. Damit wird Kanal B als Ausgang programmiert. Mit den beiden Speicherbefehlen wird die 1 in Bit 2 der beiden Steuerregister geladen. Unter den Adressen 8000 und 8002

4.9.5 Die Initialisierung des PIA 6820

Nach einem System-Reset sind sämtliche Register des PIA auf 0 gesetzt. Das aber heißt, daß sämtliche Peripherie-Datenleitungen als Eingänge wirken; denn der Inhalt der Datenrichtungsregister ist 0. Da der Inhalt des Steuerregisters ebenfalls 0 ist (also auch Bit 2!), werden in beiden Kanälen jeweils die Datenrichtungsregister ausgewählt.
Wünscht man sich nun eine andere Arbeitsweise des PIA-Bausteins, so muß man sofort nach dem System-Reset mit den entsprechenden Befehlen auf den PIA einwirken. Dies nennt man „Initialisieren". In einem Beispiel soll der A-Kanal als Eingang wirken, der B-Kanal als Ausgang.

werden nun die Datenregister angesprochen. Der Inhalt des Datenrichtungsregisters A ist von der Systeminitialisierung her schon 0. Daher arbeitet Kanal A als Eingang.

Nachdem der PIA nun in dieser Weise vorbereitet ist, kann die CPU mit dem Befehl STAA 8002 Daten an die Peripherie ausgeben oder mit dem Befehl LDAA 8000 Daten von einem Peripheriegerät einlesen.

Es soll nun nochmals auf die Adressierung eingegangen werden. Wie das Bild 4.30 zeigt, sind 5 PIA-Anschlüsse mit dem Adressen-Bus verbunden. Das kann z. B. so aussehen: RS0 mit A0, RS1 mit A1, CS0 mit A13, CS1 mit A14 und $\overline{\text{CS2}}$ mit A15. A13 – A15 dienen der Bausteinauswahl, A0 und A1 der Registerauswahl innerhalb des Bausteins. Bei einer solch unvollständigen Decodierung ist der Baustein unter vielen verschiedenen Adressen ansprechbar.

4.9.6 Beispiel einer Ein-/Ausgabe-Schaltung mit einem PIA

Die Ein-/Ausgabe-Schaltung in Bild 4.32 besteht aus 8 Schaltern für die Eingabe und 8 Leuchtdioden für die Ausgabe. Die Schalter sind mit Kanal A der PIA verbunden, der somit als Eingang geschaltet sein muß. Bei offenem Schalter wird der zugehörige PA-Eingang durch den Widerstand auf High-Potential gehalten. Wird der Schalter geschlossen, fällt das Potential am PA-Anschluß auf Low. Wenn die CPU den PIA aktiviert, wird der Schalterzustand in das Datenregister des Kanal A übernommen.

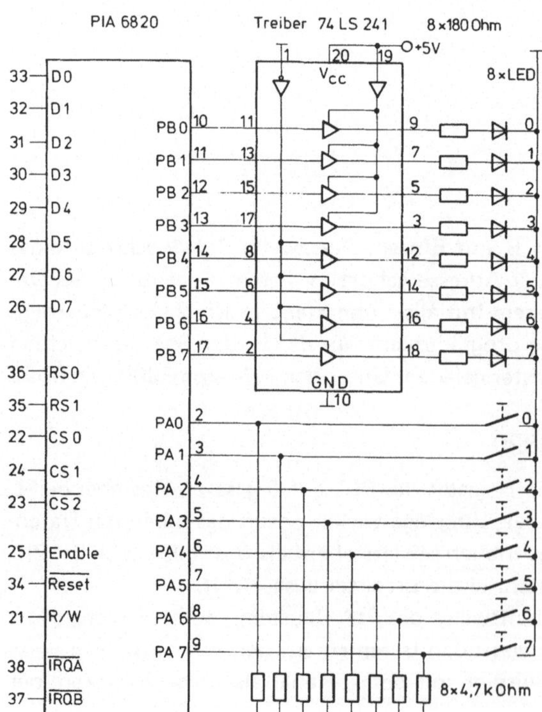

Bild 4.32

Ein-/Ausgabe-Schaltung mit einem PIA

Die Leuchtdioden sind über Treiber mit dem Kanal B der PIA verbunden, der somit als Ausgang geschaltet sein muß. Die Treiber sind notwendig, weil die B-Ausgänge LED's nicht treiben können.

Für die Ein-/Ausgabe-Schaltung wurde ein kleines Betriebsprogramm geschrieben. In dem vom Verfasser benutzten Kit hat der PIA die folgenden Adressen:

8004	{ DRA / DDRA
8005	SRA
8006	{ DRB / DDRB
8007	SRB

Beispiel:

Ein-/Ausgabe Programm mit PIA

Adresse	Code			Assembler		Kommentar	
0 0 0 0	86	00		LDAA	#00		
0 0 0 2	B7	80	04	STAA	80 04	A-Kanal als Eingang	Initiali-
0 0 0 5	86	04		LDAA	#04		sierung
0 0 0 7	B7	80	05	STAA	80 05		
0 0 0 A	86	FF		LDAA	#FF		der
0 0 0 C	B7	80	06	STAA	80 06	B-Kanal als Ausgang	PIA
0 0 0 F	86	04		LDAA	#04		
0 0 1 1	B7	80	07	STAA	80 07		
0 0 1 4	B6	80	04	LDAA	80 04	Daten holen	
0 0 1 7	01			NOP			Hauptprogramm
0 0 1 8	B7	80	06	STAA	80 06	Daten ausgeben	
0 0 1 B	20	F7		BRA	F7	Wiederholen	

Der erste Teil des Programms (bis Speicherplatz 0013) dient der Initialisierung des PIA. Da die Initialisierung durch Software geschieht, ist sie leicht abzuändern. Dies ist ein Vorteil des PIA. Zunächst soll dieser Teil des Programms im einzelnen besprochen werden. Nach dem System-Reset sind alle Register des PIA auf 0 gesetzt, d. h., auch Bit 2 der Steuerregister. Das wiederum heißt, daß unter den Adressen 8004 und 8006 die Datenrichtungsregister angesprochen werden. In DDRA wird 0 eingelesen, d. h., der Kanal A arbeitet als Eingang. Anschließend wird 04 in Steuerregister A eingelesen, so daß Bit 2 zu 1 wird. Dies bedeutet, daß nun unter der Adresse 8004 das Datenregister A angesprochen wird. In der gleichen Weise wird Kanal B als Ausgang initialisiert.

Der Programmteil ab Adresse 0014 bildet das Hauptprogramm. Durch einen Ladebefehl werden die Daten vom Datenregister A in den Akkumulator geholt. D. h., das mit den Schaltern eingestellte Bitmuster steht nun im Akkumulator des Mikroprozessors. Durch einen Speicherbefehl werden die Daten an das Datenregister B ausgegeben, wo sie durch Leuchtdioden angezeigt werden. Damit der Betrachter ein stehendes Bild sieht, wird das Hauptprogramm ständig wiederholt (BRA-Befehl).

Zwischen Ein- und Ausgabe werden die Daten in der Regel entsprechend der Aufgabenstellung „behandelt". In unserem Beispiel soll die Schalterstellung nach dem Einlesen in die CPU komplementiert werden, und dieses Komplement soll dann mit Hilfe der Leucht-

dioden angezeigt werden. Diese Aufgabe erfordert in unserer Schaltung eine einzige Änderung und zwar im Programm, also auf der Software-Seite! In Speicherstelle 0017, die durch
einen NOP-Befehl (01) freigehalten wurde, wird jetzt ein COMA-Befehl (43) eingeschrieben, welcher den Inhalt von Akkumulator A invertiert. Der PIA arbeitet solange in dieser
Weise, bis ein Reset-Signal eintrifft.

4.9.7 Multiplexbetrieb von 7-Segment-Anzeigen mit einem PIA

Ein einziger PIA-Baustein ist in der Lage, bis zu acht 7-Segment-Anzeigen zu treiben. Die
Schaltung arbeitet im sogenannten „Multiplexbetrieb". Die Funktionsweise soll anhand
des Bildes 4.33 erklärt werden.

Bei den Anzeigen im Bild handelt es sich um den sogenannten „common cathode type",
also einer Anzeige mit gemeinsamer Katode. Die 8 Anoden von jeder Anzeige sind über
Treiber mit den 8 Anschlüssen des Kanals A der PIA verbunden. Die Treiber sind notwendig, da der PIA den für die Dioden nötigen Strom nicht liefern kann. Alle Anzeigen erhalten also *gleichzeitig* den von Kanal A der PIA gelieferten 7-Segment-Code. Das abzubildende Zeichen steht im Datenregister A, wobei es bereits vorher in den 7-Segment-Code decodiert wurde.

Von den 8 Anzeigen, die also jeweils die gleiche Information an ihren Anoden haben, wird
aber immer nur eine eingeschaltet. Dies besorgt Kanal B der PIA. Eine im Datenregister B
umlaufende 1 macht die Transistoren der Reihe nach leitend, wodurch die zugehörige
Katode der Anzeige an Masse gelegt wird. D.h., die so ausgewählte Anzeige kann leuchten.
Die Transistoren wirken hier als Treiber. Sie müssen den Strom von maximal 8 Leuchtseg-
menten übernehmen.

Wenn z. B. PB0 = 1, dann ist der Transistor 0 leitend, die Katode der Anzeige 0 liegt also
an Masse, d. h., die Anzeige 0 ist eingeschaltet. Zur gleichen Zeit steht im Datenregister
von Kanal A das anzuzeigende Datenwort im 7-Segment-Code. Obwohl dieses Datenwort
an allen Anzeigen gleichzeitig liegt, wird es nur von Anzeige 0 angezeigt, weil nur diese

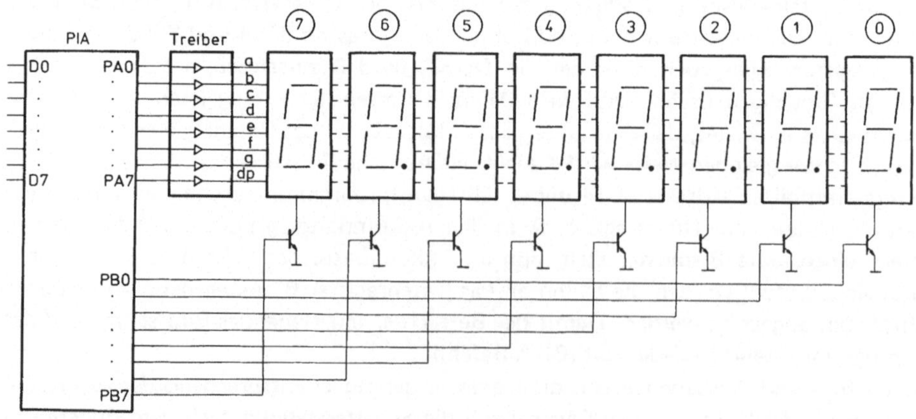

Bild 4.33 Multiplexbetrieb von 7-Segment-Anzeigen mit einem PIA

über PB 0 = 1 eingeschaltet ist. Nachdem die Anzeige 0 das Datenwort eine vom Programmierer festgelegte Zeit angezeigt hat, verlöscht sie wieder, indem das Datenregister A wieder auf Null gesetzt wird. Die 1 in Kanal B wird nach PB 1 weitergeschoben, womit die Anzeige 1 eingeschaltet wird. Gleichzeitig wird in das Datenregister A das nächste abzubildende Zeichen eingeschrieben. Damit zeigt Anzeige 1 das nächste Zeichen an. Jedesmal, wenn Kanal B die Anzeige wechselt, verlöschen alle Anzeigen, indem das Datenregister A auf Null gesetzt wird.

Nachdem alle 8 Anzeigen das entsprechende Zeichen angezeigt haben, beginnt der ganze Vorgang von neuem. Das ganze muß sich so schnell abspielen, daß die Anzeige nicht mehr flimmert, sondern der Betrachter ein stehendes Bild wahrnimmt. Die 8 abzubildenden Datenworte (Zeichen) müssen in einem bestimmten Speicherbereich stehen, von wo sie die CPU jeweils abrufen und in das Datenregister A der PIA einschreiben kann.

4.9.8 Tastaturanschluß mit einem PIA

Es sollen nachfolgend zwei Beispiele erklärt werden. Die erste Schaltung arbeitet nach dem Zeilenabtastverfahren (*row scanning*). Die Tastatur bestehe aus einer Matrix mit 4 x 4 = 16 Tasten (Bild 4.34). Verwendet man beide Kanäle, kann man mit einem PIA eine Tastatur von 8 x 8 = 64 Tasten bedienen.

Die Anschlüsse PA 0 – PA 3 arbeiten als Ausgänge. Sie sind mit den Spaltendrähten der Matrix verbunden.

Die Anschlüsse PA 4 – PA 7 arbeiten als Eingänge. Sie sind mit den Zeilendrähten verbunden.

Die Ausgänge PA 0 – PA 3 haben normalerweise High-Potential. Die Eingänge PA 4 – PA 7 werden auf High-Potential gezogen. Wenn kein Schalter geschlossen ist, besorgen dies die Zeilenwiderstände. Auch wenn irgendein Schalter geschlossen wird, bleiben alle Eingänge auf High-Potential, solange an allen vier Ausgängen High-Potential liegt.

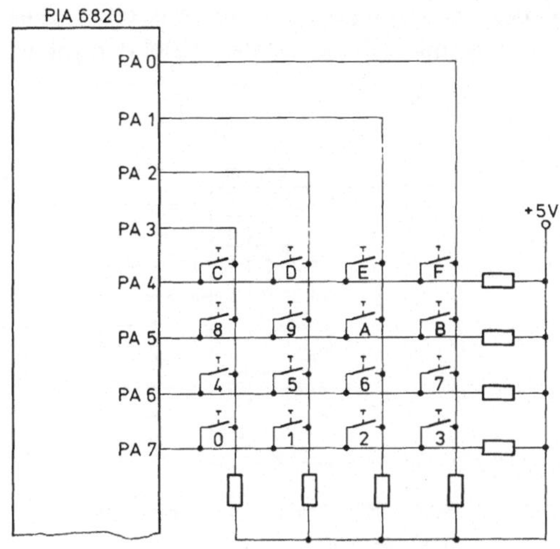

Bild 4.34
Tastaturanschluß mit einem PIA

Wenn nun die CPU die Tastatur abfragt, ob ein Schalter geschlossen ist, so geht sie dabei folgendermaßen vor:

1. Sie legt der Reihe nach eine 0 an die Ausgänge PA 0 bis PA 3.
2. Sie überprüft, an welchem Eingang eine 0 auftaucht.

Es soll dazu hier kein fertiges Programm angegeben werden, sondern nur ein möglicher Weg beschrieben werden.

Beispiel:

Zunächst wird das Datenrichtungsregister A mit 0F (0000 1111) geladen. Damit ist PA 0 — PA 3 als Ausgang programmiert, und PA 4 — PA 7 als Eingang. Dann wird in das Ausgangsregister A z.B. die Zahl FE eingeschrieben (1111 1110). Damit liegt an PA 0 eine 0. Anschließend folgt ein Lesebefehl. Ist jetzt der Schalter 3, 7, B oder F geschlossen, so wird die von PA 0 kommende 0 auf den entsprechenden Eingang durchgeschaltet. Die CPU hat sich die Spalte gemerkt, an die sie eine 0 gelegt hat, und sie erkennt die Zeile, auf der die 0 bei geschlossenem Schalter wieder auftaucht. Damit weiß sie, welche Taste gedrückt wurde.

Wurde keine 0 gefunden, wird in das Datenregister FD (1111 1101) eingeschrieben. Damit liegt der Ausgang PA 1, also die nächste Spalte, auf Low-Potential. Mit einem anschließenden Lesebefehl untersucht die CPU, ob die Schalter 2, 6, A oder E geschlossen sind.

Das zweite Verfahren, welches hier besprochen werden soll, ist unter dem Namen „line-reversal technique" bekannt. Es zerfällt in zwei Teile, die anhand der beiden Bilder 4.35.a/b besprochen werden sollen.

Die beiden Bilder stellen eine vereinfachte Wiedergabe der Schaltung im Bild 4.34 dar. An der Hardware muß also nichts verändert werden. Es muß nur ein anderes Programm entworfen werden, da hier nach einem ganz anderen Prinzip gearbeitet wird. Das Programm zerfällt in zwei Teile. Bild 4.35.a verdeutlicht den ersten Teil.

Wie beim vorhergehenden Verfahren werden PA 0 — PA 3 wieder als Ausgänge programmiert, und PA 4 — PA 7 als Eingänge. Sämtliche vier Ausgänge werden nun auf 0 gesetzt. Wird eine Taste gedrückt, so wird die 0 an die entsprechende Zeile bzw. an den entsprechenden Eingang PA weitergegeben. In unserem Bild ist dies PA 6. Damit kennt die CPU die Reihe, aber nicht die Spalte; denn sämtliche Spalten waren 0.

Im zweiten Teil des Programmes werden die Ausgänge zu Eingängen, und umgekehrt. Dies läßt sich sehr einfach dadurch bewerkstelligen, daß man mit dem Befehl COM den Inhalt

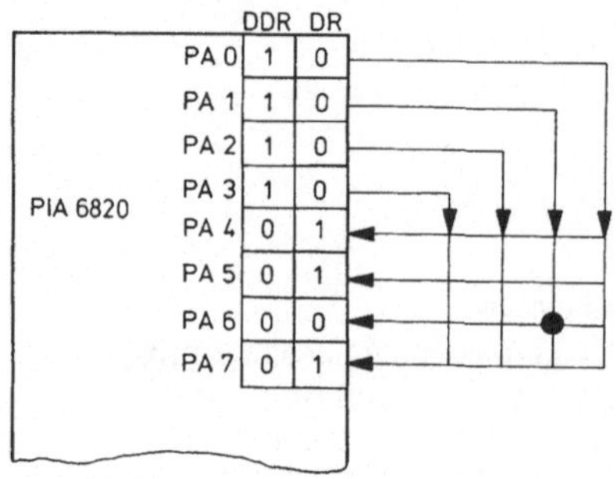

Bild 4.35a Tastatureingabe mit PIA
(erster Teil)

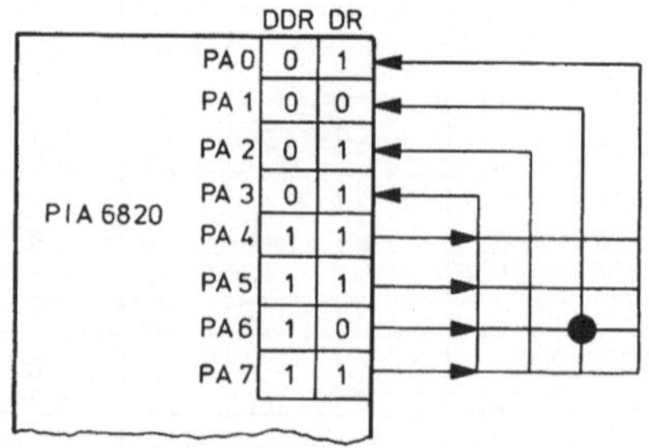

Bild 4.35b Tastatureingabe mit PIA
(zweiter Teil)

des Datenrichtungsregisters komplementiert. Damit steht nun im DDR F0. D.h., das in
PA 4 – PA 7 eingelesene Bitmuster 1101 wird nun an die Zeilen der Matrix ausgegeben.
Dieser Vorgang läuft so schnell ab, daß die Taste noch gedrückt ist. Damit zieht aber die 0
von Ausgang PA 6 den Eingang PA 1 auf 0. Die zu dem Kreuzungspunkt, wo die Taste
gedrückt wurde, gehörige Zeile und Spalte haben im Datenregister eine 0 erzeugt. Die CPU
liest das Datenregister, weiß damit, welche Taste gedrückt wurde und ordnet nun mit
Hilfe einer Tabelle der gedrückten Taste das dem verwendeten Code entsprechende Bitmuster zu, welches zu der Taste gehört.

Das verwendete Verfahren schützt auch gegen Mehrfachbetätigung. Sobald mehr als zwei
Nullen im Datenregister auftreten, müssen mehr als eine Taste betätigt worden sein. Die
CPU wiederholt dann das ganze Verfahren so lange, bis nur noch eine Taste gedrückt ist.
Das für dieses Verfahren notwendige Programm ist einfacher als das für das erste Verfah-
ren.

Für beide Verfahren soll noch auf das Problem eingegangen werden, wie die CPU überhaupt erkennt, ob eine Taste gedrückt wurde. Dazu gibt es zwei Möglichkeiten:

1. Die Eingangsleitungen der PIA werden über ein NAND-Gatter zusammengefaßt. Sobald eine Taste gedrückt wird, wird ein Eingang 0. Damit liefert der NAND-Ausgang
   eine 1, die über die Interruptleitung die CPU bei ihrer Arbeit unterbricht und sie veranlaßt, in das Unterprogramm für die Tastaturabfrage zu springen.

2. Die CPU unterbricht in regelmäßigen Abständen ihre Arbeit und springt von sich aus
   in das Unterprogramm, um zu schauen, ob eine Taste gedrückt ist, und wenn ja, welche. Dieses Verfahren nimmt viel mehr Zeit in Anspruch.

4.10 Beispiel eines asynchronen, seriellen Interface

4.10.1 Formatierung

Mikroprozessoren arbeiten parallel. Der Mikroprozessor 6800 zum Beispiel verarbeitet
immer 8 Bit gleichzeitig. Die dazu passende parallele Interface-Technik haben wir in 4.9
kennengelernt. Es gibt nun einige Peripheriegeräte, die im seriellen Datenverkehr arbeiten, wie zum Beispiel Fernschreibmaschine (englisch: *Teletype*, TTY), Band, Platte.

> Die Informationsübertragung erfolgt *asynchron zeichenseriell* und *bitseriell*.

Bei dieser Art von Datenverkehr treten verschiedene Probleme auf:

1. Die Bits eines Datenwortes müssen in einem vorher festgelegten Takt nacheinander
   auf einer Leitung übertragen werden.

2. Die Pausen sind (besonders bei Eingabe von Hand) zwischen den Zeichen sehr unterschiedlich (asynchron).

3. Die Arbeitsgeschwindigkeit einer CPU ist viel größer als die Sende- oder Empfangsge-
   schwindigkeit eines Peripheriegerätes.

Es gibt für diese Art der Datenübertragung Standards, auf die an anderer Stelle noch ein-
gegangen werden soll. Hier soll nur auf die Formatierung eingegangen werden. Das vom
Mikroprozessor auszugebende Datenwort muß von der parallelen Form in die serielle
Form gebracht werden, bevor es das Peripheriegerät akzeptieren kann. Die vom Periphe-

riegerät seriell angebotenen Bits eines Datenwortes müssen für die CPU wieder in parallele Form gebracht werden. Das dabei verwendete Format zeigt das Bild 4.36.

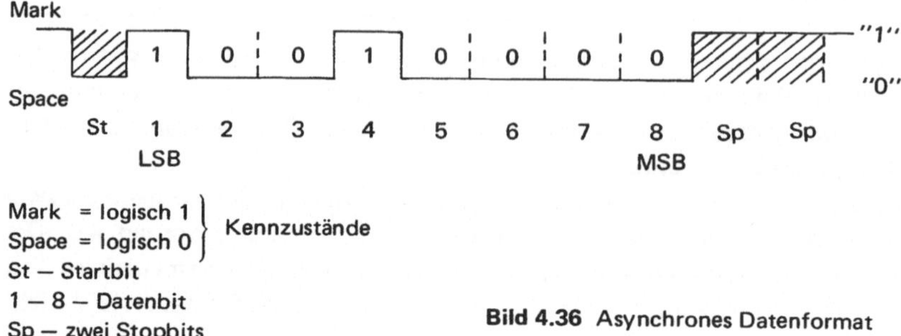

Bild 4.36 Asynchrones Datenformat

Jedes Zeichen beginnt mit dem *Startbit*. Dieses ist immer 0. Das Startbit sorgt für die Synchronisierung. Es stellt eine feste Phasenbeziehung zwischen Sender und Empfänger her. Die folgenden Bit bilden die Information. Ist das Datenwort ein ASCII-Zeichen, so besteht es aus 7 Bits. Meist wird dazu noch ein Paritätsbit angefügt, so daß das zu übertragende Datenwort eine Breite von 8 Bits hat. Wie das Bild zeigt, beginnt die Datenübertragung mit dem niederwertigsten Bit LSB. Das Ende des Zeichens wird durch zwei *Stopbits* markiert, die immer 1 sind. Sie schalten z.B. die Empfangsmechanik eines Fernschreibers ab.

4.10.2 Serielle Anpassung mit Software

Für kleine Systeme oder spezielle Zwecke genügt es unter Umständen, ein Unterprogramm zu schreiben, das parallele Daten in serielle umwandelt, bzw. umgekehrt. Es soll an dieser Stelle kein vollständiges Programm angegeben, sondern nur das Prinzip erklärt werden.

1. *Parallel-Serien-Umwandlung*: Das Datenwort wird von der CPU in den Akkumulator eingeschrieben oder steht bereits im Akkumulator. Dann wird es Bit für Bit in die Ausgabeleitung geschoben. Das kann zum Beispiel die Datenleitung D0 sein. Zwischen jedem Schritt wird eine Verzögerung eingebaut, die auf das Peripheriegerät und die Übertragungsgeschwindigkeit abgestimmt ist. Nach 8 solchen Schritten ist das Datenwort seriell ausgegeben.

2. *Serien-Parallel-Umwandlung*: Über die Leitung D0 wird Bit 0 in den Akkumulator eingeschrieben. Anschließend wird der Akkumulatorinhalt um ein Bit nach links geschoben. Nach einer bestimmten Verzögerungszeit wird das nächste Bit in die niedrigste Akkumulatorstelle eingelesen, worauf erneut geschoben wird. Nach 8 Verschiebungen ist ein Datenwort verarbeitet.

So vorteilhaft Software-Lösungen oft sind, das obige Verfahren belastet den Mikroprozessor doch sehr. Daher haben die Mikroprozessor-Hersteller einen leistungsfähigen Interface-Baustein geschaffen, der die Umwandlungen besorgt und auch sonst noch die CPU von einigen Routineaufgaben entlastet.

4.10.3 Asynchronous Communications Interface Adapter (ACIA)

Der ACIA hat zwei Aufgaben:

1. Übernahme paralleler Daten und Umwandlung in serielle Form mit einem Startbit und zwei Stopbits.
2. Übernahme eines seriellen Datenwortes und Umwandlung in die parallele Form.

Die beiden folgenden Bilder 4.37 und 4.38 zeigen die Anschlüsse und den Aufbau des ACIA 6850.

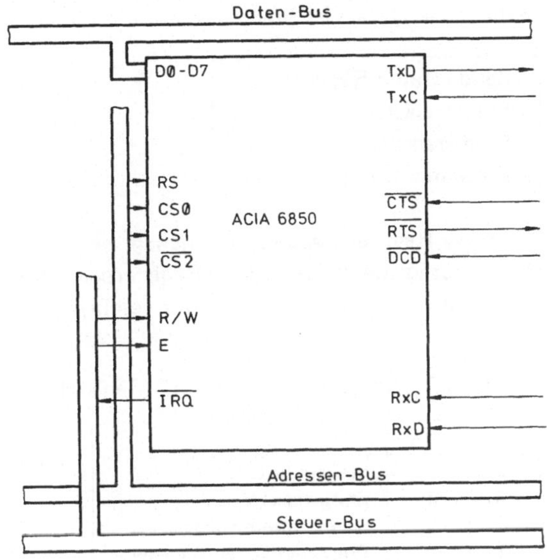

Bild 4.37

Die Anschlüsse des ACIA 6850

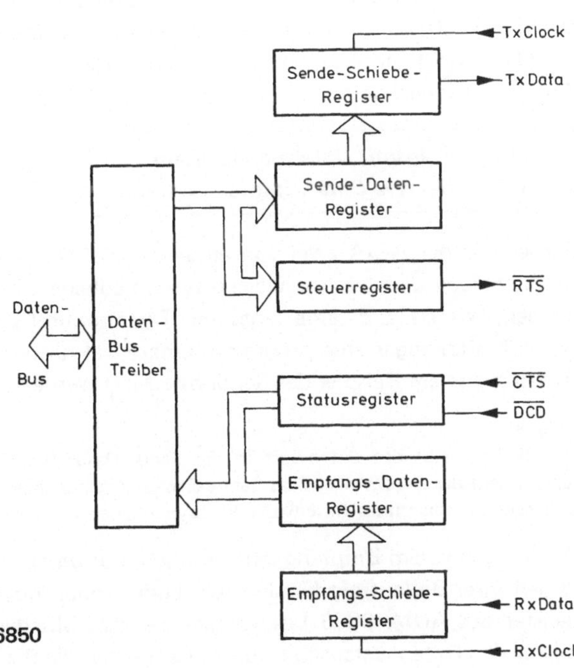

Bild 4.38

Vereinfachtes Blockschaltbild des ACIA 6850

Das Blockschaltbild ist stark vereinfacht. Auf der CPU-Seite des ACIA wurden nur die Daten-Busanschlüsse gezeichnet.

Der ACIA enthält im wesentlichen 6 Register (Bild 4.38), wovon 4 durch die CPU adressierbar sind. Diese vier sind:

```
Sende-Daten-Register
Steuerregister
Statusregister
Empfängs-Daten-Register
```

Um diese Register anzuwählen, genügt ein einziger Adreßanschluß in Verbindung mit der R/W-Leitung; denn bei jedem Registerpaar, das durch die Adreßleitung RS ausgewählt wird, kann in das eine Register nur geschrieben und aus dem anderen nur gelesen werden.

Tabelle 4.2: Adressierung des ACIA-Register

RS	R/W	
0	0	Steuerregister
0	1	Statusregister
1	0	Sende-Daten-Register
1	1	Empfangs-Daten-Register

Zur Bausteinauswahl besitzt der ACIA drei Chip-Select-Leitungen (CS0, CS1, $\overline{CS2}$). An die E (Enable)-Leitung wird normalerweise der CPU-Takt Ø2 angelegt, damit der ACIA jeweils im richtigen Augenblick aktiviert wird.

Auf der Peripherieseite des ACIA gibt es die beiden Datenleitungen

```
TxD  — Transmit Data (Sendedaten)
RxD  — Receive Data (Empfangsdaten)
```

Ferner hat der ACIA zwei von einander unabhängige Taktsignaleingänge. Daher können für die beiden Übertragungswege unterschiedliche Übertragungsgeschwindigkeiten benutzt werden, wie sie z. B. eine langsame Tastatur und ein schneller Drucker aufweisen. Der ACIA besitzt sogar eine programmierbare Taktuntersetzung. Zunächst soll aber noch die Arbeitsweise am Beispiel des Sendens erklärt werden.

Beispiel:
Die CPU schreibt das Datenwort in das Sende-Daten-Register. Nun erfolgt die Parallel-Serien-Wandlung, indem das Datenwort in das Sende-Schieberegister übernommen wird. Der außen angelegte Sendetakt schiebt nun dieses Datenwort im asynchronen Format am TxD-Ausgang aus dem ACIA hinaus.

Der Vorgang beim Empfang läuft ähnlich, nur umgekehrt ab.

Wegen ihrer Bedeutung für den Anwender sollen noch das Steuerregister und das Statusregister des ACIA 6850 besprochen werden. Mit dem *Steuerregister* kann der Programmierer den Datenaustausch steuern. Es werden die Bit B0 bis B4 besprochen.

Mit *Bit 0* und *Bit 1* kann man programmieren, wie man die beiden Taktsignale untersetzen will.

B1	B0	Teilerverhältnis
0	0	1 : 1
0	1	1 : 16
1	0	1 : 64
1	1	Master Reset

Beispiel:
TxC = 76,8 kHz; RxC = 7,04 kHz; Teilerverh. 1 : 64.
Die Sendeseite arbeitet mit 1200 bit/s, die Empfangsseite mit 110 bit/s.

Bei der Kombination 11 werden alle Register des ACIA zurückgesetzt. Der Reset erfolgt hier also durch Software.

Mit den drei Bit *B2*, *B3* und *B4* kann man das Wortformat programmieren und zum Beispiel auch ein Paritätsbit einfügen. Der ACIA wird so sehr vielseitig.

Beispiel:

B4	B3	B2	Wortlänge	Parität	Stop-Bit
0	0	0	7	gerade	2
0	0	1	7	ungerade	2
1	0	0	8	keine	2

Der ACIA ist imstande, bei entsprechender Programmierung das entsprechende Datenformat im Sendebetrieb selbständig aufzubauen und im Empfangsbetrieb zu entschlüsseln.

Die übrigen Bit sollen hier nicht besprochen werden.

Vom *Statusregister* sollen nur Bit 0 und Bit 1 besprochen werden. *Bit 0* enthält die Information, ob das Empfangs-Daten-Register voll ist oder leer. B0 = 0 bedeutet leer; B0 = 1 bedeutet voll. Erst wenn das Wort von der CPU gelesen wurde, kann das nächste seriell eintreffende Zeichen das Register überschreiben. B0 wird von der fallenden Flanke des Lese-Impulses auf 0 gesetzt.

Bit 1 enthält die Information, ob das Sende-Daten-Register voll oder leer ist. B1 = 1 bedeutet leer; B1 = 0 bedeutet voll. Das Sende-Daten-Register wird von der CPU geladen. B1 wird auf 0 zurückgesetzt. Anschließend wird das Wort in das Sende-Schieberegister übernommen und ausgegeben. Damit wird B1 auf 1 gesetzt. D.h., die CPU kann ein neues Wort ins Sende-Daten-Register schreiben.

Die drei externen Steuersignale RTS (*Request To Send*), CTS (*Clear To Send*) und DCD (*Data Carrier Detect*) sollen hier nicht im einzelnen besprochen werden. Sie dienen vor allem der Steuerung eines MODEM durch den ACIA.

(MODEM ist eine Abkürzung aus MOdulator-DEModulator. Er hat die Aufgabe, die Impulse des Rechners in analoge Frequenzfolgen umzuwandeln und auf der Empfängerseite in digitale Impulse zurückzuwandeln.)

Die peripherieseitigen Ein- und Ausgangsleitungen sind TTL-kompatibel. Die Signale müssen daher noch auf die jeweils erforderliche Norm gebracht werden.

Es gibt zwei Standards:

> Linienstrom 20 mA für TTY
> RS-232-C (V 24)

Der ACIA-Baustein konnte hier nur unvollständig besprochen werden. Der Leser sei daher auf das Applikationsbuch verwiesen.

4.10.4 Anschluß eines Fernschreibers an einen Mikroprozessor mit Hilfe eines ACIA

Ein Fernschreiber (*Teletype*, TTY) ist ein serielles, mechanisches Peripheriegerät, das mit 110, 150 oder 300 Baud arbeiten kann (1 Baud = 1 Bd = 1 Stromschritt/s). Der hier verwendete Teletype arbeitet mit 10 Zeichen/Sekunde. Jedes Zeichen besteht aus 11 Bits: 1 Startbit, 8 Datenbits, 2 Stopbits. Das bedeutet eine Übertragungsgeschwindigkeit von 110 Baud. Zur Potentialtrennung werden Optokoppler eingesetzt. Die TTL-Signale werden in die Signale der 20 mA-Stromschleife umgesetzt und umgekehrt.

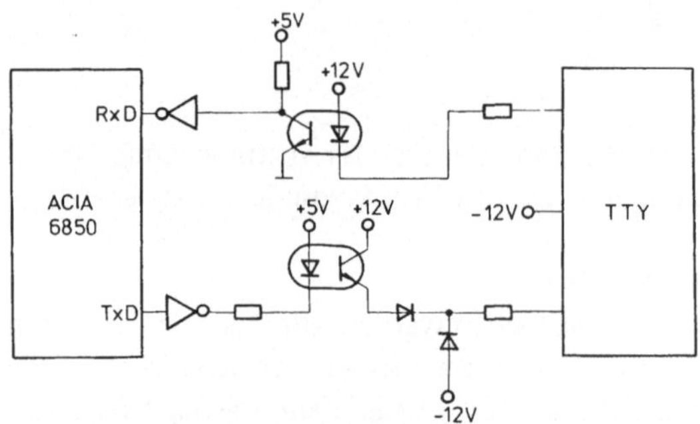

Bild 4.39
Fernschreiber-Interface mit ACIA und Opto Koppler

4.11 Serielle Schnittstellenstandards

Die Kommunikation zwischen mehreren Moduln in einem System erfolgt über Bus. Es gibt parallele Busse und serielle Busse. Auf einem parallelen Bus werden gleichzeitig alle Bits des Datenwortes übertragen. Man benötigt viele Leitungen, was zwar aufwendiger ist, aber die Übertragung ist schneller. In 4.1 haben wir bereits eine Bus-Struktur kennengelernt. Es gibt nun beim parallelen Bus mehrere Standards auf dem Markt, wie z.B. den S-100-Bus, der auf dem Hobbymarkt weit verbreitet ist. Für genauere Informationen sei auf die entsprechenden Firmenunterlagen verwiesen.

Serielle Busse benötigen nur ein oder zwei Leitungen. Alle Bits werden der Reihe nach übertragen. Serielle Datenübertragung wird hauptsächlich bei der Kommunikation zwischen Rechner und Peripheriegeräten eingesetzt (Fernschreiber, Drucker, Bildschirmgeräte (CRT: *Cathode Ray Tube* Terminal)).

Um für die Geräte ein möglichst großes Einsatzgebiet zu erreichen, strebt man eine Standardisierung der Schnittstellen an. Diese Standards legen wichtige Übertragungskenngrößen fest, wie z.B. die Übertragungsgeschwindigkeit, das Übertragungsformat und die elektrischen Eigenschaften.

Die beiden wichtigsten Standards sind:

> 20 mA — Stromschleife (*Current-Loop*)
> RS-232 (V24-Empfehlung)

Diese beiden Standards sind gleich bezüglich der asynchronen, seriellen Datenübertragung; sie unterscheiden sich nur in den elektrischen Eigenschaften.
Ein Beispiel für eine *20 mA-Stromschleife* zeigt das Bild 4.40. Fernschreiber arbeiten im sogenannten „Einfachstrombetrieb", bei dem man nur zwischen „Strom" und „kein Strom" unterscheidet. Dabei gibt es wiederum zwei Möglichkeiten: im Ruhezustand fließt kein Strom (Arbeitsstrombetrieb) oder es fließt ein Strom (Ruhestrombetrieb). Fernschreiber arbeiten im Ruhestrombetrieb. Wenn das entsprechende Bit 0 ist, wird der Ruhestrom (Dauerstrom) von 20 mA unterbrochen.

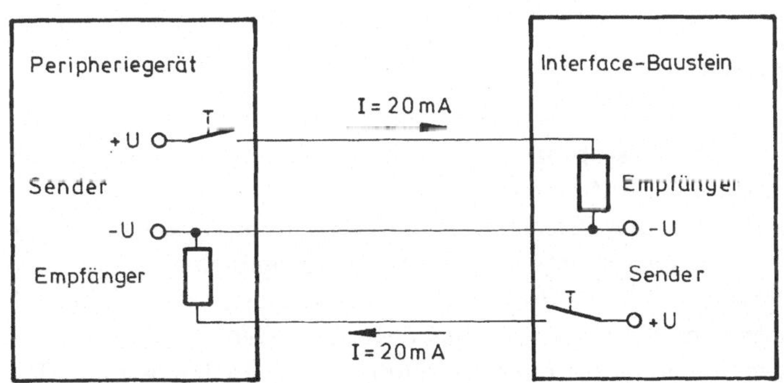

Bild 4.40
Prinzip der 20 mA-Strom schleife

Das im vorigen Abschnitt beschriebene Fernschreib-Interface benutzt den 20 mA-Standard.
Der *RS-232-Standard* ist ein amerikanischer Standard, der vorwiegend in Verbindung mit MODEMS eingesetzt wird. Das Bild 4.41 zeigt die Zuordnung.

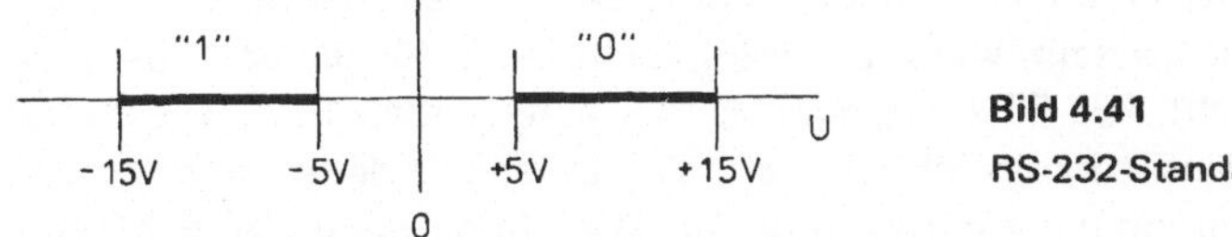

Bild 4.41
RS-232-Standard

Der Standard legt insgesamt 25 Leitungen fest, von denen hier nur ein paar Beispiele erwähnt werden sollen:

1	GROUND	
2	XMIT DATA	vom Rechner
3	REC DATA	vom Rechner
4	REQUEST TO SEND	zum Rechner
5	CLEAR TO SEND	vom Rechner
6	DATA SET READY	vom Rechner
7	DATA TERMINAL READY	zum Rechner

Die peripherieseitigen Anschlüsse von Interface-Bausteinen wie z. B. der ACIA entspre-
chen meist der TTL-Spezifikation. Die elektrische Anpassung beim 20 mA-Stromschlei-
fen-Standard kann zum Beispiel mit Optokopplern erfolgen. Die Anpassung eines Interface-Bausteins an ein Peripheriegerät nach der RS-232-Spezifikation kann durch spezielle Bausteine vorgenommen werden. Als Beispiel seien die Bausteine MC 1489 und MC 1488
von Motorola genannt (Bild 4.42).

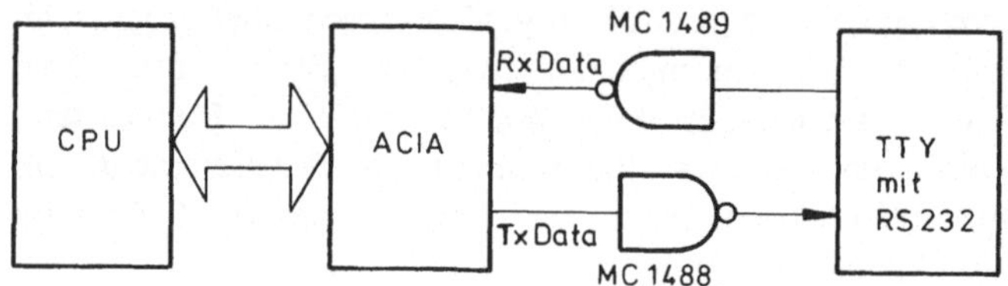

Bild 4.42

Anpassung einer RS-232
Schnittstelle an den ACIA

4.12 Elektrische Anpassung

Wie schon mehrfach erwähnt, haben die meisten Mikroprozessoren Pegel mit TTL-Spezifikation. Da sich der Einsatz von Mikroprozessoren nicht nur auf die eigentliche Datenverarbeitung beschränkt, sondern sich auf sehr viele andere Gebiete erstreckt, wie z.B. die
Steuer- und Regelungstechnik und die Meßtechnik, müssen sehr unterschiedliche elektrische Pegel an das Mikroprozessorsystem angepaßt werden. In diesem Kapitel sollen ein
paar Anregungen gegeben werden, wie die Probleme der Pegelanpassung zu lösen sind.
Bild 4.43 gibt einige Anregungen, wie PIA-Pegel (Ausgänge) an andere Pegelwerte angepaßt werden können. Neben den in einem früheren Beispiel gezeigten Treibern mit Tri-
State-Ausgängen können auch TTL-Bausteine mit offenen Kollektor-Ausgängen verwendet werden. Im Bild treibt der PIA-Ausgang PB0 einen Treiber 7407. Dieser Baustein besitzt einen offenen Kollektor. Bei einer Versorgungsspannung von nur 5V verträgt dieser
Baustein eine Ausgangsspannung V_{OH} (*High-level output voltage*) von 30V. Er kann einen Strom von 40 mA aufnehmen.
An PB1 ist ein NPN-Transistor angeschlossen. Der Transistor ist in Emitterschaltung gekennzeichnet. Damit verstärkt er Strom und Spannung. Der Kollektorwiderstand kann
auch die zu treibende Last selbst sein, wie z.B. eine Leuchtdiode, für die der Ausgangs-
strom von PB1 nicht ausreicht. Die PB-Ausgänge des PIA liefern etwa 1mA. Dies sollte
man bei der Auswahl des Transistors berücksichtigen, damit man mit der entsprechenden
Stromverstärkung den gewünschten Laststrom erreicht. Die Diode dient der Erhöhung
des Störabstandes; sie erhöht die Ansprechschwelle des Transistors.
Ausgang PB2 schaltet über einen Transistor ein Relais. Der Basisstrom wird hier durch einen Spannungsteiler eingestellt. Die Freilaufdiode parallel zum Relais schützt den Transistor vor unzulässig hohen Spannungsspitzen beim Umschalten. Ein Relais ermöglicht eine
vollkommene Trennung (galvanische Trennung) des Peripheriegerätes vom Rechnersystem.
Das Peripheriegerät kann eine eigene Masse haben oder zum Beispiel auch mit Wechsel-
spannung arbeiten. Sehr oft werden sogenannte Reed-Relais eingesetzt, bei denen zwischen
Erregerwicklung und Schaltkontakten nur eine kleine Kapazität herrscht, was die Störsicherheit erhöht.

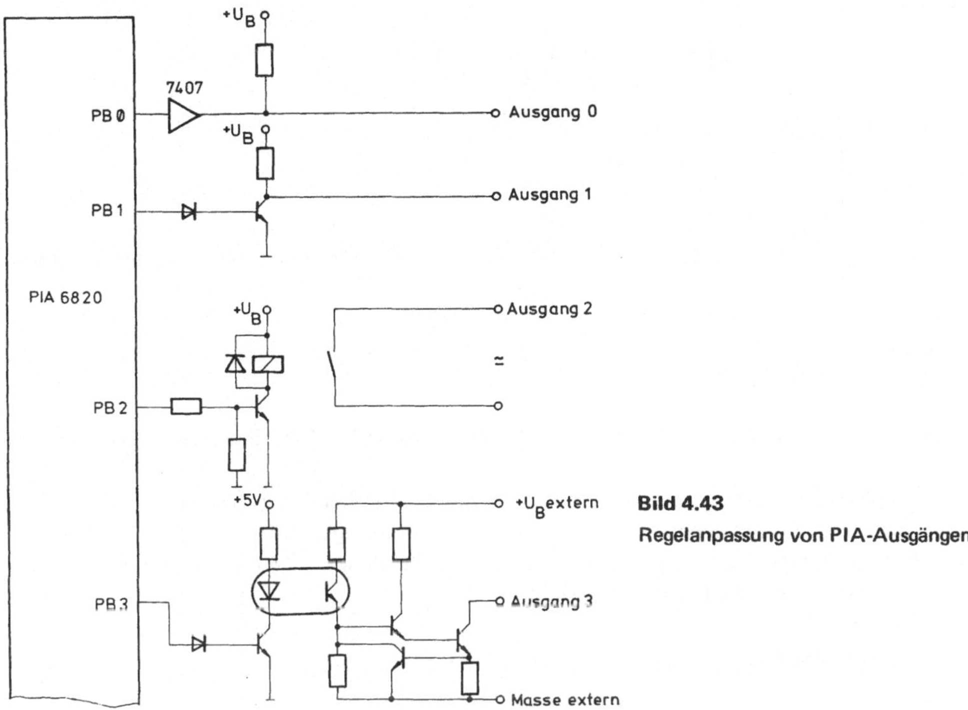

Bild 4.43
Regelanpassung von PIA-Ausgängen

Mangelnde Störsicherheit ist ein Problem, das dem Anwender in der Praxis oft schwer zu schaffen machen kann. In diesem Rahmen kann nicht weiter darauf eingegangen werden. Nur eine Methode der Störunterdrückung sollte auch hier genannt werden — die vollständige Trennung von Rechnersystem und Peripheriegerät, also die galvanische Trennung. Außer mit einem Relais ist dies auch mit einem Optokoppler zu erreichen. Dies ist im Bild 4.43 als letzte Möglichkeit gezeigt. Die Schaltung ist etwas aufwendiger als die schon beim Fernschreiber-Interface vorgestellte Schaltung. Sie kann wesentlich mehr Strom ziehen und bei sehr unterschiedlichen Spannungen arbeiten, was neben der Dimensionierung der Widerstände auch von den verwendeten Transistoren abhängt. Auch bei dieser Schaltung sind Masse und Spannungsversorgung beim Peripheriegerät eigenständig. Die Schaltung muß den Erfordernissen auf der Peripherieseite entsprechend dimensioniert werden. Bei der Adaptierung an die Interface-Eingänge kann man die gleiche Schaltungstechnik anwenden. Hier seien zwei Beispiele angegeben (Bild 4.44).
Das Signal an Eingang 0 gelangt über einen Spannungsteiler (R1, R2) an einen CMOS-Buffer 4050. Dieser Baustein arbeitet an einer Betriebsspannung von 3 ... 15V. Die Betriebsspannung bestimmt dabei die Ausgangsspannung im High-Zustand. Wählt man also z. B. eine Betriebsspannung von 5V, so ist der Ausgang TTL-kompatibel. Am Eingang des CMOS-Bausteins kann dabei eine Spannung von bis zu + 15V auftreten. Die obige Schaltung verarbeitet auch noch höhere Spannungen, man muß nur den Spannungsteiler entsprechend dimensionieren. Unter + 15V kann R2 weggelassen werden. R1 muß

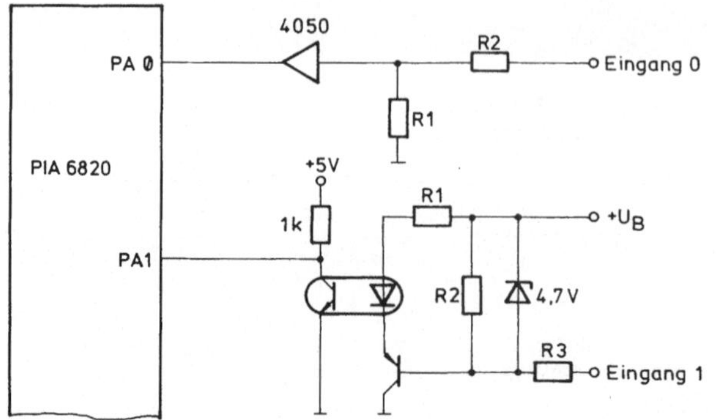

Bild 4.44

Regelanpassung von PIA-Eingängen

in jedem Fall beibehalten werden, da offene Eingänge bei CMOS-Gattern nicht erlaubt
sind.

Der Eingang 2 ist über einen Optokoppler geführt. Die Schaltung verwendet einen PNP-
Transistor. Die Eingangsspannung wird über den Spannungsteiler R2, R3 geteilt. Bei ent-
sprechender Dimensionierung verträgt die Schaltung Spannungen von 5V bis 50V. Die
Z-Diode dient dem Schutz des Optokopplers.

4.13 Zeitliche Anpassung

Es gibt gewissermaßen zwei Zeitprobleme:

1. Zeitpunkt des Datenaustauschs
2. Geschwindigkeit des Datenaustauschs.

Wenn z.B. der Mikroprozessor Daten ausgeben möchte, kann der Fernschreiber gerade be-
setzt sein. Umgekehrt, wenn das Peripheriegerät Daten eingeben möchte, kann die CPU gerade mit einem wichtigen Programm beschäftigt sein. Andererseits kann es Peripheriesig-
nale geben, die unbedingt zur CPU gelangen müssen, selbst wenn diese ihr gerade laufendes
Programm unterbrechen muß. Der Datenaustausch kann nach verschiedenen Prinzipien
erfolgen (programmierter Datenaustausch, Interrupt), die in einem späteren Kapitel näher besprochen werden sollen.

Die Arbeitsgeschwindigkeiten von Mikroprozessor und den verschiedenartigen Peripheriegeräten sind sehr unterschiedlich. Dies ist bei der Datenübertragung zu berücksichtigen. Es gibt verschiedene Geschwindigkeiten, die im folgenden erklärt werden sollen.

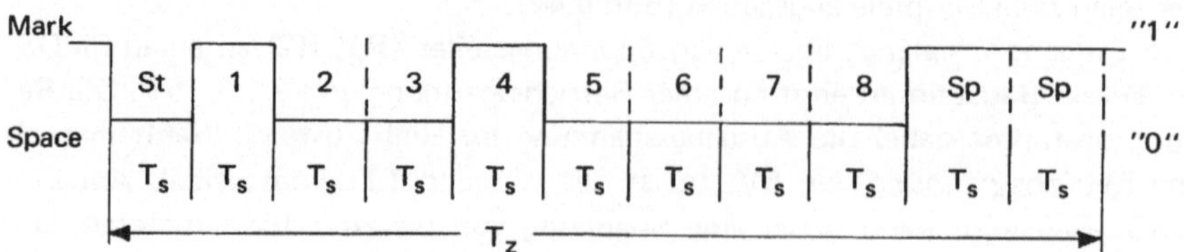

Bild 4.45 Zeichen im asynchronen Datenformat

Ein Schritt ist ein Signal von definierter Dauer, der sogenannten

  Schrittdauer T_s.

Der Kehrwert der Schrittdauer T_s heißt

  Schrittgeschwindigkeit v_s.

Es gilt

$$v_s = \frac{1}{T_s}$$

Die Einheit der Schrittgeschwindigkeit heißt

  Baud (Bd).

Die Anzahl der pro Zeiteinheit übertragenen Binärentscheidungen nennt man

  Übertragungsgeschwindigkeit v_D (gemessen in bit/s).

Bei binären Signalen sind beide Geschwindigkeiten gleich ($v_s = v_D$).
Die Dauer oder Länge eines Zeichens wird durch die

  Zeichendauer T_z angegeben.

Aus ihr wird eine Geschwindigkeit abgeleitet, die sogenannte

  Zeichengeschwindigkeit v_z.

Es gilt

$$v_z = \frac{1}{T_z} \quad \text{und} \quad v_z = \frac{v_s}{11} \quad \text{(bei 11 Schritten pro Zeichen !!)}$$

Beispiel:
Ein Bit dauert 20 ms, also T_s = 20 ms. Das ergibt eine Schrittgeschwindigkeit von

$$v_s = \frac{1}{T_s} = \frac{1}{20\ \text{ms}} = \frac{1}{0,02\ \text{s}} = 50\ \text{Bd}$$

Mit 11 Bit pro übertragenem Zeichen ergibt das eine Zeichengeschwindigkeit von

$$v_z = \frac{v_s}{11} \quad \text{oder} \quad v_z = \frac{1}{T_z} = \frac{1}{11 \cdot T_s} = 4{,}54\ \frac{1}{s}$$

Die

  Transfergeschwindigkeit v_T

gibt die Anzahl der Bits, Zeichen oder Datenblöcke an, die im Durchschnitt je Zeiteinheit zwischen zwei Datenstationen übertragen werden.

4.14 Digital-/Analog-Wandler im Einsatz mit Mikroprozessoren

Der Einsatzbereich von Mikroprozessoren wird ganz wesentlich dadurch erweitert, daß der Mikroprozessor mit analogen Signalen arbeiten kann. Da der Mikroprozessor seinem Wesen nach nur digitale Signale verarbeiten kann, müssen analoge Signale vorher in digitale Signale umgewandelt werden. Als Beispiel für die Anwendung einer solchen Analog-/ Digitalwandlung sei der Einsatz von Temperaturfühlern und Photozellen genannt, die über einen A/D-Wandler mit dem Mikroprozessor kommunizieren können. Umgekehrt müssen digitale Signale, bevor sie zum Beispiel als Kurvenzug auf einem Oszilloskop betrachtet werden können, in analoge Signale umgesetzt werden. Dies besorgen die Digital-/Analog-Wandler.

Die Technik der A/D-Wandler und D/A-Wandler ist sehr umfangreich und kann hier nicht abgehandelt werden. Im folgenden wird der Einsatz von D/A- und A/D-Wandlern in Mikroprozessorsystemen besprochen. Dabei werden Wandler benutzt, die als integrierte Bausteine vorliegen. Es wird auch kurz auf das Prinzip der Wandler eingegangen, aber nur insoweit, als es für das Verständnis der Schaltungstechniken solcher Wandler in Verbindung mit Mikroprozessoren wichtig ist. Für ein tiefer gehendes Studium über dieses Spezialgebiet sei der Leser auf die entsprechende Literatur verwiesen.

4.14.1 Prinzip eines Digital-/Analog-Wandlers

Das Problem einer D/A-Wandlung besteht zum Beispiel darin, eine Dualzahl in eine Spannung entsprechender Größe umzuwandeln. Für jedes Bit muß eine bestimmte Spannung erzeugt werden, deren Höhe ein Maß für die Wertigkeit des jeweiligen Bit ist. Das Bild 4.46 zeigt einen 4-Bit D/A-Wandler. Er besteht aus einem Operationsverstärker und einem Widerstandsnetzwerk. Die Eingangswiderstände stehen im Verhältnis $8:4:2:1$. Mit dem Rückkopplungswiderstand R zusammen ergibt das für die vier Eingänge die Verstärkungen $-\dfrac{1}{8}, -\dfrac{1}{4}, -\dfrac{1}{2}, -1$. Sind alle Schalter offen, so liegt am Ausgang keine Spannung an. Schließen wir Schalter 0, so legen wir über den Widerstand 8R eine Spannung von $-8V$ an den Operationsverstärker. Am Ausgang erscheinen 1V. Schließen wir auch noch Schalter 1, so kommen dazu nochmals 2V. Die Ausgangsspannung beträgt also jetzt 3V. Sie gehört zur Dualzahl 0011. Es gibt bei dieser Schaltung 16 digitale Kombinationen und damit gibt es auch 16 Spannungspegel.

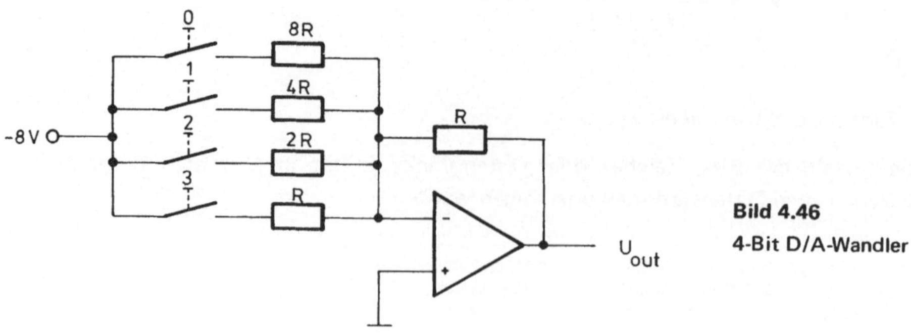

Bild 4.46
4-Bit D/A-Wandler

Beispiel:

Bit	3	2	1	0
	0	0	1	1

entspricht einer Spannung $U_{out} = 3V$.

In den integrierten D/A-Wandlern werden meist Ströme geschaltet, weil mit ihnen eine größere Genauigkeit zu erreichen ist. Oft muß dann noch ein Operationsverstärker zur Strom-Spannungswandlung nachgeschaltet werden. Die meisten integrierten D/A-Wandler haben 6 — 12 binäre Dateneingänge.

4.14.2 Anschluß eines Digital-/Analog-Wandlers an den Mikroprozessor

Für Wandler mit bis zu 8 Eingängen ist der Anschluß an einen 8-Bit-Mikroprozessor kein Problem. Er wird zum Beispiel über einen Zwischenspeicher an den Daten-Bus angeschlossen (Bild 4.47). Über den Adressendecodierer wird dann der Zwischenspeicher angewählt, das Datenwort von der CPU eingeschrieben und dann solange gehalten, wie man die Analogausgabe vom Wandler benötigt.

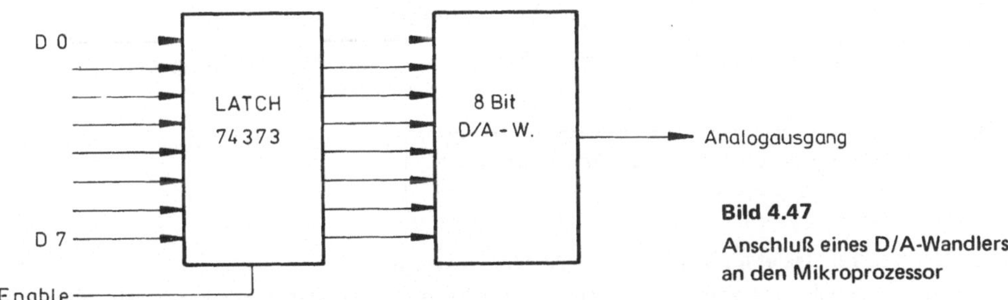

Bild 4.47

Anschluß eines D/A-Wandlers an den Mikroprozessor

Hat der Wandler eine größere Auflösung, so müssen Zwischenspeicher verwendet werden; denn der Wandler muß alle Bit gleichzeitig erhalten, damit er nicht einen falschen analogen Zwischenwert anzeigt. Diese Zwischenspeicher sind meist schon auf dem Chip mit integriert.

Bild 4.48 zeigt eine praktisch ausgeführte Schaltung eines D/A-Wandlers mit dem integrierten Baustein MC 1406. Die weiter oben erwähnte Strom-Spannungswandlung nimmt

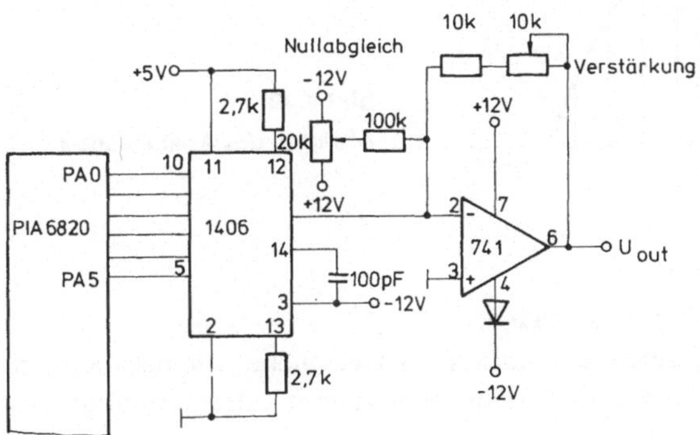

Bild 4.48

Schaltungsbeispiel für den Anschluß eines D/A-Wandlers

der Operationsverstärker 741 vor. Als Ausgabeeinheit für das binäre Datenwort dient der PIA 6820.

Das Bitmuster, das der PIA anbietet, wird vom 1406 in proportionale Ströme umgesetzt. Bei 6 Bit Länge gibt es 64 verschiedene Binärmuster. Damit liefert der D/A-Wandler 64 verschiedene Stromwerte. Nach dem 741 kann man dann 64 verschiedene Spannungen abgreifen.

4.15 Analog-/Digital-Wandler im Einsatz mit Mikroprozessoren

In der Praxis beinahe noch wichtiger als die D/A-Wandler sind die A/D-Wandler. Sie ermöglichen den Aufbau von Datenerfassungssystemen in der Regelungstechnik oder Meßtechnik. Es soll zunächst wieder das Prinzip eines A/D-Wandlers erklärt werden. Anschließend werden dann einige Möglichkeiten besprochen, den A/D-Wandler zusammen mit Mikroprozessoren einzusetzen. Der interessierte Leser sei nochmals auf die Spezialliteratur und Datenblätter verwiesen, da hier nur ein kleiner Einblick in das sehr umfangreiche Spezialgebiet der Wandler gegeben werden kann.

4.15.1 Prinzip eines Analog-/Digital-Wandlers

Es gibt verschiedene Arten der Analog-/Digital-Wandlung. Die beiden gebräuchlichsten sind

A/D-Wandlung durch sukzessive Approximation
A/D-Wandlung durch Integration.

Hier soll nur auf das erste Verfahren eingegangen werden.
Das Analogisignal wird abgetastet (*sample*) (Bild 4.49). Dies geschieht mit einer bestimmten Frequenz, der Abtastrate (*sample rate*). Die Abtastrate soll nach einer groben Regel rund 10 mal schneller sein als die Grundfrequenz des Analogisignals. Der Wandler besitzt eine Abtast-Halte-Schaltung (*sample-hold*). Diese hält das Eingangssignal stabil, solange die Wandlung andauert.

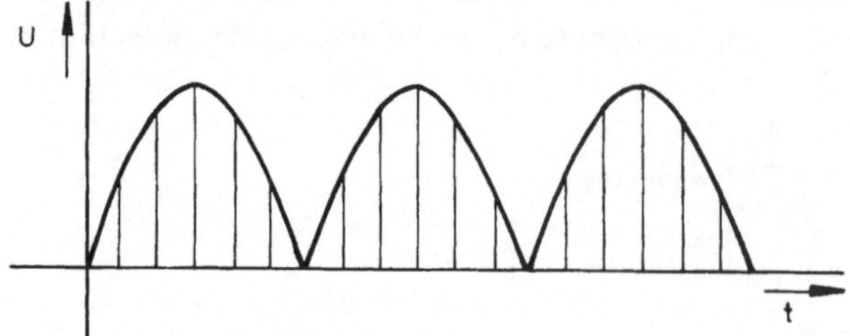

Bild 4.49
Abtasten des Analogsignals

Das Näherungsverfahren verläuft nun folgendermaßen:
Der unbekannte Analogwert wird mit einem bekannten Wert verglichen. Je nachdem, ob er zu hoch oder zu niedrig liegt, wird das Vergleichssignal erhöht oder erniedrigt. An-

schließend wird neu verglichen. Sobald Gleichheit erreicht ist, gibt die Vergleichsschaltung einen Impuls ab. Auf dieses Verfahren wird später bei einer praktisch ausgeführten Schaltung nochmals eingegangen. Bei diesem Verfahren kann der Mikroprozessor selbst sehr gut zur A/D-Wandlung mit herangezogen werden.

4.15.2 Anschluß eines Analog-/Digital-Wandlers an den Mikroprozessor

Für die meisten Umwandlungsverfahren sind heute integrierte Wandler erhältlich. Bei jedem wird ein analoges Signal am Eingang in ein Bitmuster am Ausgang umgesetzt (Bild 4.50). Dieses Umsetzen dauert eine bestimmte Zeit, die je nach Wandler von 1 ns bis 100 ms reichen kann. Sie wird jedenfalls in der Regel länger sein als die Zykluszeit des Mikroprozessors. Daher benötigt der Wandler noch verschiedene Steuersignale.

Mit einem Startsignal (SC: *Start Conversion*) kann der Wandler vom Mikroprozessor zur Umwandlung veranlaßt werden. Der Wandler kann seinerseits an den Mikroprozessor ein Signal abgeben, wenn er mit der Umwandlung fertig ist (EOC: *End Of Conversion*). Dieses EOC-Signal kann auf zwei Arten weiter verwendet werden: Entweder veranlaßt dieses Signal über eine Interrupt-Leitung die CPU, ihre Arbeit zu unterbrechen und das vom A/D-Wandler angebotene Bitmuster zu lesen, oder es ist Teil des Bitmusters, das dann regelmäßig von der CPU abgefragt wird.

Die meisten A/D-Wandler haben auf der CPU-Seite Tri-State-Buffer, so daß sie direkt an den Daten-Bus angeschlossen werden können.

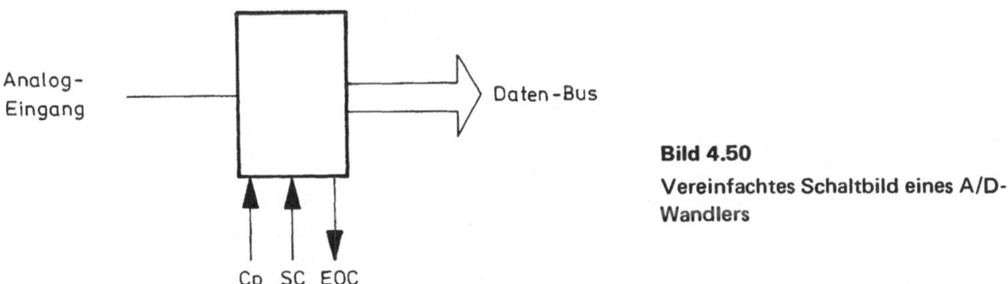

Bild 4.50
Vereinfachtes Schaltbild eines A/D-Wandlers

Für A/D-Wandler bis 8 Bit Auflösung ist die Anpassung an den Mikroprozessor sehr einfach und es ist im Grunde nur ein Leseschritt notwendig. Bei Wandlern mit größerer Auflösung dauert das Lesen mehrere Schritte. Bei einem Wandler, der z. B. ein Ausgaberegister von 12 Bit Breite hat, wird das Datenwort in zwei Byte zerlegt (*Higher Byte* und *Lower Byte*). Die beiden Byte werden der Reihe nach ausgelesen. Ein solcher A/D-Wandler hat zwei zusätzliche Steuereingänge: HBEN (*Higher Byte Enable*) und LBEN (*Lower Byte Enable*). Diese können z. B. von einem Adressendecodierer gesteuert werden. Bild 4.51 zeigt den A/D-Wandler AD 7550 in Verbindung mit einer 8-Bit-CPU. Das BUSY-Signal zeigt den Abschluß der Umwandlung an. Es wird über ein Tri-State-Gatter ausgegeben und direkt auf den Daten-Bus geschaltet (D7). Es wird gleichzeitig mit dem Higher Byte übertragen. Beim Erscheinen des BUSY-Signals auf D7 weiß die CPU, daß der Umwandlungsprozeß abgeschlossen ist. Das hier beschriebene Verfahren ist eines von mehreren möglichen.

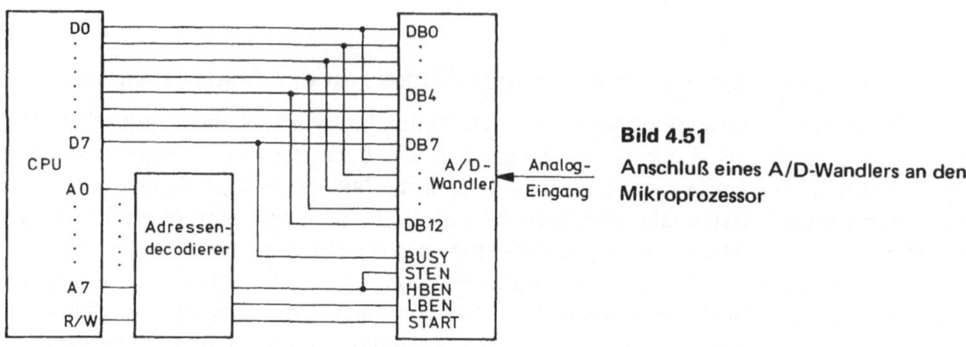

Bild 4.51

Anschluß eines A/D-Wandlers an den Mikroprozessor

4.15.3 Mikroprozessor als Teil des Analog-/Digital-Wandlers

Wenn es nicht auf eine hohe Arbeitsgeschwindigkeit des A/D-Wandlers ankommt, was in vielen Fällen der Fall ist, kann der Mikroprozessor selbst mit zur Analog-/Digital-Wandlung eingesetzt werden. Besonders bei dem Verfahren der schrittweisen Annäherung (sukzessive Aproximation) bietet sich die Mithilfe des Mikroprozessors an.

Ein solches System zur A/D-Wandlung enthält neben dem Mikroprozessor einen Digital-/Analog-Wandler, einen Speicher und einen Komparator (Bild 4.52).

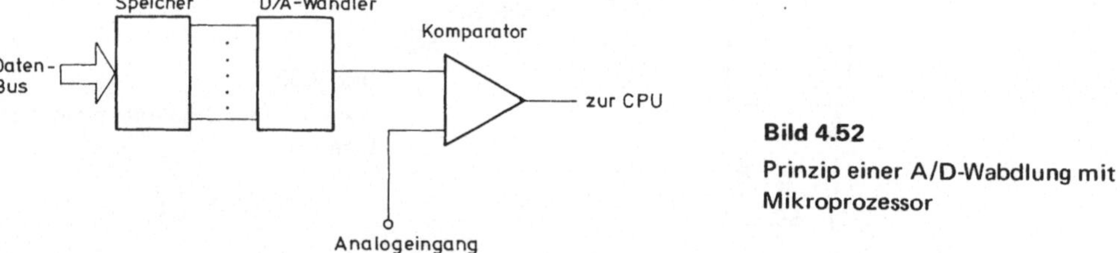

Bild 4.52

Prinzip einer A/D-Wabdlung mit Mikroprozessor

Die CPU schreibt einen Digitalwert in Form eines Binärmusters in den Speicher. Dieser macht daraus den entsprechenden Analogwert. Dieser wiederum gelangt an einen Komparator, an dessen zweitem Eingang das unbekannte Analogsignal liegt. Der Komparator zeigt nun an, ob die unbekannte Meßgröße größer oder kleiner ist als das vom Mikroprozessor gelieferte bekannte Vergleichssignal. Das Ausgangssignal des Komparators wird dazu verwendet, die CPU zu veranlassen, den Vergleichswert zu erhöhen bzw. zu erniedrigen.

Bild 4.53 verwendet die Schaltung von Bild 4.48. Die Schaltung ist vereinfacht gezeichnet. Sie verwendet einen PIA. Der A-Kanal arbeitet als Ausgang und liefert den bekannten digitalen Vergleichswert an den D/A-Wandler. Der zusätzliche Operationsverstärker arbeitet als Komparator. Sein Ausgang führt auf PBØ, der als Eingang geschaltet ist.

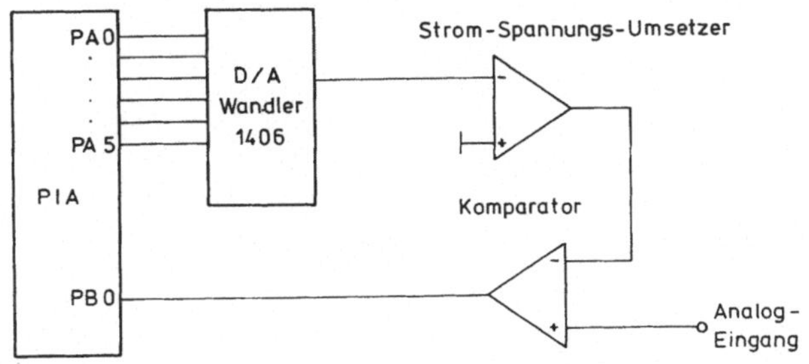

Bild 4.53
Schaltung eines A/D-Wandlers
mit Mikroprozessor

Die CPU schreibt zuerst in den höchstwertigen Ausgang (hier PA5) eine 1. Der D/A-Wandler erzeugt den diesem MSB entsprechenden Spannungspegel, welchen der Komparator wiederum mit dem unbekannten Analogsignal vergleicht. Ist der angebotene Vergleichswert zu groß, wird das MSB wieder zurückgesetzt und das nachfolgende Bit (PA4) auf 1 gesetzt usw. Ist das Vergleichssignal zu klein wird das MSB auf 1 belassen und ebenfalls das nächsttiefere gesetzt.

Es gibt auch die Möglichkeit, das Ausgangsregister im A-Kanal des PIA solange zu inkrementieren, bis der Komparator seine Ausgangsgröße ändert.

5 Halbleiterspeicher

Die Speicher in einem Mikroprozessorsystem sind heute als Halbleiterspeicher ausgeführt, gleich welche Aufgabe sie auch ausführen. Auch als Arbeitsspeicher hat der Halbleiterspeicher den Ferritkernspeicher verdrängt. Es sind heute eine Fülle von Halbleiterspeichern unterschiedlicher Technologien und unterschiedlicher Leistungsfähigkeit auf dem Markt. Beinahe für jeden Zweck gibt es einen speziellen Speicher. In 1.2.2 wurde schon ein kleiner Einblick in die Halbleiterspeichertechnik gegeben. In diesem Kapitel wollen wir uns noch etwas gründlicher mit der Materie befassen, wenngleich einschränkend gesagt werden muß, daß auch an dieser Stelle nicht mehr als ein Einblick gegeben werden kann. Nach dem Studium dieses Kapitels ist der Leser in der Lage, Datenblätter über Speicher zu lesen. Er erhält eine gute Grundlage, um sich in die Fachliteratur einzuarbeiten.

Der Halbleiterspeicher hat gegenüber anderen Speichern nur Vorteile. Daß er sich nicht schon früher durchgesetzt hat, lag einzig und allein am Preis. 1967 betrug der Preis pro Halbleiterbit 10 Pf, 1980 0,1 Pf. Es soll nun noch etwas auf diese Vorteile eingegangen werden. Die Speicher sind mit den anderen Komponenten im Datenverarbeitungssystem kompatibel. Es gibt nur noch eine Technologie — die Technologie der Halbleiter. Das vereinfacht die Herstellung, was wiederum die Rechner billiger macht. Der Betrieb des Rechners wird ebenfalls einfacher und damit störungsfreier; denn es wird mit etwa gleichen Signalpegeln und mit annähernd gleichen Schaltzeiten gearbeitet.

Die Arbeitsgeschwindigkeit ist ein ganz wichtiges Kriterium für Speicher. Gerade auf diesem Gebiet hat sich der Halbleiter sehr schnell die Spitzenstellung geholt. Bei ECL-Speichern, die allerdings eine relativ geringe Kapazität haben, werden Zugriffszeiten von 10 ns erreicht. Bei den häufigsten Speichern, den MOS-Speichern sind 150 ns zur Zeit typisch. Nach 1980 werden solche Bausteine mit 55 ns Zugriffszeit auf dem Markt erwartet. Von großem Interesse für den Anwender ist ferner die Kapazität. Auch hier werden immer noch gewaltige Fortschritte gemacht. Es sind heute Speicher auf dem Markt (in NMOS-Technik), die von 1 K bit bis 16 K bit reichen. Am 64 K bit-Speicher wird gearbeitet.

Nachfolgend werden zuerst einige allgemeine Merkmale von Speichern besprochen. Anschließend wird auf die verschiedenen technologischen Prinzipien eingegangen, soweit sie zur Beurteilung von Speichereigenschaften für das Verständnis notwendig sind. Zuletzt wir d auf die wichtigsten Speichertypen eingegangen, wobei auch ganz konkret einige Beisteine, die zur Zeit weit verbreitet sind, vorgestellt werden.

5.1 Ordnungsprinzip und Kenngrößen von Speichern

Jeder Speicher besteht aus Speicherplätzen. Jeder Speicherplatz wird fortlaufend numeriert. Die Nummer eines Speicherplatzes ist seine *Adresse*. Jeder Speicherplatz besteht aus Zellen, in der Regel acht. Jede Zelle kann 1 bit speichern. Jeder Speicherplatz faßt also in der Regel 8 bit oder 1 Byte. 1 Byte ist damit die kleinste adressierbare Informationseinheit. Man spricht auch von einem Wort. Ein Wort ist also die kleinste Informationsmenge, die man normalerweise aus einem Speicher herausholen kann.

Speicher kann man nach drei kennzeichnenden Größen beurteilen: Kapazität, Zugriffszeit, Preis pro Bit.

Unter der *Kapazität* eines Speichers versteht man die Anzahl der Speicherzellen, die auf einem IC integriert sind. Die Einheit ist das bit bzw. K bit. Es gilt:

$$
\begin{aligned}
1\ \text{K bit} &= 2^{10}\ \text{bit} &&= 1\,024\ \text{bit} \\
2\ \text{K bit} &= 2^{11}\ \text{bit} &&= 2\,048\ \text{bit} \\
4\ \text{K bit} &= 2^{12}\ \text{bit} &&= 4\,096\ \text{bit} \\
8\ \text{K bit} &= 2^{13}\ \text{bit} &&= 8\,192\ \text{bit} \\
16\ \text{K bit} &= 2^{14}\ \text{bit} &&= 16\,384\ \text{bit} \\
32\ \text{K bit} &= 2^{15}\ \text{bit} &&= 32\,768\ \text{bit} \\
64\ \text{K bit} &= 2^{16}\ \text{bit} &&= 65\,536\ \text{bit}. \\
1\ \text{K byte} &= 2^{10}\ \text{byte} &&= 1\,204\ \text{byte}.
\end{aligned}
$$

Kleine Anlagen (Mikroprozessorsysteme) reichen bis 64 K byte, mittlere Anlagen bis 512 K byte und große Anlagen mehr als 512 K byte.

Die *Zugriffszeit* ist der Zeitraum, der benötigt wird, um eine Information aus einer Speicherzelle zu lesen.

Der *Preis pro Bit* ist natürlich ein wichtiger Faktor bei der Auswahl eines Speichers. Große Speicherkapazität und kurze Zugriffszeit kosten Geld.

5.2 Einteilung der Halbleiterspeicher

In diesem Kapitel sollen vier Unterteilungen vorgenommen werden:

Einteilung nach der *Zugriffsart*
Einteilung nach dem *Verwendungszeck*
Einteilung nach der Art der *Speicherzelle*
Einteilung nach der *Technologie*

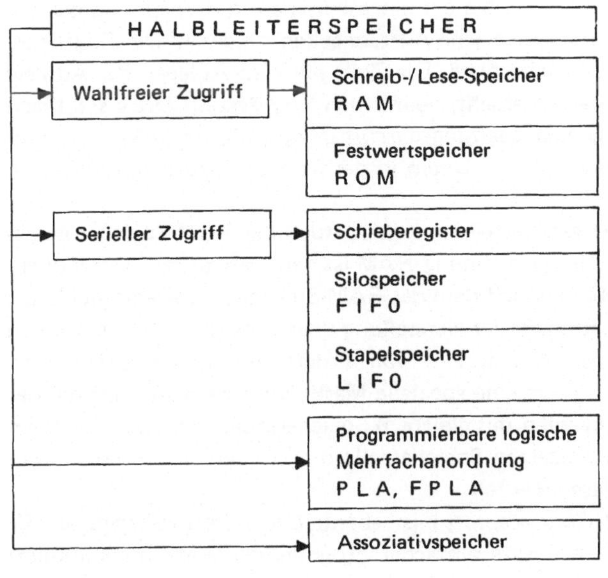

Bild 5.1
Halbleiterspeicher

5.2.1 Einteilung nach der Zugriffsart

Auf der Ebene der Speicherorganisation gibt es Speicher mit

> wahlfreiem Zugriff (*Random Access*), (RAM, ROM) seriellem Zugriff (*Schieberegister*) Assoziativ-Speicher

Bei Speichern mit wahlfreiem Zugriff hat jeder Speicherplatz eine eigene Adresse und kann über diese Adresse direkt erreicht werden. Speicher mit wahlfreiem Zugriff haben kurze Zugriffszeiten.

Bei Speichern mit seriellem Zugriff kann der einzelne Speicherplatz nicht direkt erreicht werden, sondern der Zugang ist nur nach einer bestimmten Anzahl von Schritten definierter Länge möglich, die wiederum von der Lage des anzusprechenden Speicherplatzes im Speicher abhängt. Es gibt nur einen Eingang und einen Ausgang.

Bei Assoziativ-Speichern werden die Daten nach den Inhaltsmerkmalen abgespeichert. Diese Art von Speichern wird hier nicht besprochen.

5.2.2 Einteilung nach dem Verwendungszweck

Nach dem Verwendungszweck kann man folgende Einteilung vornehmen:

> Schreib-/Lese-Speicher mit wahlfreiem Zugriff (RAM)
> Festwertspeicher mit wahlfreiem Zugriff (ROM)
> Schreib-/Lese-Speicher mit seriellem Zugriff
> Programmierbare logische Mehrfachanordnung (PLA)

Ein RAM (*Random Access Memory*) ist ein Speicher mit wahlfreiem Zugriff. Die Daten können — im Gegensatz zum ROM — beliebig oft eingeschrieben und wieder ausgelesen werden. Jeder Speicherplatz ist durch eine eigene Adresse gekennzeichnet. Der Zugriff erfolgt nach freier Wahl direkt zum Speicherplatz. Die Zeit, die vom Anlegen der Adresse bis zum Erscheinen der Ausgangsdaten vergeht, nennt man Zugriffszeit. Diese setzt sich zusammen aus der Schaltzeit der Steuerschaltung (*circuit delay*), die für jeden Speicherplatz gleich ist, und der Ausbreitungszeit der Daten in der Speichermatrix (*array delay*). Die letztere ist die kürzere.

Ein ROM (*Read Only Memory*) ist ein Festwertspeicher. Auch der ROM-Speicher ist ein Speicher mit wahlfreiem Zugriff. Die Bezeichnung RAM ist daher etwas mißverständlich, hat sich aber eingebürgert. Der Aufbau ähnelt dem des RAM-Speichers. Der entscheidende Unterschied ist der, daß die Information bei der Herstellung unveränderbar in die einzelnen Speicherzellen eingeschrieben wird. Man spricht von Programmierung des Festwertspeichers. Die Programmierung erfordert eine spezielle Maske, und ist daher nur bei der Herstellung möglichst großer Stückzahlen mit gleichem Speicherinhalt rentabel. Wie beim RAM kann die Information jeder einzelnen Speicherzelle direkt über die Adresse in der entsprechenden Zugriffszeit ausgelesen werden.

Ein PROM (*Programmable Read Only Memory*) ist ebenfalls ein Festwertspeicher. Er kann aber vom Anwender selbst mit Hilfe einfacher Programmiergeräte programmiert werden. Der Programmierprozeß ist irreversibel.

Ein REPROM (*Reprogrammable Read Only Memory*) ist ein löschbarer Festwertspeicher. Beim REPROM ist es möglich, die einmal eingeschriebene Information wieder zu löschen und den Speicher neu zu programmieren. Das Löschen und das erneute Programmieren erfolgt wesentlich langsamer als das Auslesen. Daher ist der REPROM nicht mit einem RAM zu vergleichen. Zum Löschen gibt es zwei verschiedene Methoden: Man löscht mit Hilfe von UV-LIcht den gesamten Speicher. Oder man löscht nur bestimmte Speicherplätze mit Hilfe elektrischer Impulse.

Alle drei ROM-Typen haben den großen Vorteil, daß bei Wegfall der Speisespannung der Speicherinhalt nicht verloren geht. Sie heißen daher auch „Nichtflüchtige Speicher" (*non volatile memories*). Im Vergleich zu den RAM sind die Festwertspeicher einfacher aufgebaut. Durch die höhere Dichte, und damit den geringeren Platzbedarf und durch den geringeren Energiebedarf sind sie für die Großintegration gut geeignet und dadurch mit geringeren Kosten pro Bit herstellbar.

Schieberegister sind Schreib-/Lese-Speicher mit seriellem Zugriff. Sie bestehen aus hintereinander geschalteten Speicherzellen (Flipflops), die beim Eintreffen des Taktes ihre Information an die nächste Speicherzelle weitergeben. Um zu verhindern, daß die eingelesene Information verloren geht, schreibt man sie vorn wieder ein. Die Zugriffszeit ist hier nicht mehr konstant.

Der FIFO *(First-In-First-Out-Speicher* oder Silospeicher) ist ein ebenfalls seriell organisierter Schreib-/Lese-Speicher, bei dem die Daten am Ausgang in derselben Reihenfolge erscheinen, wie sie am Eingang eingeschrieben wurden. Der Aufbau und die Wirkungsweise eines FIFO wurde in 3.5 bereits besprochen. Es sei hier noch der Unterschied zum normalen Schieberegister besprochen. Normale Schieberegister enthalten immer — entsprechend ihrer Länge — Datenworte mit konstanter Bitanzahl. Das Schieben erfolgt synchron durch einen zentralen Takt. Im Gegensatz dazu kann beim FIFO die Datenmenge zwischen 0 und der maximalen Speichergröße varieren. Die Taktierung für Ein- und Ausgabe ist asynchron. Die oben eingelesenen Daten fallen immer bis zur letzten freien Stelle durch. FIFOs können mit RAMs oder auch mit asynchronen Schieberegistern aufgebaut sein.

Beim LIFO (*Last-In-First-Out-Speicher* oder Stapelspeicher, Stack) werden die zuletzt eingespeicherten Daten zuerst wieder ausgegeben. Auch dieser Speicher wurde bereits in 3.5 besprochen. LIFOs (oder gebräuchlicher: Stacks) werden zum Beispiel in Taschenrechnern eingesetzt.

Der PLA-Baustein (*Programmable Logic Array* oder programmierbare logische Mehrfachanordnung) hat eine dem ROM ähnliche logische Struktur. Er besteht aus einem zweistufigem Schaltnetz. Die erste Stufe führt eine UND-Verknüpfung der Eingangsvariablen aus. Die Ausgänge der UND-Gatter werden mit ODER-Gattern verknüpft. Der Unterschied zum ROM ist der, daß durch Programmierung im UND-Matrixteil des Netzwerkes beliebig UND-Verknüpfungen der Eingangsvariablen möglich sind, während beim ROM nur Minterme der zu realisierenden Funktion zulässig sind. Allerdings ist die Anzahl der UND-Gatter beim PLA beschränkt. In einem PLA ist die Anzahl der Adressen wesentlich größer als die Zahl der benutzbaren Worte, während beim ROM der Adreßraum gleich dem Wortraum ist. PLA eignen sich für solche Anwendungen, wo Funktionen mit vielen Eingangsvariablen verarbeitet werden müssen (Ablaufsteuerungen, Decoder).

Es gibt Bausteine, die vom Hersteller maskenprogrammiert werden (PLA) und es gibt kundenprogrammierbare Bausteine (FPLA: Field Programmable Logic Array).

5.2.3 Einteilung nach der Art der Speicherzelle

Auf der Ebene des Schaltungsentwurfs unterscheidet man statistische Speicher und dynamische Speicher.

Statistische Speicher halten ihre Informationen so lange, wie die Betriebsspannung anliegt. *Dynamische Speicher* benötigen ein periodisches Auffrischen der gespeicherten Informationen. Dies geschieht durch Refresh-Impulse, die in einer zusätzlichen Schaltung erzeugt werden müssen. Bei seriellen Speichern geschieht dieses Auffrischen dadurch, daß die Signale im Schieberegister umlaufen. Bei MOS-FET erfolgt die Speicherung auf der Gate-Source-Kapazität. Sie wird periodisch ausgelesen, verstärkt und wieder neu eingeschrieben. Die Vorteile dynamischer Speicher sind:

1. Einsparung von Fläche, daher größere Speicherdichte (bis 16 K bit/IC)
2. hohe Geschwindigkeiten (Zugriffszeiten größer als 150 ns)
3. sehr geringer Leistungsverbrauch (etwa 50 μW/bit).

Der Nachteil ist, daß die notwendige, periodische Wiederauffrischung einen zusätzlichen Schaltungsaufwand bedeutet.

5.2.4 Einteilung nach der Technologie

Auf der Ebene der Schaltungstechnologie gibt es viele spezielle Techniken, von denen die wichtigsten in einem nachfolgenden Kapitel besprochen werden sollen.

5.3 Speicherorganisation

In einer Speicherzelle kann nur die Information mit dem Informationsgehalt von 1 bit gespeichert werden. Damit ist also nur eine 1/0-Entscheidung möglich, was nicht ausreicht. Die Information liegt meist in Form eines Wortes aus mehreren Binärziffern vor. Ein Wort benötigt aber zu Speicherung mehrere Zellen, nämlich für jedes Bit eine. Damit aber ergeben sich verschiedene Arten der Organisation eines Speichers:

> bitorganisierte Speicher
> wortorganisierte Speicher.

Das Herz eines Speichers ist die Speichermatrix. Sie enthält die Speicherzellen, die in x Zeilen und y Spalten angeordnet sind. Die Zeileneinteilungen heißen auch *Wortleitungen*, die Spalteneinteilungen heißen *Bitleitungen*. Besteht ein Speicherplatz aus nur einer Speicherzelle, spricht man von *bitorganisierten Speichern* (Bild 5.2). Durch Anlegen einer Adresse wird immer nur ein Bit erreicht. Das Auswählen geschieht durch Anlegen je einer Steuerspannung an eine Spaltenleitung und an eine Zeilenleitung. Um die Anschlüsse des integrierten Bausteins in Grenzen zu halten, werden die Wortleitungen über einen Wortdecoder und die Bitleitungen über einen Bitdecoder angesteuert.

	y1	y2	y3	y4
x1	0	0	1	0
x2	1	1	1	0
x3	0	1	1	1
x4	1	0	0	1

Bild 5.2
Bitorganisierter Speicher

Beispiel:
Wird an die Zeilenleitung (Wortleitung) x3 eine Steuerspannung gelegt und an die Spaltenleitung y2 ebenfalls eine Steuerspannung, so wird die 1 im Kreuzungspunkt angesprochen.

Wird durch das Anlegen einer Adresse nicht nur ein Bit angesprochen, sondern eine feste Anzahl von Speicherzellen, so spricht man von *wortorganisierten Speichern*. Die Anzahl der ausgewählten Speicherzellen entspricht der Bitanzahl des Wortes. In der Mikroprozessortechnik ist die Wortlänge von 8 bit sehr häufig. Auch der wortorganisierte Speicher ist wahlfrei adressierbar, nur wird mit einer Adresse eben immer ein ganzes Wort angesprochen. D. h., ein Speicherplatz (die kleinste adressierbare Einheit) besteht hier aus so viel Speicherzellen, wie das Wort Bit hat.
Es gibt nur nochmals die Möglichkeit, die Speicher danach zu unterscheiden, wie die Worte im Speicher untergebracht sind.

1. Alle Worte sind auf einem Chip untergebracht.
2. Mehrere Speicherebenen mit jeweils weniger Bit als es der abzuspeichernden Wortlänge enspricht bilden ein Speichermodul.

Die beiden nachfolgenden Bilder 5.3. und 5.4 zeigen jeweils zwei Speicher mit einer Kapazität von 16 x 4 bit. D. h.; sie fassen beide 16 Worte mit der Wortlänge von 4 bit. Der erste Speicher hat selbst eine Wortlänge von 4 bit und faßt 16 Worte; es ist also nur ein IC nötig. Der zweite Speicher besteht aus 4 Einzelspeichern (Speicherebenen) mit ebenfalls 16 Worten. Allerdings beträgt hier die Wortlänge nur 1 bit. Wir benötigen also 4 IC mit einer Kapazität von 16 x 1 bit.

	y1	y2	y3	y4
x1	0	0	0	1
x2	0	0	1	1
x3	1	1	0	1
x14	0	0	0	0
x15	1	1	0	1
x16	0	0	1	1

Bild 5.3
Wortorganisierter Speicher (Kapazität 16 × 4 bit)

Beispiel:
Wird an die Wortleitung (Zeile) x3 ein Steuerimpuls angelegt, so erscheint an den Datenausgängen des Speichers 1101.

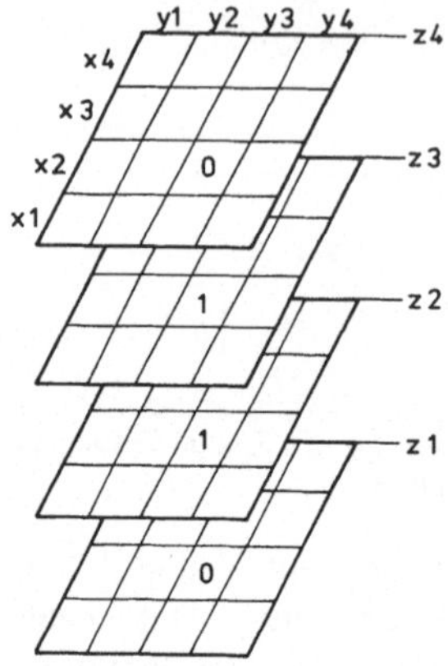

Bild 5.4
Wortorganisierter Speichermodul aus 4 Speichern zu 16 X 1 bit

Jedes Bit eines Wortes wird unter der gleichen Adresse auf verschiedenen Speicherebenen untergebracht.

Beispiel:
Wird die Adresse x2, y3 angelegt (in binärer Form!) so wird das Datenwort 0110 angesprochen.

Für die beiden unterschiedlichen Fälle wortorganisierter Speicherung seien noch zwei konkrete Bausteine angeführt:

> RAM 6810 (128 x 8 bit) — 24-Pin-Gehäuse
> RAM 2102 (1 K x 1 bit) — 16-Pin-Gehäuse

Um also zum Beispiel einen 1 K byte Speicher aufzubauen, benötigt man 8 RAM 6810 mit je 24 Pins oder 8 RAM 2102 mit je 16 Pins.
RAM-Speicher gibt es bitorganisiert oder wortorganisiert. Die Art der Organisation geht meist aus der Kennzeichnung eines Speichers im Datenblatt hervor. Ein Speicher mit z.B. 128 x 8 bit enthält 1024 Speicherzellen, und zwar 128 Worte mit einer Länge von 8 bit. Die Organisation eines Speichers beeinflußt die *Adressierung*. Jede Speicheradresse besteht aus zwei Teilen:

> Chip-Auswahlbits
> Wort-Auswahlbits.

Die Chip-Auswahlbits wählen einen Speichermodul aus, die Wortauswahlbits wählen das entsprechende Wort innerhalb des Moduls aus. Die Anzahl der Wort-Auswahlbits hängt von der Wortanzahl der verwendeten Speichermodule ab.

Beispiel:
Enthält ein Speichermodul 256 Worte, benötigt man 8 bit (von 00_{16} bis FF_{16}) für die Wortauswahl.
Enthält ein Speichermodul 1024 Worte, benötigt man 10 bit für die Wortauswahl (von 000_{16} bis $3FF_{16}$).

Die Anzahl der Chip-Auswahlbit hängt von der Anzahl der verwendeten Speichermodule ab. Wie der verfügbare Adreßraum aufgeteilt wird, bleibt dem Anwender überlassen.

Der Mikroprozessor 6800 hat 16 Adreßleitungen. Sein Adreßraum besteht damit aus $65\,536_{10}$ ($FFFF_{16}$) Speicherplätzen (Worten zu je 8 bit Länge). Wenn man nun zum Beispiel Speichermodule mit je 1024 Worten einsetzt, so werden 10 bit für die Wortauswahl benötigt, so daß 6 bit für die Chip-Auswahl übrigbleiben. D. h., man kann $2^6 = 64$ solche Speichermodule einsetzen. Die 10 Adreßbit für die Wortauswahl werden dabei alle miteinander verbunden. Die 6 bit für die Chip-Auswahl gehen auf einen Decoder, der den gewünschten Modul auswählt.

5.4 Speicherzellentypen

5.4.1 Überblick über die Technologien

Die **TTL-Technik** (*Transistor-Transistor Logic*) ist in der Digitaltechnik sehr weit verbreitet. Bei Speichern spielte sie in der Vergangenheit jedoch keine so große Rolle, da der Leistungsverbrauch hoch ist und das Herstellungsverfahren kompliziert. Als Beispiel sei hier der TTL-RAM 93415 genannt, der bei einer Kapazität von 1 K x 1 bit eine maximale Zugriffszeit von 30 ns aufweist. Der Baustein hat Open Collector Ausgänge. Es gibt auch die Version 93425 mit Tri-State-Ausgängen. Als Vergleich sei hier ein Speicher in NMOS-Technologie genannt: der 1 K x 1 bit Typ 2115. Er hat eine maximale Zugriffszeit von 45 ns. Obwohl es zur Zeit den Anschein hat, daß sich bei Speichern die NMOS-Technologie durchsetzt, weil mit neuen spezialisierten Herstellungsverfahren die Zugriffszeit ständig gesenkt wurde, arbeiten einige Firmen mit großer Intensität an der Entwicklung neuer TTL-Speicher. Das Hauptproblem ist dabei, die Leistungsaufnahme zu senken, ohne am Hauptvorteil der TTL-Technik, nämlich der hohen Geschwindigkeit, Abstriche machen zu müssen.

Durch spezielle Dioden, die nach ihrem Erfinder benannten *Schottky-Dioden*, wird eine Sättigung der Transistoren verhindert. Man erreicht höhere Arbeitsgeschwindigkeiten bei kleinerer Verlustleistung.

Bei **ECL-Technik** (*Emitter Coupled Logic*) werden die Transistoren nicht in die Sättigung gebracht, sondern arbeiten im aktiven Bereich und können daher schnell umgesteuert werden. ECL-Speicher sind die schnellsten Speicher mit Zugriffszeiten von etwa 10 ns. Wegen der geringen Ausbeute und der hohen Wärmeentwicklung ist allerdings die Speicherdichte nicht so hoch wie bei anderen Technologien.

Die **PMOS-Schaltungsart** (MOS : *Metal Oxide Semiconductor*) ist die älteste bei Halbleiterspeichern. Sie arbeitet mit selbstsperrenden P-Kanal-Feldeffekttransistoren (FET). Sie ist zwar TTL-kompatibel, benötigt aber in der Regel zwei Betriebsspannungen. PMOS spielt in der Speichertechnik keine große Rolle mehr.

Die meisten Speicher werden heute in **NMOS-Technik** hergestellt. Sie arbeiten mit selbstsperrenden N-Kanal-Feldeffekttransistoren. Wegen der im Vergleich zu PMOS dreimal höheren Trägerbeweglichkeit im N-Kanal ist es möglich, bei gleichen Abmessungen höhere Arbeitsgeschwindigkeiten zu erreichen. Inzwischen lassen sich auch so kleine Schwellspannungen realisieren, daß der Betrieb an einer Versorgungsspannung (+ 5 V) möglich ist.

Es gibt sehr viele spezielle Varianten der NMOS-Technologie, auf die hier nicht eingegangen werden kann.

Bei der **CMOS-Technik** arbeiten die FET im Gegentaktbetrieb (*Complementary MOS*). Dadurch fällt im Ruhezustand keine Verlustleistung an. Der Leistungsverbrauch beträgt nur ein Zehntel des Leistungsverbrauchs von NMOS-RAMs. Allerdings sind CMOS-Bausteine langsamer und die Speicherdichte ist geringer. Der Herstellungsprozess ist kompliziert. Sie arbeiten in einem sehr weiten Temperatur- und Speisespannungsbereich (auch + 5 V), und zwar mit hohen Störabstand. Die CMOS-Technik wird ihre Stellung zwischen bipolarer und NMOS-Technik behaupten.

5.4.2 Statische Bipolarzelle

Das Herz der statischen Speicherzelle ist die bistabile Kippstufe. Auf Grund der Rückkopplung ist immer ein Transistor leitend. Daher ist der Leistungsverbrauch hoch. Um eine funktionsfähige Speicherzelle zu erhalten, muß das Flipflop neben der Funktion der Speicherung noch die Möglichkeiten aufweisen, Daten ein- und auszulesen sowie das Flipflop anzusteuern. Dies führt zur *Multiemitterzelle* (Bild 5.5).

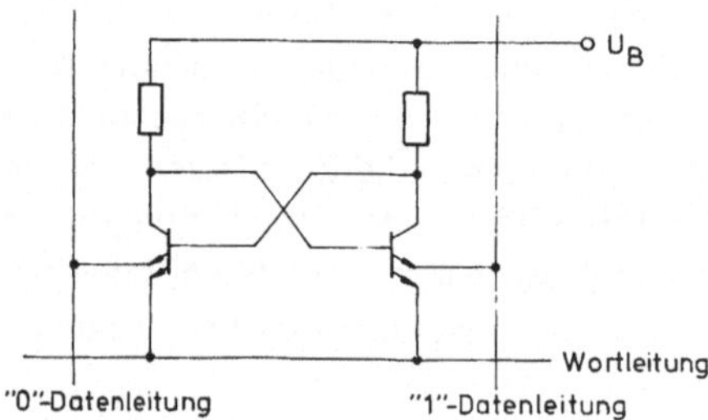

Bild 5.5
Multiemitterzelle mit einer Adreßleitung (Wortleitung)

Wenn die Wortleitung (Adreßeingang) auf Low-Potential liegt, befindet sich die Zelle im Ruhestand. Es kann weder eingeschrieben noch ausgelesen werden. Der Strom des gerade durchgeschalteten Transistors fließt über die Wortleitung nach Masse ab. Indem man High-Potential an die Wortleitung legt, wird die Speicherzelle aktiviert. Die beiden anderen Emitter, die an den Datenleitungen befestigt sind, bestimmen jetzt das Verhalten der Zelle.

Lesen: Beide Datenleitungen werden auf Low-Potential gehalten. Über diejenige Datenleitung, an der der gerade leitende Transistor angeschlossen ist, fließt der Transistorstrom nach Masse ab. Die Datenleitungen führen auf Leseverstärker, die diesen Strom auswerten.

Schreiben: Soll eine neue Information eingespeichert werden, so werden die beiden Datenleitungen niederohmig umgeschaltet. Soll z. B. eine 0 eingeschrieben werden, so wird die 0-Datenleitung auf Low-Potential und die 1-Datenleitung auf High-Potential gelegt.

Mit dieser Speicherzelle ist z. B. der 16 x 4 bit RAM-Speicher SN 7489 aufgebaut.

Der Nachteil von Speichern in TTL-Technik mit Multiemittertransistoren ist die hohe Verlustleistung. Die Kapazität dieser Speicher ist daher auf etwa 256 bit begrenzt.

5.4.3 Bipolarzelle mit Schottky-Dioden

Schottky-Dioden werden durch den Kontakt von Aluminium und n-dotiertem Silizium gebildet. Sie werden in die Kollektorfläche eines Transistors eingebaut und beanspruchen damit keinen zusätzlichen Raum. Die Dioden verhindern die Sättigung der Transistoren. Damit erreicht die Speicherzelle eine hohe Arbeitsgeschwindigkeit (Bild 5.6).

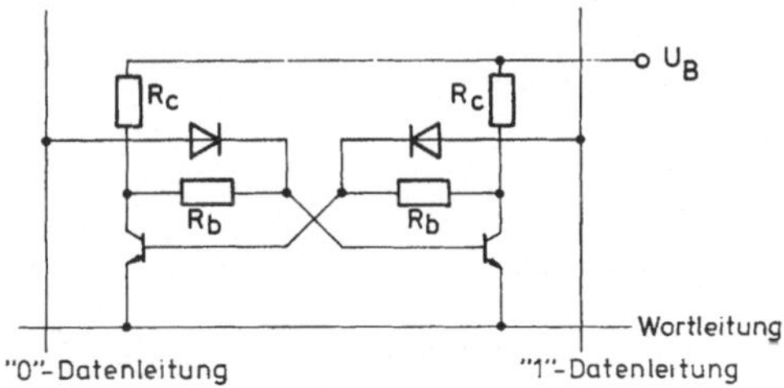

Bild 5.6

Speicherzelle in TTL-Technik mit Schottky-Dioden

Im Ruhestand (Speicherzustand) liegt an der Wortleitung High-Potential. Die beiden Dioden sind gesperrt.

Die Zelle wird aktiviert (adressiert), indem man an die Wortleitung Low-Potential legt. Nun kann gelesen bzw. geschrieben werden.

Lesen: Beide Datenleitungen werden auf ein positives Potential gelegt. Über den leitenden Transistor und die auf dessen Seite befindliche Diode, sowie den dazugehörigen, niederohmigen Widerstand R_b fließt ein Strom, der die zugehörige Datenleitung auf Low-Potential zieht. Der entsprechende Leseverstärker identifiziert eine 0 auf der Leitung.

Schreiben: Beim Schreiben legt man auf die entsprechende Datenleitung positives Potential auf die andere Null-Potential. Die mit der hochgelegten Leitung verbundene Diode schaltet durch, wenn auf derselben Seite der durchgeschaltete Transistor liegt. Durch den an R_b entstehenden Spannungsabfall wird die Basis-Emitter-Spannung des anderen Transistors so hoch, daß er durchschaltet. Über die Rückkopplung wird nun der bisher leitende Transistor gesperrt. War der erste Transistor schon gesperrt, so bleibt er auch gesperrt.

Die Widerstände R_b sind konstruktionsbedingt und haben einen Wert von etwa 1 kOhm. Dies ergibt eine kurze Schaltzeit, da sie den Diodenstrom bestimmen. Der Leistungsverbrauch im Speicherzustand wird durch die Widerstände R_c bestimmt. Ihr Wert beträgt etwa 20 kOhm. Da sie also sehr hochohmig sind, wird die Verlustleistung gering gehalten.

5.4.4 ECL-Speicherzelle

Die ECL-Zelle (Bild 5.7) ist in ihrem Aufbau sehr ähnlich zur normalen Multiemitterzelle. Es gibt hauptsächlich zwei Unterschiede in der Konstruktion. Die beiden Transistoren empfangen ihre Betriebsspannung über die Wortleitung. Ferner hängt jeweils ein Emitter der beiden Transistoren an einer Konstantstromquelle. Der Strom des jeweils leitenden Transistors wird durch die Konstantstromquelle festgelegt. Die Transistoren arbeiten im Verstärkerbetrieb (aktiver Bereich). Dadurch ist die ECL-Zelle sehr schnell (etwa 10 ns!).

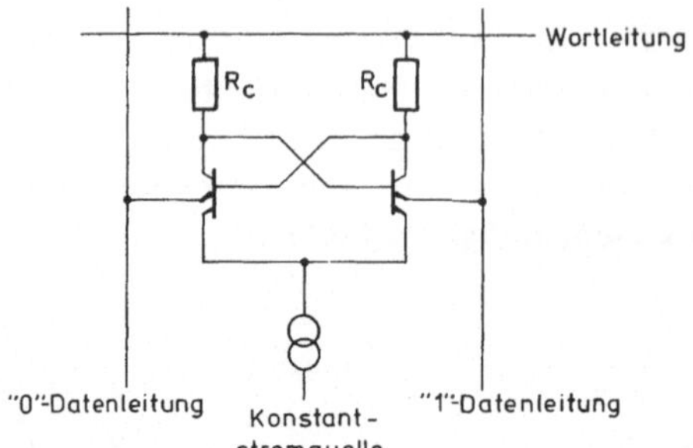

Bild 5.7
ECL-Speicherzelle

5.4.5 I^2L – Speicherzelle (Integrated Injection Logic)

Als letzte Speicherzelle in Bipolartechnik soll die I^2L-Zelle erwähnt werden. Die I^2L-Technologie ist die modernste Technologie mit Bipolartransistoren. Es soll hier nur erwähnt werden, daß sie wegen des kleinen Flächenbedarfs eine hoche Speicherdichte ermöglicht. Neben kurzen Zugriffszeiten haben diese Zellen eine kleine Verlustleistung.

5.4.6 Statische MOS-Speicherzelle

Die statische MOS-Speicherzelle (Bild 5.8) besteht in ihrer Grundausführung bei Wortorganisation aus 6 Transistoren. Die Transistoren T1 und T2 bilden die Kippstufe. Wegen der einfacheren Herstellung werden als Lastwiderstände R_c keine ohmschen Widerstände integriert sondern wieder MOS-FET. Die Transistoren T3 und T4 arbeiten in Drain-Schaltung und bilden die Lastwiderstände. Die Transistoren T5 und T6 arbeiten als Schalter. Sie werden über die Gatespannung ein- und ausgeschaltet.

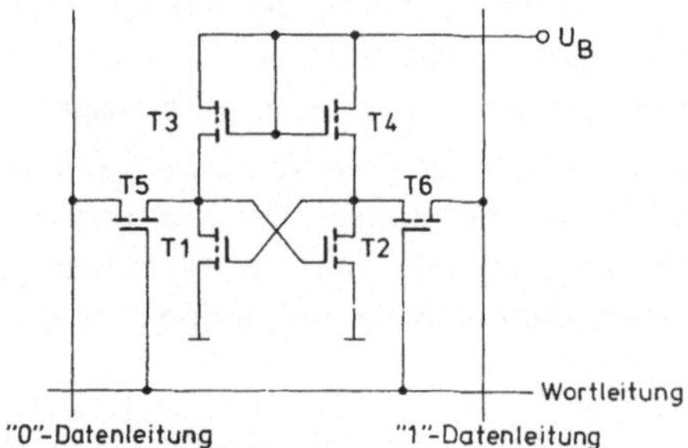

Bild 5.8
Statische MOS-Speicherzelle

Im Ruhestand sind die Transistoren T5 und T6 gesperrt, also die Schalter offen. Die Zelle speichert. Um die Zelle zu aktivieren (also beim Adressieren), wird auf die Wortleitung High-Potential gelegt. Damit schalten die Transistoren durch, d. h., die Schalter sind geschlossen.
Beim Lesen kann nun das Potential der beiden Datenleitungen über Leseverstärker abgefragt werden. Beim Schreiben wird die Kippstufe über die beiden Datenleitungen gesetzt.

Die Zelle ist ein statisches Speicherelement. D. h., solange die Betriebsspannung ansteht, wird der Inhalt gehalten. Die Zelle wird zu den flüchtigen Speichern gerechnet, denn wenn die Betriebsspannung verschwindet, verschwindet auch der Speicherinhalt. Als Beispiele für den Speicher, die mit diesen Zellen arbeiten, seien genannt: 2147 und 4104.

5.4.7 Dynamische MOS-Speicherzelle

Dynamische Speicher sind Speicher, die ihren Inhalt nur für eine bestimmte Zeit halten können. Damit der Inhalt nicht verloren geht, muß er regelmäßig wiederaufgefrischt werden. Das erfordert zusätzliche Logik. Trotzdem wird der Schaltungsaufwand pro Bit geringer, da die eigentliche Speicherzelle sehr klein gebaut werden kann, und der Aufwand für die Refresh-Logik mit zunehmender Zellenanzahl nur geringfügig anwächst.
Die Entwicklung ging von einer dynamischen Zelle mit 4 Transistoren bis zur Ein-Transistorzelle (Bild 5.9). Letztere wird heute hauptsächlich verwendet und soll nachfolgend besprochen werden.

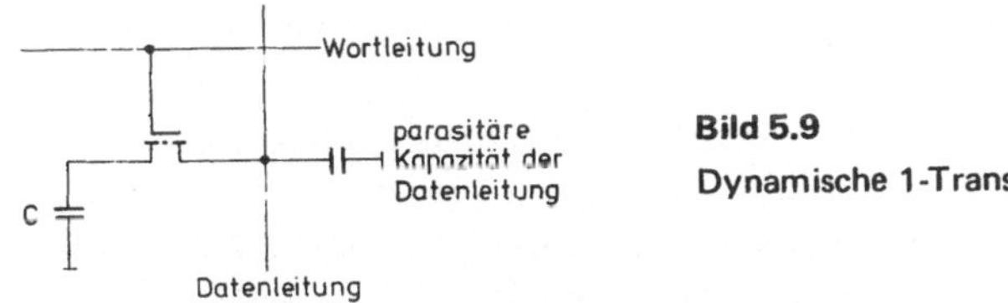

Bild 5.9
Dynamische 1-Transistorzelle

Die Information ist auf der Kapazität C gespeichert. Der Transistor verbindet die Kapazität C mit der Datenleitung. Wenn die Zelle aktiviert werden soll, wird der Transistor von High-Potential auf der Wortleitung durchgesteuert.
Schreiben: Der Kondensator wird über die Datenleitung bei durchgesteuertem Transistor auf das gewünschte Potential geladen.
Lesen: Der Kondensator liefert bei durchgeschaltetem Transistor einen Spannungshub auf der Datenleitung. Dieser Hub ist sehr klein, weil er vom Verhältnis der beiden Kapazitäten abhängt. Die Speicherkapazität ist aber aus Platzgründen viel kleiner als die parasitäre Kapazität der Datenleitung. Es wird also datenzerstörend gelesen, weil Ladung von der Kapazität C abfließt. Das ist aber nicht so schlimm, weil der ganze Baustein sowieso regelmäßig aufgefrischt werden muß.

5.4.8 CMOS-Speicherzelle

Zwei Transistoren werden jeweils in Reihe geschaltet. Der eine ist immer leitend, der andere immer gesperrt. In der Ruhelage ist die Verlustleistung äußerst gering, weil als Ruhestrom nur der sehr kleine Sperrstrom fließt. Ein weiterer Vorteil ist ein weiter Spannungsbereich und ein hoher Störabstand. Der Nachteil ist, daß CMOS langsamer ist und geringere Speicherdichten erreicht. Die Speicherzelle wird adressiert, indem die Wortleitung auf Versorgungspotential gelegt wird. Das Schreiben und Lesen erfolgt dann wie bei der normalen statischen MOS-Zelle (Bild 5.10).

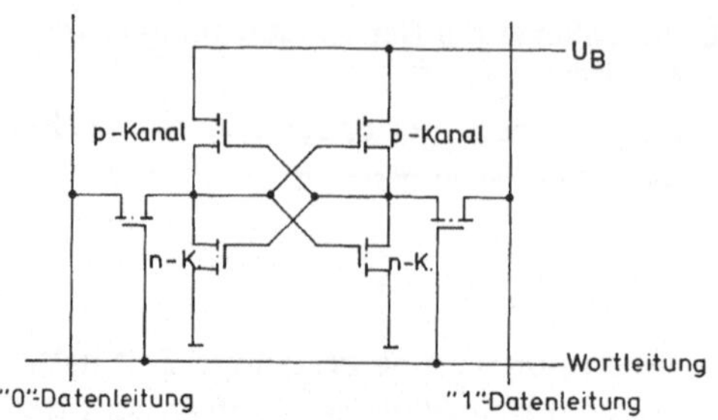

Bild 5.10
CMOS-Speicherzelle

5.5 RAM-Speicher

Zur Minimalkonfiguration eines Mikroprozessorsystems gehört ein RAM. Es dient z. B.
der CPU als Zwischenspeicher, wo sie Zwischenergebnisse abspeichern kann oder wo sie
den Inhalt ihrer gesamten Register zwischenspeichern kann (Interrupt). Da der Verkehr
mit einem solchen Zwischenspeicher sehr häufig ist, muß er schnell sein. Die Schreib-/
Lese-Speicher sind daher in derselben Technologie aufgebaut wie die CPU. RAM dienen
auch als Programmspeicher. Der Programmierer schreibt sein Programm in einen RAM.
Sogar für Übersetzerprogramme können RAM benutzt werden. Viele Hersteller bieten z. B.
für ihre Mikroprozessorsysteme BASIC-Übersetzer (Interpreter) an, die sie z. B. auf Mag-
netband liefern. Der Benutzer muß dann zunächst dieses Programm in einen RAM-Speicher
einlesen. Es soll nun zunächst auf die Organisation und den Aufbau von RAM-Speichern
eingegangen werden. Anschließend werden dann einige Industriestandards vorgestellt.
RAM können bitorganisiert oder wortorganisiert sein. Wortorganisierte RAM haben eine
Speicherzelle, wie sie in den Bildern 5.5 und 5.8 dargestellt ist. Bitorganisierte Speicherzellen haben einen zusätzlichen Spaltenanschluß für die Bitauswahl (Bild 5.11).

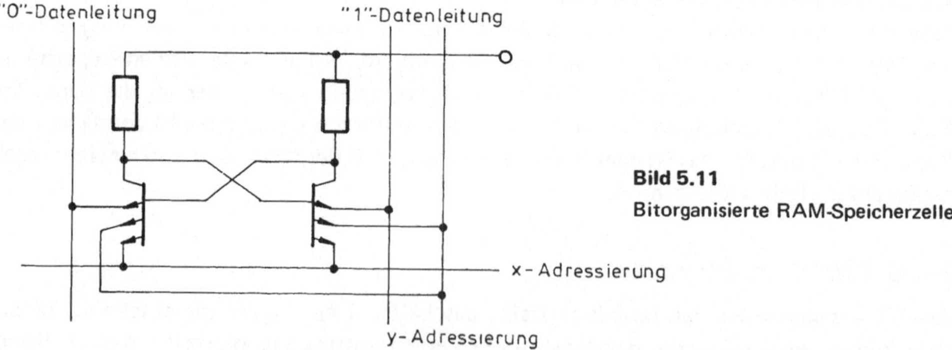

Bild 5.11
Bitorganisierte RAM-Speicherzelle

Beide Transistoren der Zelle haben einen zusätzlichen Emitter, der mit der y-Leitung
verbunden ist. Im Ruhestand liegen beide Adreßleitungen auf Massepotential. Der Strom
des durchgeschalteten Transistors fließt über diese Leitungen nach Masse ab. Auch wenn
eine Adreßleitung aktiviert wird, also auf High-Potential gehoben wird. fließt der Strom

über die andere Adreßleitung ab. Nur wenn beide Adreßleitungen High sind, sich also die
Zelle im Kreuzungspunkt von Zeile x und Spalte y befindet, fließt der Strom über eine
der beiden Datenleitungen, d.h., die beiden Datenleitungen sind angekoppelt, und es kann
gelesen oder geschrieben werden.

5.5.1 Organisation der RAM

Alle RAM-Speicher bestehen im Prinzip aus drei Baugruppen:

> Speichermatrix
> Adressendecodierer
> Datensteuerung.

Die *Speichermatrix* ist aus den Speicherzellen aufgebaut, die sich jeweils im Kreuzungs-
punkt der Spaltenleitung (Bitleitung) und der Zeilenleitung (Wortleitung) befinden.
Der *Adressendecodierer* decodiert die Adresse und wählt dann eine entsprechende Zeile
bzw. Spalte aus. Der Decoder ist notwendig, um die Bausteinanschlußzahl zu begrenzen.
Die *Datensteuerung* regelt das Schreiben und Lesen und bewerkstelligt die Anpassung von
Spannung und Leistung an die übrigen Schaltungen.
Bei einem wortorganisierten Speicher (Bild 5.12) wird unter einer Adresse eine ganze Bitkombination, also ein Wort, abgespeichert. Der Adressendecodierer, der in diesem Fall
nur aus dem x-Decoder besteht, aktiviert die der angelegten Adresse entsprechende Zeile,
also die an dieser Zeile angeschlossenen Speicherzellen. Der Inhalt dieser Zellen kann
dann an den Spaltenleitungen abgefragt werden. Es gibt nur so viele Spaltenleitungen, wie
das Wort Bit hat. Manche Speicher haben getrennte und manche gemeinsame Leitungen
für die Datenein- und ausgänge.
Die Datenein- und ausgänge sind gepuffert und führen über die gleichen Leitungen.

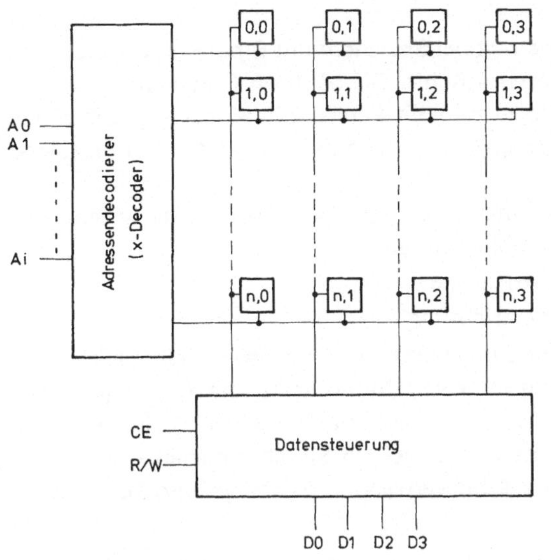

Bild 5.12

Beispiel eines wortorganisierten Speichers

Bei einem bitorganisierten Speicher (Bild 5.13) wird durch das Anlegen der Adresse immer nur eine Speicherzelle ausgewählt. Der Adressendecodierer besteht aus einem x-Decoder und einem y-Decoder. Diese aktivieren jeweils eine Zeile und eine Spalte, in deren Kreuzungspunkt die Speicherzelle liegt. Es gibt nur eine Datenleitung, die alle Zellen mit der Datensteuer-Schaltung verbindet. Das R/W-Signal bestimmt die Richtung des Datenflusses.

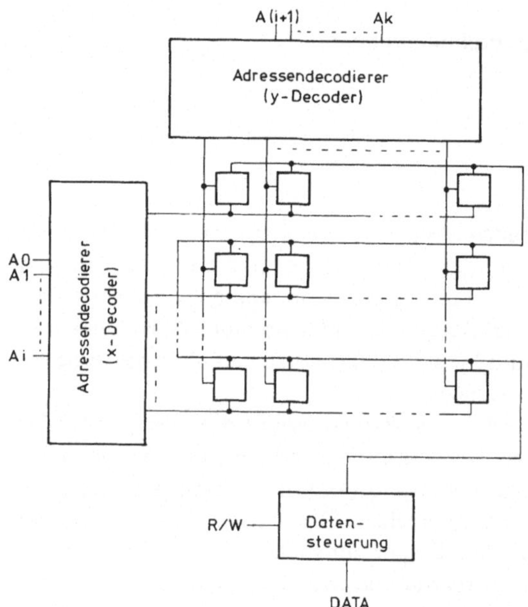

Bild 5.13

Beispiel eines bitorganisierten Speichers

5.5.2 Aufbau von Speichersystemen

Eine zur Zeit gängige Speicherkapazität beträgt bei Speichern mit Bipolartransistoren 1 K bit und bei Speichern mit MOS-Transistoren 4 K bit. Die häufigen Organisationsformen sind dabei bei 1 K bit-Speichern 1024 Worte zu 1 bit Länge, 256 Worte zu 4 bit Länge oder 128 Worte zu 8 bit Länge. Bei 4 K bit-Speichern ist üblich: 4 K Worte zu 1 bit Länge oder 1 K Worte zu 4 bit Länge.

Möchte man sich nun mit Hilfe solcher integrierter Bausteine ein Speichersystem aufbauen, so gibt es dazu zwei unterschiedliche Möglichkeiten:

1. Erweiterung der Speicherkapazität in Bitrichtung
2. Erweiterung der Speicherkapazität in Wortrichtung.

Erweiterung der Speicherkapazität in Bitrichtung heißt, die Wortanzahl bleibt gleich, aber die Wortlänge wird erweitert. Erweiterung in Wortrichtung heißt, die Wortlänge bleibt gleich, aber die Anzahl der gespeicherten Worte wird erhöht. Die beiden Verfahren sollen anhand zweier Beispiele erklärt werden. Es wird dabei ein Speicher mit einer Kapazität von 64 bit mit der Organisationsform 16 x 4 bit verwendet. Es können also 16 Worte zu je 4 bit Länge gespeichert werden.

Bei einer *Erweiterung in Bitrichtung* werden alle Adreßleitungen parallel geschaltet. Da ein Datenwort auf verschiedene Speicher-ICs verteilt ist, müssen alle ICs gleichzeitig das Aktivierungssignal CE und auch das R/W Signal erhalten. D. h., auch die Steuerleitungen müssen parallel geschaltet werden. Die Datenausgänge der ICs werden an den entsprechenden Anschlüssen des Datenbusses befestigt. Die Gesamtzahl der Bits pro Datenwort ist dann: (Bausteinzahl) x (Bit pro Wort und Baustein).

Als Beispiel wird mit Hilfe von zwei 16 x 4 bit Speichern ein Speichersystem mit einer Kapazität von 16 x 8 bit gebaut (Bild 5.14).

Bei einer *Erweiterung in Wortrichtung* (Bild 5.15) werden ebenfalls alle Adreßleitungen parallelgeschaltet. Auch sämtliche zum selben Bit eines Wortes gehörenden Datenleitungen werden miteinander verbunden. Der R/W-Befehl wird ebenfalls an alle Chips gleichzeitig geführt.

Jeder Speicherchip hat die erforderliche Wortlänge. Mit einer Adresse wird in allen Speicherchips das zugehörige Wort gleichzeitig angesprochen. Um immer ein Wort anzusprechen, darf nur ein Speicherchip aktiviert werden. Dies geschieht mit Hilfe der CS-Eingänge. Manche Speicher-ICs haben mehrere CS-Anschlüsse. Die Decodierung wird dann auf dem Chip vorgenommen. Der hier verwendete Speicher hat nur einen CS-Anschluß. Es muß daher extern decodiert werden. Wie bereits besprochen, wird also ein Teil der Adresse decodiert und zur Chip-Auswahl benutzt und der andere Teil dient zur Wortadressierung innerhalb des angesprochenen ICs.

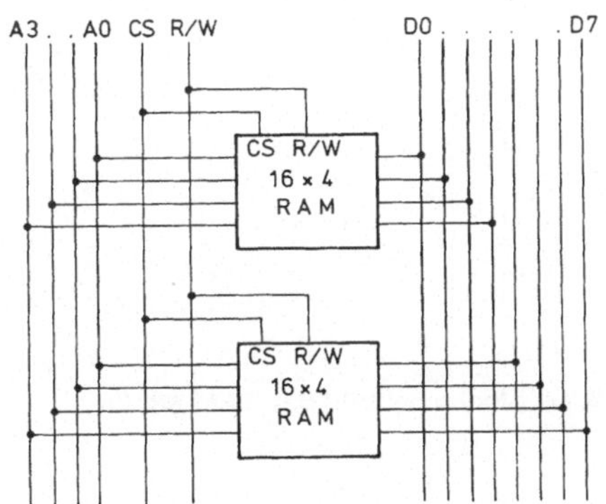

Bild 5.14 Speichersystem 16 X 8 bit

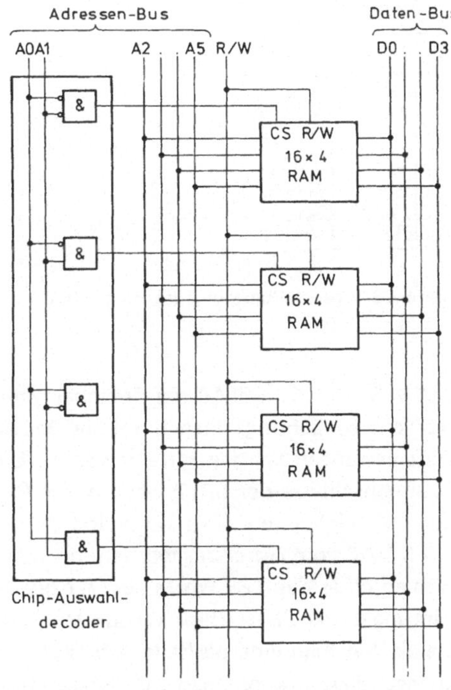

Bild 5.15 Speichersystem 64 X 4 bit

5.6 Einige Beispiele industrieller Standard-RAM-Speicher

5.6.1 RAM-Speicher 6810

Zur Bausteinfamilie 6800 gehört der statische RAM-Speicher 6810. Er ist wortorganisiert
mit einer Kapazität von 128 x 8 bit. Die Speichermatrix besteht aus 128 Zeilen mit je 8
Speicherzellen. Angesteuert werden die Zeilen vom x-Adressendecodierer, der 7 Adreßeingänge hat und eine von 128 Leitungen auswählt. Die Daten werden über die gleichen
Leitungen ein- und ausgegeben. Die Datenleitungen sind in Tri-State-Technik ausgeführt.
Der Baustein hat 6 Chip-Select-Eingänge. Dabei bedeutet $\overline{CS}$, daß der Chip aktiviert wird,
wenn CS auf Low-Potential liegt. Die hohe Anzahl von $\overline{CS}$-Eingängen bedeutet, daß keine
oder nur wenig externe Adressencodierung nötig ist. Wenn CS auf Low-Potential liegt,
sind die Eingangs- und die Ausgangspuffer im hochohmigen zustand, der Speicher also
vom Daten-Bus getrennt.
Wenn CS High ist, übernimmt das R/W-Signal die Kontrolle über den Speicher. Führt R/W
Low-Potential, wird geschrieben, bei High-Potential wird gelesen. Der Baustein arbeitet
mit einer Betriebsspannung von 5 V, seine Anschlüsse sind TTL-kompatibel. Die Zugriffszeit beträgt 450 ns. Die beiden nachfolgenden Bilder zeigen die Anschlußbelegung und
das vereinfachte Blockdiagramm.

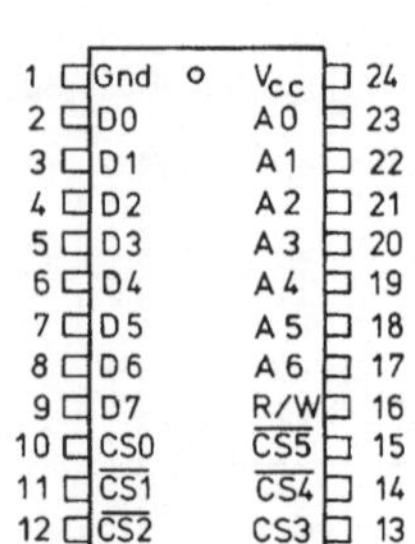

Bild 5.16 Anschlußbelegung des RAM 6810

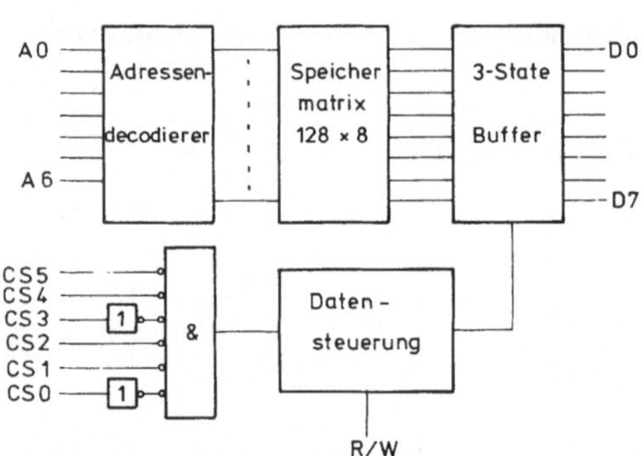

Bild 5.17 Blockschaltbild des RAM 6810

Soll z. B. mit dem 6810 ein Speichersystem mit einer Kapazität von 1 K byte aufgebaut
werden, so benötigt man 8 solche Bausteine. Sämtliche Adreßleitungen und sämtliche
Datenleitungen werden miteinander verbunden, ebenso sämtliche R/W-Anschlüsse. 3 der
6 CE-Anschlüsse des 6810 werden zur Chip-Auswahl benutzt, das ergibt $2^3 = 8$ verschiedene Möglichkeiten. Man kann sich dann den Adreßraum z. B. folgendermaßen aufteilen:
A0 bis A6 vom Adreßbus werden mit den Adreßeingängen aller acht RAM verbunden. Sie
wählen eines der 128 Worte aus. A7 bis A9 wird auf acht verschiedene Arten mit den CE-
Eingängen der 6810-Chips verbunden. Mit A7 bis A9 wird also je ein RAM-Chip aktiviert.
Damit hat man eine partielle Adressendecodierung. Sollte es notwendig sein, vollständig
zu decodieren, kann man die Adreßleitungen A10 bis A15 über einen Decoder führen,
dessen Ausgang an einem weiteren CE-Anschluß (bei allen Chips am gleichen!) befestigen

und kann damit das gesamte 1 K-System ein- oder ausschalten. Damit der Leser eine Vorstellung vom Platzbedarf eines solchen Speichers bekommt, sei hier noch erwähnt, daß das gesamte System auf einer Europakarte Platz findet, einschließlich der Tri-State-Buffer für die Adreß- und Datenleitungen.

5.6.2 RAM-Speicher 2112

Auch dieser weit verbreitete Speicher hat 1024 Speicherzellen. Allerdings sind sie anders organisiert als beim 6810, nämlich in 256 Worten mit einer Länge von 4 bit. Der ganze Speicher einschließlich Adressendecodierer und Datensteuerung paßt in ein 16-Pin-Gehäuse. Die nachfolgenden Bilder zeigen die Anschlußbelegung und das vereinfachte Blockschaltbild.

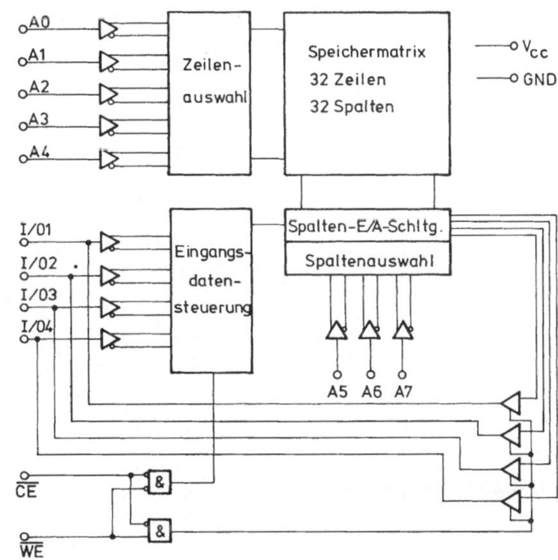

Bild 5.18 Anschlußbelegung des RAM 2112

Bild 5.19 Anschlußbelegung des RAM 2112

Wie das Blockschaltbild zeigt, ist die Speichermatrix in 32 Spalten und 32 Zeilen aufgeteilt. Der Grund dafür ist, daß bei der Herstellung eine quadratische Matrix auf der Chipfläche einfacher aufzubauen ist. Die 32 Spalten sind nicht einzeln anwählbar, sondern sind in 8 Gruppen zu je 4 bit zusammengefaßt. Damit ergibt sich folgende Aufteilung der Adresse: Die ersten 5 Adreßleitungen (A0 bis A4) wählen über den x-Decoder (Zeilenauswahl) eine von 32 Zeilen aus und aktivieren diese. Die 3 nächsten Adreßleitungen (A5 bis A7) wählen über den y-Decoder (Spaltenauswahl) eine von acht Spaltengruppen zu je 4 bit an. Der 2112 hat nur einen Bausteinauswahlanschluß (CE). Über die Leitung WE wird das Schreiben und Lesen gesteuert. Die vier Datenleitungen werden bei diesem IC I/0-Leitungen genannt. Die Datenleitungen sind wie auch die Adreßleitungen über Tri-State-Treiber geführt. Bild 5.20 zeigt ein Speichersystem mit einer Kapazität von 1 K byte. Es werden 8 RAM-Speicher vom Typ 2112 mit einer Kapazität von 256 x 4 bit verwendet.

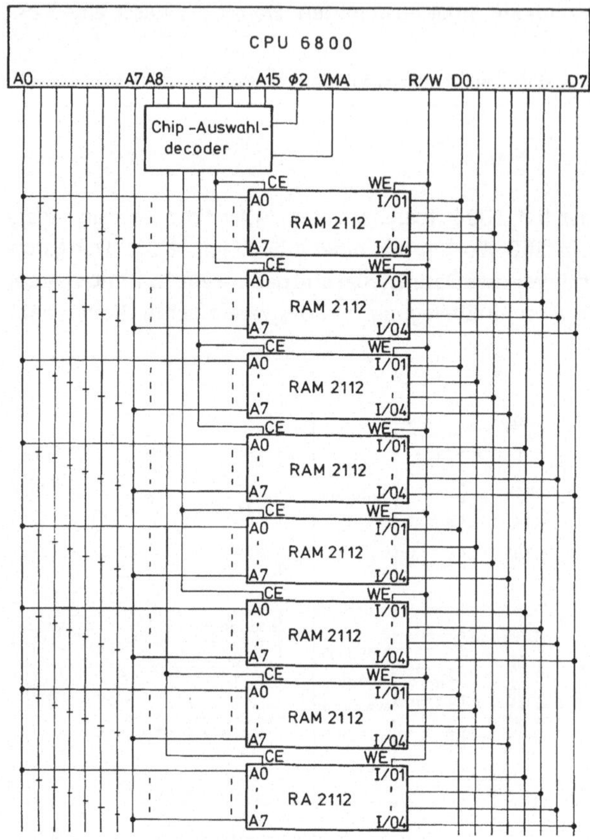

Bild 5.20 RAM-Speichersystem 1 K byte (1024 × 8 bit) aufgebaut mit 8 RAM 2112

Wie man sieht, handelt es sich also um eine Erweiterung der Speicherkapazität sowohl
in Bitrichtung (von 4 auf 8 bit) als auch in Wortrichtung (von 256 auf 1024 Worte). Die
Adreßleitungen A0 bis A7 sind an sämtliche Speicher geführt. Die Leitungen A8 bis A15
werden an einen Decoder geführt, der 4 Ausgangsleitungen hat. Jeweils 2 Chips hängen an
einer solchen Leitung und werden damit also gleichzeitig aktiviert. Die Datenleitungen von
jeweils zwei Speichern sind mit dem Daten-Bus verbunden. Die R/W-Leitung geht ebenfalls an alle Bausteine.
Zwei Speicher werden jeweils über die CE-Leitung aktiviert — in Abhängigkeit vom höherwertigen Byte der Adresse. Ein Wort von 256 wird jeweils ausgewählt — in Abhängigkeit vom niederwertigen Byte der Adresse.
Im oberen der beiden Speicher stehen jeweils die vier niederwertigen Bit des Datenwortes, im unteren der beiden aktivierten Speicher stehen die vier höherwertigen Bit des Datenwortes.

5.6.3 RAM-Speicher 2102

Es handelt sich um einen 1024 x 1 Bit Speicher mit getrenntem Ein- und Ausgang. Die Matrix ist wie beim 2112 in 32 Zeilen und 32 Spalten organisiert. Entsprechend seiner Kapazität hat er 10 Adreßanschlüsse. Ferner besitzt er einen $R/\overline{W}$-Steuereingang sowie einen Chip-Enable-Eingang. Mit den beiden Anschlüssen für die Versorgungsspannung ergibt dies 16 Pins. Wenn man den 2102 in Bitrichtung erweitert und 8 solche Speicher mit einander verbindet, erhält man ebenfalls einen 1 K byte-Speicher.

5.6.4 RAM-Speicher 2114

In diesem statischen Schreib-/Lese-Speicher kann man 1024 Worte zu je 4 bit speichern. Es genügen also zwei solcher Bausteine, um eine Speicherkapazität von 1 K byte zu realisieren. Allerdings ist der 2114 um einiges teurer als der 2102 oder 2112. Es gibt den 2114 in drei Versionen mit maximalen Zugriffszeiten von jeweils 200 ns, 300 ns bzw. 450 ns. Die Ein-/Ausgangsanschlüsse für die Daten sind gemeinsam. Sie sind TTL-kompatibel. Um die 1024 Worte zu adressieren, sind 10 Adreßeingänge vorhanden. Ferner besitzt er einen $R/\overline{W}$-Steuereingang sowie einen Chip-Enable-Eingang.

5.7 Festwertspeicher

Festwertspeicher sind Speicher mit wahlfreiem Zugriff, die ihre Information auch bei Ausfall der Betriebsspannung halten. Es gibt sehr viele Anwendungsmöglichkeiten für Festwertspeicher:

1. Wertetabellen für mathematische Funktionen.
2. Codewandler
3. Speicher für Mikroprogramme (Ersatz für fest verdrahtete Logik!)
4. Zeichengereratoren

Festwertspeicher können folgendermaßen eingeteilt werden:

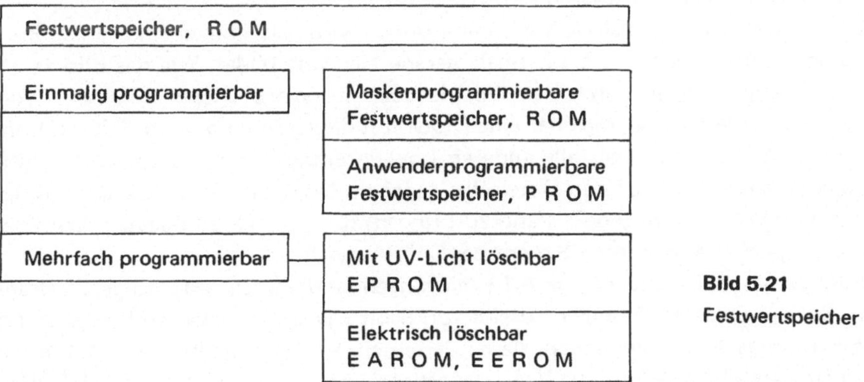

Bild 5.21
Festwertspeicher

Im Prinzip ist der Festwertspeicher ein logischer Zuordner. Er ordnet einer binären Eingangsgröße, der Adresse, eine fest gespeicherte, binäre Ausgangsgröße, das Datenwort, zu. Bild 5.22 zeigt einen ROM-Speicher, der mit Dioden aufgebaut ist. Anhand dieses Spei-

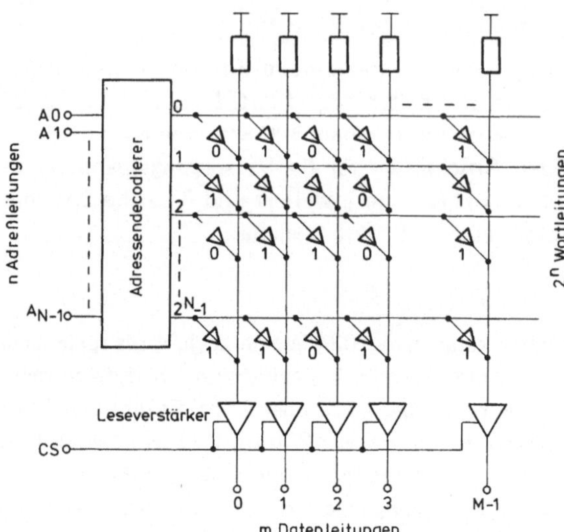

Bild 5.22
Festwertspeicher mit Diodenmatrix

chers soll die Struktur und die Organisationsform von Festwertspeichern erklärt werden.
Wie die RAM-Speicher bestehen auch die ROM-Speicher im Prinzip aus drei Baugruppen:

> Speichermatrix
> Adressendecodierer
> Datensteuerung

Das Herz des Speichers bildet wieder die *Speichermatrix*, die aus Zeilen und Spalten besteht. Die Speicherzellen an den Kreuzungspunkten von Zeilen und Spalten bestehen hier allerdings aus einfachen Kopplungselementen, die entweder vorhanden sind oder nicht vorhanden sind. Diese Koppelelemente sind z.B. Bioden.
Ein ROM ist immer wortorganisiert. Mit einer Adresse wird also immer eine ganze Speicherzellengruppe angesprochen, deren Inhalt gerade ein Wort bildet. Wie das Bild zeigt, wird die n bit lange Adresse durch den Wortdecoder decodiert. Dieser wählt eine von 2^n Leitungen aus. Alle Spalten, die über eine Diode mit dieser ausgewählten Zeile verbunden sind, erhalten High-Potential, alle anderen Low-Potential. Über Leseverstärker wird das Bitmuster verstärkt und auf den Daten-Bus gegeben. Über den Anschluß CS sind die Datentreiber in den hochohmigen Zustand zu bringen, d. h., der ganze Baustein kann damit ein- und ausgeschaltet werden. CS dient der Chip-Auswahl.
Die Kapazität eines Speichers mit n Adreßeingängen und m Datenausgängen beträgt $K = 2^n \cdot m$. Bei der üblichen Datenwortbreite von 8 bit würde mit wachsender Kapazität eine rechteckförmige Matrix entstehen, deren Seiten stark unterschiedlich wären. Für die Herstellung ist aber eine quadratische Matrix günstiger. In der Praxis werden daher Zeilenblöcke gebildet, die man nebeneinander anordnet, und die alle parallel an den Zeilendecoder angeschlossen werden. Der gewünschte Zeilenblock wird dann an Multiplexer geführt, die das jeweils adressierte Datenwort auf den Daten-Bus weitergeben.

Beispiel:

ROM-Speicher — Kapazität 1024 bit
— Organisation 256 x 4 bit (Bild 5.23)

Es sind 8 Adreßleitungen nötig ($2^8 = 256$). Die Speichermatrix besteht aus 32 x 32 bit. Zur Zeilenauswahl dient ein 1 aus 32-Decoder, mit dem alle vier Zeilenblöcke verbunden sind. Der Zeilendecoder benötigt 5 Adreßleitungen. An jeden Zeilenblock ist ein 1 aus 8-Multiplexer angeschlossen. Bei allen 4 Multiplexern wird jeweils die Spalte auf die 4 Datenausgänge durchgeschaltet, die durch die drei Adreßbits markiert wird.

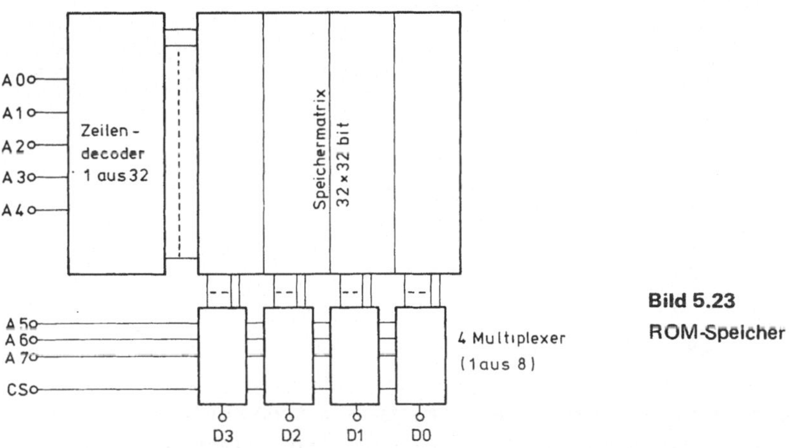

Bild 5.23
ROM-Speicher

5.7.1 Maskenprogrammierbarer Festwertspeicher (ROM)

Die Diodenmatrix ist der älteste Festwertspeicher. Er wird heute kaum noch verwendet. Gebaut wird noch der ROM mit Bipolartransistoren (Bild 5.24). Die Transistoren arbeiten als Emitterfolger. Damit wird weniger Ansteuerleistung benötigt. Der Emitterwiderstand zwischen Transistor und Leseleitung stellt eine schmelzbare Verbindung dar. Ist er vorhanden, so ist eine 1 programmiert. Soll eine 0 programmiert werden, wird durch eine entsprechende Maskierung bewirkt, daß die Emitterleitung unterbrochen wird.

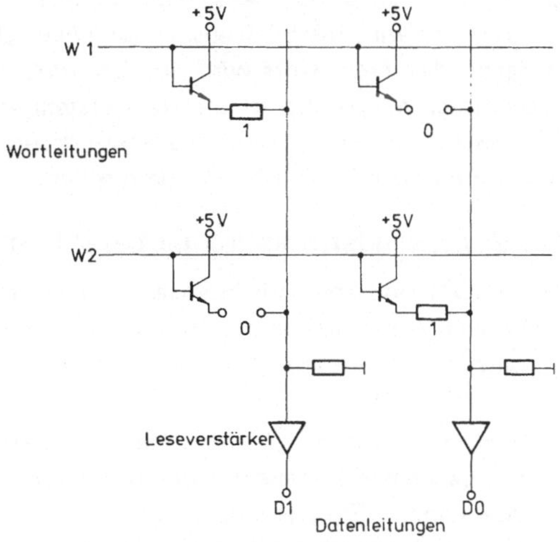

Bild 5.24 Festwertspeicher mit Bipolartransistoren

Bipolare ROM haben Zugriffszeiten von etwa 50 ns und Speicherkapazitäten bis etwa
1 K bit pro Chip.

Die größte Integrationsdichte erreicht man bei ROM in MOS-Technik (etwa 16 K bit pro
Chip bei Zugriffszeiten zwischen 200 und 700 ns). Bild 5.25 zeigt das Prinzip eines statischen MOS-Speichers.

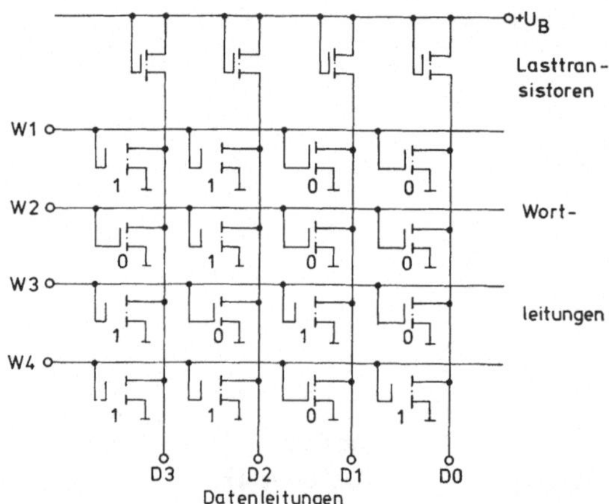

Bild 5.25
ROM in MOS-Technik

Die Programmierung geschieht hier durch die Dicke der Gate-Oxidschicht. Durch sie wird
die Schwellwertspannung eingestellt. Das ist die Spannung, die den Transistor vom gesperrten in den leitenden Zustand überführt. An den Stellen, an denen keine Verbindung zwischen Wort- und Datenleitung vorhanden sein soll, wird die Oxidschicht dick gemacht. Damit reicht die angelegte Spannung nicht mehr aus, den Kanal durchzuschalten. Der Transistor sperrt, an seinem Ausgang liegt High-Potential. Bei den Transistoren mit dünner
Oxidschicht wird die Schwellspannung überschritten, und es fließt ein Drain-Strom. Der
Ausgang des Transistors wird auf Low-Potential gezogen. ROM werden nur in großen
Stückzahlen hergestellt, da die zur Herstellung nötige Metallisierungsmaske sehr teuer ist.
Universeller einsetzbar sind die anwenderprogrammierbaren Festwertspeicher (PROM),
die im folgenden besprochen werden sollen.

5.7.2 Anwenderprogrammierbarer Festwertspeicher (PROM)

Die PROM sind ebenfalls Festwertspeicher, deren Inhalt allerdings im Gegensatz zu den
ROM vom Anwender selbst programmiert werden kann. Sie eignen sich sehr gut für den
Einsatz in kleineren Stückzahlen. Es gibt zwei unterschiedliche Verfahren bei der Herstellung von PROM:

1. *Emitterwiderstand durchbrennen*: Der Aufbau ist der gleiche wie beim ROM. Vom
   Hersteller werden alle Verbindungen zwischen Transistor und Datenleitung in Form
   von dünnen Emitterwiderständen hergestellt. Dieser Emitterwiderstand kann entweder aus Nickel-Chrom-Legierung bestehen oder aus polykristallinem Silizium.
   Der Anwender kann nun selbst programmieren, indem er Stromimpulse mit definierter Höhe und Dauer durch die Transistorzelle schickt. Damit wird die Verbindung mit
   dem kleinen Querschnitt zerstört und eine 0 ist programmiert.

2. *Durchlegieren eines Basis-Emitter-Widerstandes*: Im unprogrammierten Zustand sperrt der Transistor. Das heißt, es ist eine 0 gespeichert.
Durch Stromimpulse wird bei dem Transistor von der Basis zum Emitter eine Kurzschlußbrücke erzeugt. Damit wirkt die noch vorhandene Basis-Kollektor-Diode als Koppelelement. Die Programmierung ist etwas schwierig, da der Strom genau dosiert werden muß.

PROM werden meist in Bipolartechnik hergestellt. Sie haben Kapazitäten von etwa 4 K bit pro Chip bei Zugriffszeiten von etwa 50 ns.

5.7.3 Mehrfach programmierbarer Festwertspeicher (REPROM)

REPROM (*Reprogrammable ROM*) sind Speicher, deren Inhalt wieder gelöscht werden kann, und die damit erneut zu programmieren sind. Man kann diese Speicher nochmals aufteilen nach der Art wie gelöscht wird. Wird der ganze Speicher mit UV-Licht gelöscht, spricht man von EPROM (*Erasable PROM*). Wird durch elektrische Impulse gelöscht, spricht man von EEROM (*Electrically Erasable PROM*) oder von EAROM (*Electrically Alterable PROM*). Bei den ersteren wird der ganze Chip auf einmal gelöscht, bei den letzteren wird wortweise gelöscht.
Die Speicherzelle eines REPROM besteht aus der sogenannten FAMOS-Zelle (*Floating Avalanche-Injection-MOS*) (Bild 5.26). Das sind zwei Transistoren, die in Reihe geschaltet werden. Das Gate des einen Transistors ist vollständig von Siliziumoxid umgeben und damit isoliert (*floating gate*). Im unprogrammierten Zustand ist daher dieser Transistor gesperrt, und somit ist eine 1 gespeichert. Während des Programmiervorganges wird mit Hilfe einer hohen negativen Spannung (etwa $-30V$) durch den Lawineneffekt (*Avalanche-Effekt*) negative Ladung auf das Gate gebracht. Damit ist eine 0 programmiert.

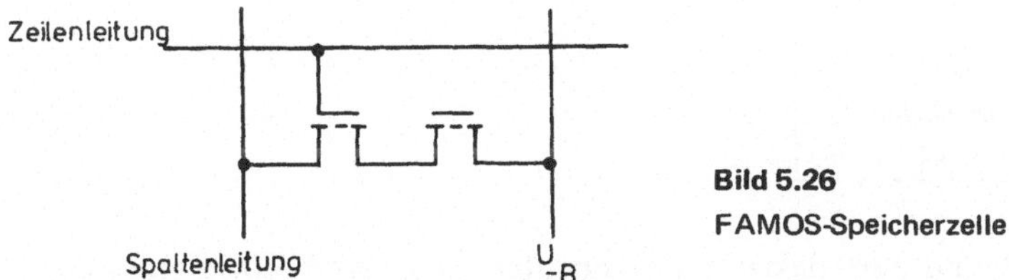

Bild 5.26
FAMOS-Speicherzelle

Sofern die Temperatur 125 °C nicht überschreitet, sind nach 10 Jahren immer noch 70 % der Ladung auf dem Gate.
EPROM haben eine durchlässige Quarzabdeckung. Durch Bestrahlung mit UV-Licht wird der Speicherinhalt wieder gelöscht. Die EPROM sind in der Entwicklungsphase eines Systems sehr beliebt, da man bei Fehlern oder neuen Ideen den Speicherinhalt löschen und neu einschreiben kann.
Die EEROM und EAROM sind ähnlich wie die FAMOS-Zelle aufgebaut. Sie haben den Vorteil, daß sie zum Programmieren und Löschen in der Schaltung verbleiben können. Sie haben allerdings eine lange Zugriffszeit.
Für weitere Informationen sei der Leser wieder auf die Datenblätter der Hersteller verwiesen. Die technischen Daten und die Programmiervorschriften sind sehr umfangreich und von Hersteller zu Hersteller verschieden.

6 Einführung in das Programmieren des Mikroprozessorsystems 6800

6.1 Unterprogramme

Ein Unterprogramm, auch *Subroutine* genannt, ist ein Programm, das für eine spezielle Aufgabe entwickelt wurde, die sich im Hauptprogramm öfter wiederholt. Auch wenn ein Programm vielseitig verwendbar sein soll, wird es als Unterprogramm geschrieben. Es wird dann bei Bedarf durch das Hauptprogramm aufgerufen. Im Hinblick auf eine übersichtliche und flexible Problemlösung sollte der Programmierer danach trachten, sein Programm aus mehreren Unterprogrammen aufzubauen. Wenn er dann noch die Unterprogramme mit einer guten Dokumentation versieht und archiviert, kann er sich eine sehr nützliche Programmbibliothek aufbauen. Benutzt der Programmierer ein Unterprogramm, so muß er über dessen Aufbau nicht informiert sein. Er muß allerdings über das Hauptprogramm die Operanden zur Verfügung stellen, mit denen das Unterprogramm arbeiten soll. Außerdem muß er angeben, wohin die Ergebnisse abgespeichert werden sollen.

Zur Bearbeitung von Unterprogrammen werden drei Befehle benötigt, die zwar schon kurz vorgestellt wurden, auf die hier aber noch etwas näher eingegangen werden soll.

Tabelle 6.1:

Mnemonic	Funktion
BSR	*Branch to Subroutine*
JSR	*Jump to Subroutine*
RTS	*Return from Subroutine*

Die beiden Befehle BSR und JSR dienen zum Aufrufen eines Unterprogrammes durch das Hauptprogramm. Der einzige Unterschied zwischen den beiden Befehlen ist die Adressierungsart. Der BSR-Befehl benutzt die Relative und der JSR-Befehl die Indexed oder Extended Adressierung.

Stößt die CPU beim Abarbeiten des Hauptprogramms auf einen JSR-Befehl, so springt sie zu der im Operandenteil des JSR-Befehls angegebenen Anfangsadresse des Unterprogramms. Dies geschieht dadurch, daß diese Anfangsadresse in den Programmzähler geladen wird. Gleichzeitig wird die nächste Adresse im Hauptprogramm, wo die CPU bei linearer Bearbeitung des Programms eigentlich weitermachen würde, in einem besonderen Speicherbereich, dem Stack, abgespeichert. Dies geschieht automatisch und ermöglicht auf einfache Weise nach Abarbeiten des Unterprogramms die Rückkehr in das Hauptprogramm. Mit der Eigenschaft, die Rückkehradresse im Stack abzuspeichern, unterscheidet sich der JSR-Befehl vom JMP-Befehl, dessen Einsatz wegen dieses Mangels bei Unterprogrammen nicht möglich ist. Zeitlich gesehen sieht die Abarbeitung des JSR-Befehls durch die CPU so aus:

> Zuerst wird der Inhalt des Programmzählers, also die Rückkehradresse, im Stack abgespeichert.
> Anschließend wird der Programmzähler mit der Anfangsadresse des Unterprogramms geladen.

Der letzte Befehl eines Unterprogrammes muß immer ein RTS-Befehl sein. Er bewirkt die Rückkehr vom Unterprogramm zum Hauptprogramm, indem der alte Programmzählerstand, also die Rückkehradresse, vom Stack geholt wird und wieder in den Programmzähler eingeschrieben wird.

Die Tatsache, daß bei einem Unterprogramm-Aufruf die Rückkehradresse automatisch gerettet wird und nicht z. B. am Ende eines Programms jedesmal neu geschrieben werden muß, ermöglicht ein wiederholtes Aufrufen des Unterprogramms von verschiedenen Stellen im Hauptprogramm. Bild 6.1 illustriert das Gesagte.

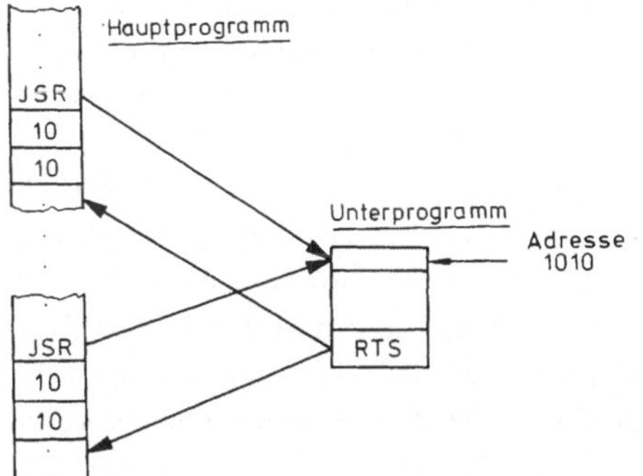

Bild 6.1

Aufruf eines Unterprogramms

Ein Unterprogramm kann auch ohne weiteres von einem anderen Unterprogramm aufgerufen werden. Man spricht dann von einem *verschachtelten Unterprogramm* (*nested subroutine*). Die Rückkehradressen aller weiteren Unterprogramme werden ebenfalls auf dem Stack abgespeichert. Da jedes Unterprogramm mit einem RTS-Befehl abschließen muß, werden die Rückkehradressen in der gleichen Reihenfolge auch wieder vom Stack abgerufen. Die richtige Rückkehradresse befindet sich also immer am oberen Ende des Stack. Theoretisch können beliebig viele Verschachtelungen vorgenommen werden (bei entsprechend großen Stack), allerdings wird die Korrektur von Fehlern schwieriger.

6.2 Programmsteuerung des Datenaustauschs

Der Mikroprozessor muß mit seiner Umwelt Informationen austauschen können. Je schneller und je umfassender er auf seine Umwelt eingehen kann, um so besser ist es. Die Schnelligkeit, mit der der Mikroprozessor auf seine Umwelt reagieren kann, ist ein ganz wichtiges Kriterium seiner Qualität. Dies ist besonders in der Prozeßsteuerung der Fall.

Um diese Anpassungsaufgaben bewältigen zu können, wurden die Interface-Bausteine geschaffen, die je nach Ausführung sehr unterschiedliche Aufgaben wahrnehmen können, und die meist auf den jeweiligen Mikroprozessortyp abgestimmt sind. Wir haben in Kapitel 4 die wichtigsten von ihnen besprochen. Im folgenden soll nun näher auf die verschiedenen Verfahren des Datenaustauschs eingegangen werden. Es sind dies im Grunde zwei:

> Datenaustausch durch Programmsteuerung
> Datenaustausch durch Interrupt.

Das erstere wird nur noch wenig eingesetzt, vor allem bei kleineren Systemen. Es soll zuerst besprochen werden.

Die CPU adressiert das Peripheriegerät, beziehungsweise dessen Interface-Baustein. Der Interface-Baustein hat ein Status-Flag, das über eine Sense-Leitung mit der CPU verbunden ist. Ist dieses Flag gesetzt, so bedeutet dies, daß das Peripheriegerät für den Datenaustausch bereit ist. Die CPU startet ihr Ein- bzw. Ausgabeprogramm. Ansonsten muß die CPU warten, bis das Peripheriegerät über das Status-Flag seine Bereitschaft zum Datenaustausch anzeigt. Genau dies aber ist ein großer Nachteil dieses Verfahrens. Die schnelle CPU muß unter Umständen sehr lange auf die Fertigmeldung eines langsamen Peripheriegerätes warten. Dieser Nachteil kann ein wenig gemildert werden, indem das Status-Flag nur zu bestimmten Zeitpunkten abgefragt wird.

Kommt es bei der Datenübertragung auf hohe Sicherheit an, so wird der „Handshake"-Betrieb angewendet. Auch dieser Datenaustausch geschieht unter der Kontrolle der CPU. Jedoch gibt der jeweilige Empfänger jedesmal ein Quittungssignal aus. Für diese Art von Datenaustausch ist ein Zwischenregister notwendig, welches die unterschiedlichen Zeitpunkte und Geschwindigkeiten von CPU und Peripherie ausgleicht. Anhand der Bilder 6.2.a/b soll der Datentransfer für die Eingabe und die Ausgabe kurz beschrieben werden.

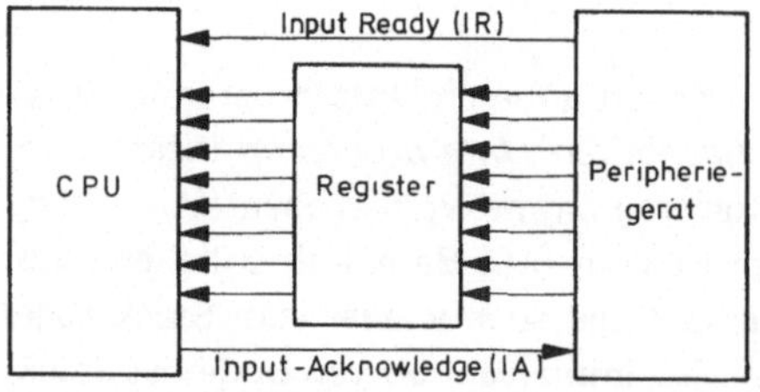

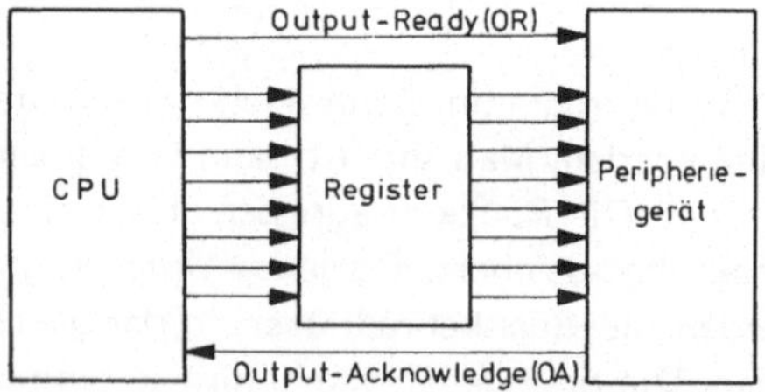

Bild 6.2a Dateneingabe im "Handshake"-Betrieb   **Bild 6.2b** Datenausgabe im "Handshake"-Betrieb

Das Peripheriegerät lädt die Daten in das Zwischenregister. Ein Impuls auf der IR-Leitung sagt der CPU, daß das Peripheriegerät Daten zur Übertragung bereithält. Die CPU fragt diese Leitung in regelmäßigen Abständen ab (ist entsprechendes Flag gesetzt oder nicht?). Nachdem die CPU das Datenwort gelesen hat, bestätigt sie dem Peripheriegerät die Übernahme durch ein Signal auf der IA-Leitung. Damit weiß das Peripheriegerät, daß die Übernahme beendet ist, und das Register wieder neu beschrieben werden kann.

Die CPU lädt das Datenwort in das Register. Über die Leitung OR teilt die CPU dem Peripheriegerät mit, daß im Register Daten zur Ausgabe bereit stehen. Das Peripheriegerät liest das Datenwort ein und teilt über die Leitung OA der CPU mit, daß die Daten übernommen wurden (Quittung).

6.3 Interrupt

6.3.1 Prinzip

Wird der Mikroprozessor in der Meßtechnik oder in der Steuer- und Regelungstechnik eingesetzt, so muß er in der Lage sein, sehr schnell auf neue Situationen zu reagieren. Diese neuen Situationen können zu beliebigen Zeitpunkten eintreten. In solchen Fällen wird die Interrupt-Verarbeitung eingesetzt.
Interrupt-Verarbeitung bedeutet:

> Der Mikroprozessor erhält vom Peripheriegerät eine Aufforderung, das gerade laufende Programm zu unterbrechen (*Interrupt Request*) und statt dessen ein spezielles Programm (*Interrupt Service Routine*) zu bearbeiten (Bild 6.3).

Die CPU hat einen besonderen Anschluß, über den sie Unterbrechungsanforderungen entgegennehmen kann. Trifft ein Unterbrechungssignal auf dieser Leitung ein, so wird intern im Steuerregister ein Interrupt-Flipflop gesetzt. Die CPU kann damit den gerade laufenden Befehl zu Ende führen, um sich dann der Unterbrechung zuzuwenden. D.h., der Interrupt ist vom CPU-Takt unabhängig. Das muß er auch sein, da die zu einer Unterbrechung führenden Ereignisse in der Regel in keinem festen Zeitverhältnis zum CPU-Takt erfolgen, also asynchron sind.
Nachdem ein Interruptsignal eingetroffen ist, treten zwei Probleme auf:

1. Was geschieht mit dem Programm, das gerade läuft?
2. Wie erhält die CPU die Anfangsadresse des Interrupt-Programmes, das sie bearbeiten soll?

zu 1.:
Sämtliche Registerinhalte – einschließlich dem Programmzählerstand – werden automatisch auf den Stack gerettet. Nach Abarbeiten der Interrupt-Routine werden alle Parameter wieder in die CPU gebracht, so daß der Rechner im Hauptprogramm da weitermachen kann, wo er unterbrochen wurde.

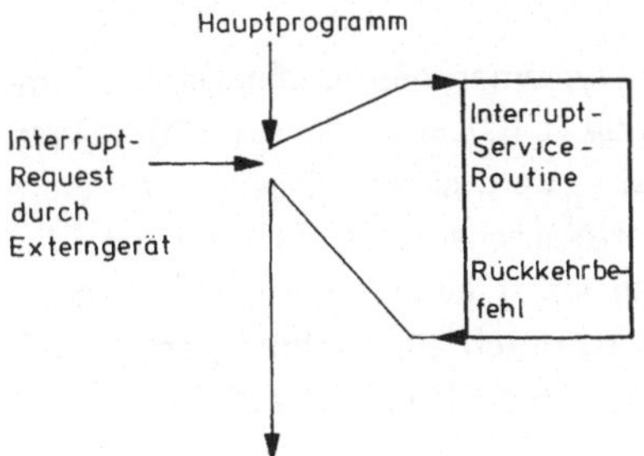

Bild 6.3
Schematische Darstellung eines Interrupt

zu 2.:

Nach dem Eintreffen eines Interrupts wird der Programmzähler durch Hardware auf einen bestimmten Wert gesetzt, der meist am oberen Ende eines ROM fest gespeichert ist. Dieser Wert heißt *Interrupt-Vektor*. Er bildet die Anfangsadresse für das Interrupt-Programm.

Im folgenden soll noch etwas genauer zusammengestellt werden, was nach dem Eintreffen eines Interruptsignals alles passiert:

1. Die CPU erkennt den Interrupt am Ende eines Befehls.
2. Das Interrupt-Flag wird gesetzt (*Interrupt-Mask-Bit*), um den Interrupt-Eingang zu sperren. Dies verhindert weiteres Unterbrechen durch die gleiche Ursache.
3. Das Gerät, welches den Interrupt verursacht hat, wird über das Akzeptieren des Interrupts unterrichtet. Dies kann über eine spezielle Leitung oder über Software geschehen (*Interrupt Acknowledge*).
4. Rettung sämtlicher Registerinhalte der CPU auf den Stack. Dies geschieht automatisch.
5. Identifikation des Interrupts: Mit Hilfe von Software oder Hardware erkennt die CPU die Quelle der Interrupt-Anforderung (siehe 6.3.2).
6. Abarbeiten des Interrupt-Service-Programms.
7. Am Schluß dieses Programms steht immer ein RTI-Befehl (*Return from Interrupt*). Dieser Befehl bewirkt, daß die auf dem Stack abgespeicherten Registerinhalte wieder in die CPU gebracht werden. Damit kann die CPU ihre Arbeit genau dort fortsetzen, wo sie unterbrochen wurde.

Ein Interrupt-Ablauf hat Ähnlichkeit mit einem Unterprogramm. Der wesentliche Unterschied ist der, daß ein Unterprogramm nur zu festen, vom Programmierer bestimmten Zeiten erscheint, ein Interrupt hingegen zu vorher nicht bekannten Zeiten eintreffen kann.

6.3.2 Mehrfache Interrupt-Verarbeitung

Ein Mikroprozessorsystem hat meist mehrere Peripheriegeräte, die alle die Möglichkeit haben sollten, sich über Interrupt Zugang zur CPU zu verschaffen. Der Mikroprozessor muß also imstande sein, die Quelle der Interrupt-Anforderung zu erkennen. Die Identifikation der Anforderungsquelle ist notwendig, weil für jedes Peripheriegerät ein spezielles Service-Programm erforderlich ist. Es gibt verschiedene Verfahren, die man nach Software und Hardware aufteilen kann. Welches Verfahren man einsetzt, hängt von der Geschwindigkeit und den Kosten ab. Software-Lösungen kosten Zeit, sind aber billig. Bei zeitkritischen Anwendungen (Echtzeitbetrieb) muß man die schnellere Hardware-Lösung wählen, die aber mehr kostet.

Die *Software-Lösung* wird in kleineren Mikroprozessorsystemen häufig angewandt. Einige Mikroprozessoren haben nur einen Interrupt-Anschluß (IRQ), wie z.B. der 6800. Dann müssen alle IRQ-Leitungen der Peripheriegeräte über ein „Verdrahtetes Oder" mit diesem IRQ-Anschluß der CPU verbunden werden. Jedem Peripheriegerät ist ein Interrupt-Flag zugeordnet, das bei einer Unterbrechungsanforderung auf 1 gesetzt wird. Dies ermöglicht eine Identifizierung durch die CPU. Und zwar wird durch ein Suchprogramm, welches durch das Interruptsignal gestartet wird, jedes einzelne Flag abgefragt. Man nennt dieses Verfahren *Polling*.

> *Polling* ist ein programmgesteuertes sequentielles Abfragen der Interrupt-Request-
> Flags von allen Peripheriegeräten.

Man wird sinnvollerweise dem Peripheriegerät mit der größeren Arbeitsgeschwindigkeit
die höhere Priorität zuordnen. Es gibt verschiedene Möglichkeiten der Zuordnung von
Prioritäten. Die einfachste ist die, daß das Suchprogramm in der Reihenfolge der Priorität abfragt. Beim 6800 besteht zum Beispiel die Möglichkeit, mit Hilfe des Interrupt-Flip-
flops im Steuerregister Prioritäten zu setzen.

Beispiel:
Die CPU bedient zwei Peripheriegeräte. Gerät Nr. 1 hat die höhere Priorität, daher wird es zuerst bedient. Man kann nun die Priorität per Programm ändern. Wie bereits besprochen, setzt die CPU bei jeder Unterbrechung das Interrupt-Flag des Steuerregisters auf 1, um so weitere Interrupts zu blockie-
ren. Enthält nun das aufgerufene Interrupt-Service-Programm einen Befehl, der dieses Flag wieder
auf 0 zurücksetzt, so kann es jederzeit durch einen weiteren Interrupt unterbrochen werden.

Die einfachste *Hardware-Lösung* ist die, daß der Prozessor mehrere Interrupt-Eingänge hat.
Sonst muß sich der Anwender die Prioritätsschaltung selbst aufbauen, oder er setzt speziell entwickelte Prioritätsschaltkreise ein (MC 6828).
Die eleganteste Methode besteht darin, daß alle IRQ-Leitungen der Peripheriegeräte zu
einem Datenwort zusammengefaßt werden, das von der CPU eingelesen wird. Dieses Datenwort bildet zugleich die Startadresse der betreffenden Interrupt-Service-Routine. Man
nennt das Verfahren *Vectored Interrupt*.

> *Vectored Interrupt* ist eine feste Zuordnung zwischen Peripheriegerät und Start-
> adresse der zugehörigen Routine mittels Hardware.

Der 6828 z. B. ordnet jeder unterbrechenden Stelle eine eigene Programmadresse zu, unter der die zugehörige Interrupt-Routine zu erreichen ist. Die Verteilung der Priorität erfolgt mit Hilfe einer Maske im sogenannten Prioritäts-Codierer. Der Leser sei für weitere
Informationen auf das Datenblatt verwiesen.

6.3.3 Interrupt-Möglichkeiten beim 6800

Beim Mikroprozessor 6800 gibt es vier verschiedene Interrupt-Möglichkeiten:

> *Reset*
> *Non-Maskable Interrupt* (NMI)
> *Interrupt Request* (IRQ)
> *Software Interrupt* (SWI)

Zu jedem Interrupt gehört ein *Interruptvektor.* Diese Vektoren sind in einem ROM fest
gespeichert, und zwar meist am oberen Ende des Adreßraumes. Das Bild 6.4 zeigt den
Adreßplan eines typischen Mikroprozessorsystems. Die meisten Systeme haben ein Betriebsprogramm, auch Monitorprogramm genannt, welches nach dem Einschalten die
Kontrolle über den Rechner übernimmt und auch verschiedene Funktionen bedient. Die-

ses Monitorprogramm wird meist von der Firma mitgeliefert und zwar in einem ROM. Man kann es sich auch selbst entwickeln und z. B. in ein EPROM einschreiben. Beim 6800 ist es üblich, die Interruptvektoren, wie bereits gezeigt, an den höchsten Speicherstellen zu speichern. Damit liegt auch das ROM meist am oberen Ende des Speichers. Die RAM-Bereiche werden normalerweise an den Anfang des Speicherbereichs gelegt, um die Direct-Adressierung auszunutzen. Interface-Bausteine werden oft in die Mitte gelegt.
Die Adreßzuordnung für die Vektoren beim 6800 zeigt Bild 6.5.

0 0 0 0	R A M
	256
0 0 F F	Bytes
	unbenutzt
8 0 0 8	ACIA
	unbenutzt
8 0 2 0	PIA
8 0 2 3	
	unbenutzt
F C 0 0	Monitor
	R O M
F F F F	1 K Byte

Bild 6.4 Adreßbelegung eines typischen Mikroprozessorsystems

Adresse	
F F F 8	I R Q (MSB)
F F F 9	I R Q (LSB)
F F F A	S W I (MSB)
F F F B	S W I (LSB)
F F F C	N M I (MSB)
F F F D	N M I (LSB)
F F F E	RESET (MSB)
F F F F	RESET (LSB)

Bild 6.5 Adreßzuordnung der Interruptvektoren beim 6800

Es sei nochmals ausdrücklich erwähnt, daß die unter den obigen Adressen gespeicherten Interruptvektoren die Anfangsadresse der jeweiligen Interrupt-Service-Routine darstellen. Die verschiedenen Interrupt-Möglichkeiten sollen nun im einzelnen besprochen werden.
Der *Reset-Interrupt* dient dazu, für das System einen definierten Anfangszustand herzustellen. Wenn das System eingeschaltet wird, soll das Monitorprogramm die Kontrolle übernehmen und bei Adresse FC00 mit der Auführung beginnen. Auch während des Programmierens, also wenn man sich zum Beispiel im Anwenderprogramm befindet, sollte ein Rücksprung in das Monitorprogramm jederzeit möglich sein. Für diese beiden Aufgaben hat die CPU einen besonderen Anschluß, den RESET-Anschluß. Wird dieser Anschluß auf 0 gelegt, so wird das System in jedem Fall neu initialisiert. Es handelt sich also bei dem RESET-Signal um ein Interruptsignal. Anhand von Bild 6.6 wird erklärt, was passiert, wenn ein RESET-Signal eintrifft.
Wenn also am RESET-Pin der CPU Low-Potential liegt, springt die CPU sofort und in jedem Fall zur Adresse FFFE. Dort steht der RESET-Interrupt-Vektor, und zwar das höherwertige Byte. Zuvor wurde das Interrupt-Bit auf 1 gesetzt. Kein anderer Interrupt kann also diese Interrupt-Routine unterbrechen. Der Inhalt des Speicherplatzes FFFE, in unserem Fall FC, wird in das höhere Byte des Programmzählers geladen. Das niedere Byte des Programmzählers wird mit dem Inhalt des Speicherplatzes Nr. FFFF geladen, in unserem Fall 00. Damit enthält der Programmzähler die Adresse FC00, also die Adresse, bei der das Monitorprogramm beginnt. Die Interrupt-Service-Routine für RESET ist damit beendet.

Der Opcode des ersten Befehls vom Monitorprogramm wird von der Adresse FC00 geholt. Die CPU arbeitet unter der Kontrolle des Monitorprogrammes.

Der Anschluß *Interrupt Request* ($\overline{IRQ}$) stellt für den Anwender eine komfortable Möglichkeit dar, in die laufende Arbeit der CPU einzugreifen. Anhand von Bild 6.7 wird der Ablauf der IRQ-Routine erklärt.

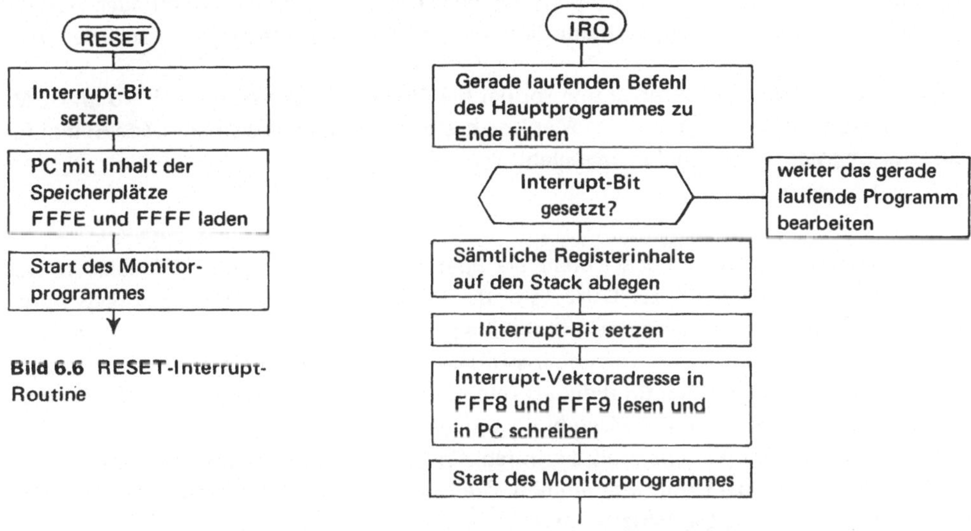

Bild 6.6 RESET-Interrupt-Routine

Bild 6.7 Interrupt Request ($\overline{IRQ}$)

Gelangt an den $\overline{IRQ}$-Anschluß der CPU Low-Potential, so führt die CPU den gerade laufenden Befehl zu Ende. Danach wird getestet, ob das Interrupt-Bit gesetzt ist. Ist es gesetzt, wird im Hauptprogramm weitergefahren, der Interrupt wird also verweigert. Ist es nicht gesetzt, wird also die Unterbrechungsanforderung akzeptiert, werden sämtliche Registerinhalte der CPU auf den Stack gebracht, und zwar in der Reihenfolge, wie sie Bild 6.8 zeigt. Anschließend werden weitere Unterbrechungen durch Setzen des $\overline{IRQ}$-Flags gesperrt. Zum Schluß wird der Programmzähler mit dem Inhalt der Speicherplätze Nummer FFF8 und FFF9 geladen. Dieser Inhalt stellt aber die Anfangsadresse der Interrupt-Service-Routine dar.

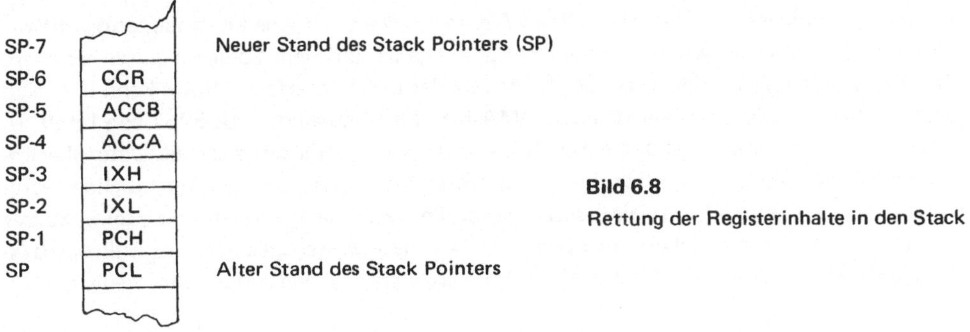

Bild 6.8 Rettung der Registerinhalte in den Stack

Die *Interrupt-Service-Routine* ist ein Teil des Monitorprogrammes, welches zum Beispiel mit der Adresse FC10 beginnen soll. D. h., der Interrupt-Vektor unter der Adresse FFF8 und FFF9 heißt FC10. Nachdem die Service-Routine beendet ist, beginnt das Monitorprogramm dort zu arbeiten. Es kann sich also in diesem Fall nur um ein fest in ein ROM eingeschriebenes Programm handeln. Das aber bedeutet eine starke Einschränkung.

Möchte nun der Benutzer selbst das IRQ-Service-Programm schreiben und auch die Anfangsadresse selbst festlegen, so kann diese Möglichkeit folgendermaßen geschaffen werden:

Nach Eintreffen einer Unterbrechung springt die CPU wieder zur Adresse FC10 im ROM. Das Interrupt-Service-Programm im Monitor besteht jetzt aber aus einem Lade-Befehl für das Indexregister und einem Sprungbefehl:

```
LDX  00FE
JMP  X
```

Das Indexregister wird mit dem Inhalt der Speicherstelle 00FE und 00FF geladen. Das aber sind RAM-Speicherplätze. Dort kann der Programmierer die Anfangsadresse seines eigentlichen Interruptprogrammes hinschreiben. Anschließend an den LDX-Befehl führt die CPU einen indizierten Sprungbefehl aus. Die Startadresse wird in diesem Beispiel also durch das Benutzerprogramm definiert und in die Speicherstelle 00FE und 00FF eingeschrieben oder durch einen Lade-Befehl dort hingebracht.

Am Ende der Service-Routine muß der Befehl RTI (Opcode: 3B) stehen. Er wirkt ähnlich wie der Befehl RTS bei Unterprogrammen. Die CPU springt zum Hauptprogramm zurück, und zwar dorthin, wo sie es verlassen hat.

Der *Non-Maskable Interrupt* ($\overline{\text{NMI}}$) unterscheidet sich vom $\overline{\text{IRQ}}$-Interrupt durch zwei Dinge. $\overline{\text{NMI}}$ kann nicht maskiert werden. Er wird auf jeden Fall ausgeführt. Die Anfangsadresse steht an den Speicherplätzen FFFC und FFFD.

Der *Software Interrupt* (SWI) ist gewissermaßen eine programmierte Unterbrechung. Ihre Anfangsadresse steht an den Speicherplätzen FFFA und FFFB. Der Software Interrupt wird wie ein Hardware-Interrupt bedient. Er eignet sich sehr gut zur Einzelschrittsteuerung eines Programmes und damit zum Austesten. Man kann sich zum Beispiel den Stack-Inhalt ausdrucken lassen, der nach Ausführung des Interrupts die aktuellen Registerinhalte der CPU enthält. Ist das Programm ausgetestet, kann man die SWI-Instruktion wieder entfernen.

6.4 Direkter Speicherzugriff

Der direkte Speicherzugriff (DMA: *Direct Memory Access*) ist eine Methode, ohne Mitwirkung der CPU Daten zwischen einem Peripheriegerät und dem Speicher auszutauschen. Der Datenaustausch erfolgt unter der Kontrolle des DMA-Interface. Dieses kann man sich selbst aufbauen, oder man kauft einen DMA-Interface-Baustein (z. B. 8257 von Intel). In beiden Fällen ist also zusätzliche Hardware notwendig. Allerdings ist die Datenübertragungsgeschwindigkeit wesentlich höher, als es unter Programmkontrolle möglich wäre. DMA wird daher überall dort eingesetzt, wo große Datenmengen (Datenblöcke) in kurzer Zeit übertragen werden sollen, also bei allen externen Massenspeichern. In Mikroprozessorsystemen ist das oft eine Floppy-Disk. Im Vergleich zu einem interruptgesteuerten Datenaustausch benötigt DMA wesentlich weniger Zeit. Als Systementwickler muß man sich überlegen, ob im konkreten Fall die CPU-Zeit wirklich gebraucht wird, weil die DMA-Interface-Bausteine kompliziert und damit teuer sind.

Es soll nun das Prinzip einer DMA-Übertragung erklärt werden. Zuvor sollte man sich nochmals klar machen, was bei einem Datenaustausch durch Interrupt-Steuerung im wesentlichen geschieht. Nachdem die Datenübertragung durch ein IRQ-Signal bei der CPU angemeldet ist, wird das Datenwort vom Eingabegerät eingelesen und im Akkumulator zwischengespeichert. Anschließend schreibt die CPU das Datenwort unter der gewünschten Adresse in den Speicher. Meist werden die Daten in aufeinanderfolgenden Speicherplätzen abgelegt. Die Aufgabe der CPU besteht also nur darin, Daten einzulesen, Daten abzuspeichern und einen Adreßzähler um 1 zu erhöhen. Genau diese Aufgaben kann aber ein DMA-Interface übernehmen. Dieses DMA-Interface benötigt dazu ein Adreßregister, einen Vorwahlzähler und ein Statusregister. Das Adreßregister enthält die Adresse, unter der als nächstes geschrieben werden soll. Im Vorwahlzähler wird die Anzahl der Datenworte gespeichert, anschließend wird rückwärts gezählt. Das Statusregister legt unter anderem fest, ob geschrieben oder gelesen werden soll.

Welche Rolle spielt nun die CPU bei einem DMA-Transfer? Die CPU hat mindestens zwei Anschlüsse, die für DMA verwendet werden können:

DMA REQUEST und DMA GRANT

Das DMA-Interface sendet ein DMA-Request-Signal an die CPU, mit dem es der CPU mitteilt, daß ein DMA-Transfer vorgenommen werden soll. Beim Mikroprozessor 6800 erfüllt diese Funktion der Anschluß $\overline{\text{HALT}}$.

Ist die CPU bereit, übermittelt sie dem DMA-Interface ein Signal „DMA Grant". Beim Mikroprozessor 6800 ist das der Anschluß BA. Das Wesentliche an einer DMA-Übertragung ist, daß die Adreß- und Datenanschlüsse in den hochohmigen Zustand gehen, d. h., der Mikroprozessor koppelt sich selbst vom Daten- und Adressen-Bus ab und stellt diese unter die Kontrolle des DMA-Interface.

Der Mikroprozessor 6800 kennt zwei verschiedene Methoden des DMA-Transfer:

DMA *Transfer by Halting Processor*
DMA *Transfer by Cycle Stealing.*

Beim ersten Verfahren hält der Mikroprozessor an und bringt die Adressen- und Datenleitungen in den hochohmigen Zustand. Das Programm wird dabei aber nicht unterbrochen. Allerdings verlängert sich die Bearbeitungszeit.

Beim zweiten Verfahren „stiehlt" der DMA-Transfer der CPU Taktzyklen. Bei einer DMA-Anforderung wird das Programm für die Dauer eines Zyklus unterbrochen, und der wesentlich schnellere DMA-Transfer abgewickelt. Für den Programmierer scheint die CPU mit einem langsameren Takt zu arbeiten. Das nachfolgende Bild soll den Sachverhalt bei einer Datenübertragung im DMA-Mode verdeutlichen.

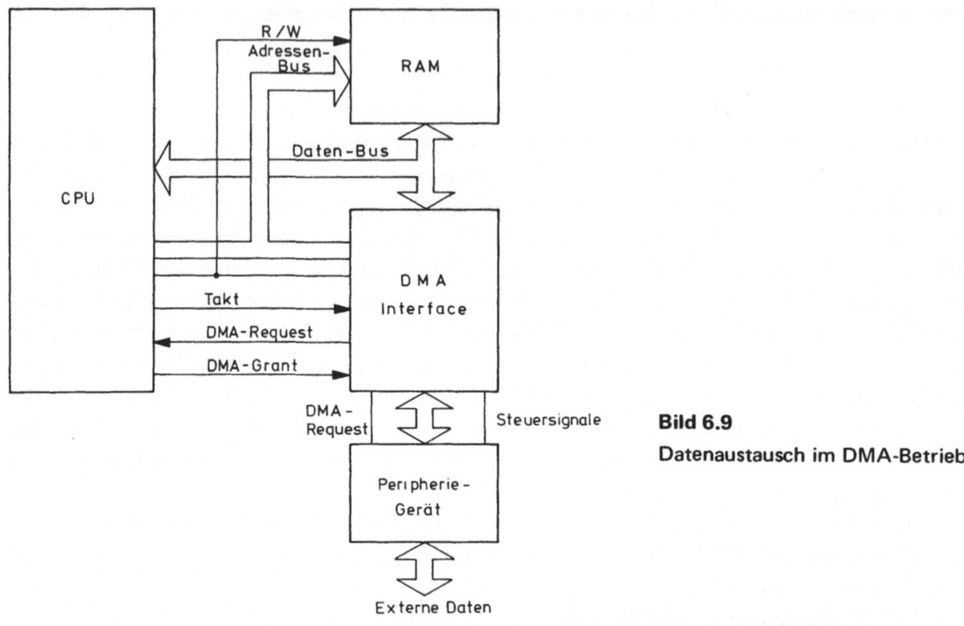

Bild 6.9
Datenaustausch im DMA-Betrieb

6.5 Programmierbeispiele und Programmiertips

Es werden nun zum Schluß noch ein paar Hinweise und Beispiele zum Programmieren des 6800 gegeben, die dem Leser eine Hilfe beim Üben bieten sollen. Die aufgeführten Beispiele wurden mit dem Kit MEK 6800 D2 durchgerechnet. Natürlich ist auch jedes andere System mit der CPU 6800 verwendbar, wie zum Beispiel das in 3.1 vorgeschlagene Minimalsystem. Programmiert wird in Assembler-Schreibweise. Die Operanden werden in hexadezimaler Form oder symbolisch angegeben. Anschließend wird von Hand assembliert. Dabei ist folgendes zu tun:

1. Einsetzen des Maschinencodes (hexadezimal) für jeden Befehl (Eingabe durch eine Hexadezimal-Tastatur).
2. Bestimmung der Adressen (Offset-Adresse bei indizierter oder relativer Adressierung).

6.5.1 Addition von Dualzahlen
(Anwendung verschiedener Adressierungsarten)

a) Addition von zwei Dualzahlen (Direct-Adressierung)

Zahlenbeispiel:

```
  4 9       0 1 0 0 1 0 0 1
+ 6 1     + 0 1 1 0 0 0 0 1
  ─────     ─────────────────
  A A       1 0 1 0 1 0 1 0
```

Falls nicht anders vermerkt, werden die Operanden in hexadezimaler Schreibweise angegeben.

ADDR	CODE	MNEMONIC	COMMENT
0000	96	LDAA	Lade die Zahl in Speicher Nr. 7
0001	07	07	in den Akku A
0002	9B	ADDA	Addiere zum Akkuinhalt die Zahl in Speicher Nr. 8
0003	08	08	Bringe das Ergebnis nach Speicher Nr. 9
0004	97	STAA	CPU — Halt
0005	09	09	
0006	3E	WAI	
0007	49	49	
0008	61	61	
0009	—		

b) Addition von zwei Dualzahlen (Immediate-Adressierung)

ADDR	CODE	MNEMONIC	COMMENT
0000	86	LDAA #	
0001	49	49	
0002	8B	ADDA #	
0003	61	61	
0004	97	STAA	
0005	07	07	
0006	3E	WAI	
0007	—		

c) Addition von Dualzahlen (Extended-Adressierung)

ADDR	CODE	MNEMONIC	COMMENT
0000	B6	LDAA	
0001	00	00	
0002	0A	0A	
0003	BB	ADDA	
0004	00	00	
0005	0B	0B	
0006	B7	STAA	
0007	00	00	
0008	0C	0C	
0009	3E	WAI	
000A	49	49	
000B	61	61	
000C	—		

d) Addition von mehreren Dualzahlen (Indexed-Adressierung)

Es werden 5 Dualzahlen addiert, die hintereinander in einer Liste stehen. Durch den Einsatz der Schleifentechnik in Verbindung mit der indizierten Adressierung wird das Programm sehr kurz. Es wird diesmal mit dem Akkumulator B gearbeitet. Das Ergebnis soll in Speicherstelle 0 abgespeichert werden. Die fünf Dualzahlen stehen in den Plätzen 0010 bis 0014.

ADDR	CODE	MNEMONIC	COMMENT
0000	—		
0001	5F	CLRB	Inhalt von Akku B löschen
0002	CE	LDX #	Indexregister mit Anfangsadresse der Liste laden
0003	00	00	
0004	10	10	
0005	→EB	ADDB, X	Adressierten Speicherinhalt zum Akku B addieren
0006	00	00	
0007	08	INX	IX um 1 erhöhen
0008	8C	CPX #	Test, ob Liste fertig
0009	00	00	
000A	15	15	
000B	26	BNE	Falls nicht, springe zurück
000C	F8	F8	
000E	00	00	
000F	3E	WAI	
0010	01	01	
0011	42	42	
0012	33	33	
0013	24	24	
0014	10	10	

e) Addition in Zweierkomplementarithmetik

1. Aufgabe:

Es sollen die beiden Zahlen 42_{10} und 203_{10} (vorzeichenlose Dualzahlen) addiert werden.

2. Aufgabe:

Es sollen die beiden Zahlen 42_{10} und -53_{10} (in Zweierkomplementdarstellung addiert werden.

Für beide Aufgaben ergibt sich das gleiche Programm:

ADDR	CODE	MNEMONIC
0000	—	
0001	86	LDAA #
0002	2A	42_{10}
0003	8B	ADDA #
0004	CB	203_{10}
0005	97	STAA
0006	00	00
0007	3E	WAI

Die CPU addiert die beiden Bitmuster. Es hängt von der Interpretation des Programmierers ab, in welcher Darstellung er die Bitmuster benutzen will.

Bei der ersten Aufgabe ist das Ergebnis F5, was dort 245_{10} bedeutet. (42 + 203 = 245)

Bei der zweiten Aufgabe ist das Ergebnis ebenfalls F5, was hier aber -11_{10} bedeutet. (+ 42 − 53 = − 11)

6.5.2 Löschen, Suchen, Sortieren und Verschieben von Speicherinhalten

a) Löschen eines Speicherbereichs

Beispiel:
Ein Bereich von 10_{16} Speicherplätzen mit der Anfangsadresse 0050_{16} soll gelöscht werden. IX wird mit 0050 und Akku B, der als Zähler dient, wird mit 10 geladen.

ADDR	CODE	MNEMONIC	COMMENT
0000	CE	LDX #	
0001	00	00	
0002	50	50	HAUPTPROGRAMM
0003	C6	LDAB #	
0004	10	10	
0005	BD	JSR	
0006	00	00	
0007	10	10	
0008	3E	WAI	

ADDR	CODE	MNEMONIC	COMMENT
0010	6F	CLR	
0011	00	00	
0012	08	INX	
0013	5A	DECB	UNTERPROGRAMM
0014	26	BNE	
0015	FA	FA	
0016	39	RTS	

b) Suchen der kleinsten Zahl aus einer Tafel von 10 Zahlen (vorzeichenlose Dualzahlen)

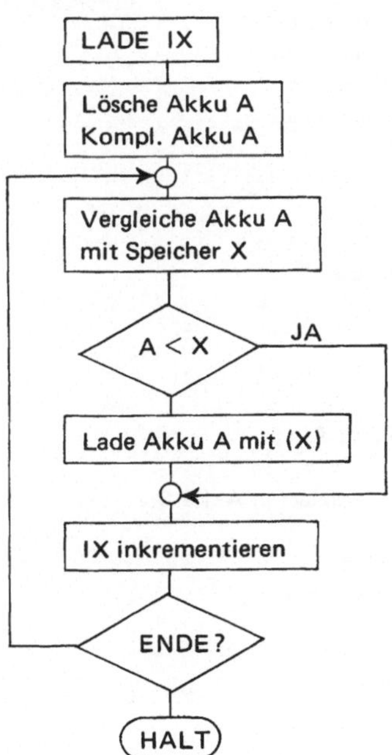

ADDR	CODE	MNEMONIC	COMMENT
0000	CE	LDX #	
0001	00	00	
0002	50	50	
0003	4F	CLRA	
0004	43	COMA	
0005	A1	CMPA, X	
0006	00	00	
0007	25	BCS	
0008	02	02	
0009	A6	LDAA, X	
000A	00	00	
000B	08	INX	
000C	8C	CPX #	
000D	00	00	
000E	59	59	
000F	26	BNE	
0010	F4	F4	
0011	3E	WAI	

Nach Abarbeiten des Programms steht die kleinste Zahl in Akku A.

c) Sortieren von Zahlen

Es soll eine beliebige Zahlenfolge nach fallenden Werten sortiert werden. Im Speicherplatz Nr. 0000 und 0001 steht die Anfangsadresse des zu ordnenden Zahlenbereichs, in den beiden folgenden Plätzen die Endadresse. Speicherplatz Nr. 0004 dient als Zähler; er zählt die Anzahl der Verschiebungen.

ADDR	CODE		MNEMONIC	COMMENT
0000			HILF 1	Anfangsadresse des Speicherbereichs
0001			HILF 2	Anfangsadresse des Speicherbereichs
0002			HILF 3	Endadresse des Speicherbereichs
0003			HILF 4	Endadresse des Speicherbereichs
0004			HILF 5	Zähler
.				
.				
.				
0010	DE	M1	LDX	Lade IX mit Anfangsadresse
0011	00		HILF 1	
0012	7F		CLR	Lösche Zähler
0013	00		HILF 5	
0014	04		HILF 5	
0015	A6	M2	LDAA,X	Lade Zahl indiziert in Akku A
0016	00		00	
0017	E6		LDAB,X+1	Lade nachfolgende Zahl indiziert in Akku B
0018	01		01	
0019	11		CBA	Vergleiche die beiden Zahlen
001A	24		BCC	Wenn Z1 > Z2, springe nach M3
001B	07		M3	
001C	A7		STAA,X+1	Vertausche die beiden Zahlen
001D	01		01	
001E	E7		STAB,X	
001F	00		00	

0020	7C		INC	Zähler um 1 erhöhen
0021	00		HILF 5	
0022	04		HILF 5	
0023	08	M3	INX	IX um 1 erhöhen
0024	9C		CPX	Vergleiche mit Endadresse
0025	02		HILF 3	
0026	26		BNE	Falls Endadresse noch nicht erreicht, gehe nach M2
0027	ED		M2	und sortiere
0028	7D		TST	Zähler testen
0029	00		HILF 5	
002A	04		HILF 5	
002B	26		BNE	Falls Zähler nicht 0, geht nach M1 und sortiere neu
002C	E3		M1	
002D	3E		WAI	CPU HALT

d) Verschieben von Speicherbereichen

Dieses Programm verschiebt eine Zahlentafel mit beliebiger Anfangsadresse und beliebiger Länge in einen anderen Speicherbereich, dessen Anfangsadresse angegeben wird. Das Beispiel zeigt, wie das Indexregister und der Stack-Pointer als sogenannte Datenzeiger verwendet werden können. Beide Register werden mit den Anfangsadressen der beiden Speicherbereiche geladen und nach Abarbeiten der zugehörigen Befehle um 1 erhöht. Daß der Stack-Pointer zweimal erhöht werden muß, liegt daran, daß nach Ausführung des PUSH-Befehls der Stack-Pointer um 1 vermindert wird. Der Akku B dient als Zähler, der die Anzahl der Speicherplätze auszählt.

Unter den Adressen 0000 und 0001 wird die Anfangsadresse von Bereich 1 eingeschrieben, in die beiden nächsten Plätze die Anfangsadresse von Bereich 2. In Speicherplatz 0004 steht die Länge der Zahlentafel, also die Anzahl der Speicherplätze. Die Plätze 0005 und 0006 dienen als temporärer Speicher zur Ablage des Stack-Pointer-Inhalts.

ADDR	CODE		MNEMONIC	COMMENT
0000			HILF 0	Anfangsadresse Bereich 1
0001			HILF 1	Anfangsadresse Bereich 1
0002			HILF 2	Anfangsadresse Bereich 2
0003			HILF 3	Anfangsadresse Bereich 2
0004			HILF 4	Zahl der Speicherplätze
0005			HILF 5	Ablage für Stack-Pointer
0006			HILF 6	Ablage für Stack-Pointer
.				
.				
.				
0010	D6		LDAB	Anzahl der Speicherplätze in Akku B
0011	04		HILF 4	
0012	DE		LDX	Anfangsadresse Bereich 1 in IX
0013	00		HILF 0	
0014	9F		STS	Inhalt von SP nach HILF 5
0015	05		HILF 5	ablegen
0016	9E		LDS	Anfangsadresse von Bereich 2
0017	02		HILF 2	in SP
0018	A6	M1	LDAA,X	Akku A indiziert laden
0019	00		00	

001A	36	PSHA	Akkuinhalt in neuen Speicherplatz
001B	08	INX	Datenzeiger (Ber. 1) auf nächsten Speicherplatz
001C	31	INS	Datenzeiger (Ber. 2) auf nächsten Speicherplatz
001D	31	INS	
001E	5A	DECB	Zähler um 1 erniedrigen
001F	26	BNE	Falls nicht 0, weiter verschieben
0020	F7	M1	
0021	9E	LDS	sonst ursprünglichen Inhalt von SP
0022	05	HILF 5	zurückholen und
0023	3E	WAI	CPU anhalten

6.5.3 Operationen mit Zahlen in Mehrfachgenauigkeitsdarstellung

a) Inkrementieren einer Zahl in Mehrfachgenauigkeitsdarstellung

Die Aufgabe, eine Zahl von mehr als ein Byte Länge zu inkrementieren, tritt häufig auf. Als Beispiele seien genannt: Weiterschalten eines Datenzeigers, Weiterschalten eines Ereigniszählers in einer Schleife. In jedem Fall muß das niederwertigste Byte (LSB des Datenwortes inkrementiert werden, und falls es 0 wird, muß das nächste Byte inkrementiert werden und so fort. Besteht die Zahl nur aus zwei Byte, so wird einfach das Indexregister mit der Zahl geladen, und der INX-Befehl angewandt.

Das nachfolgende Programm zeigt die Inkrementierung einer Zahl, deren Bytes in aufeinanderfolgenden Speicherplätzen stehen, und zwar mit dem LSB unter der niedrigsten Adresse. Diese niedrigste Adresse muß bei Programmbeginn im Indexregister stehen, ebenso die Anzahl der Bytes in Akku B.

Das Programm wurde als Unterprogramm geschrieben und hat den Namen INKR. Im Beispiel ist die Zahl 5 Bytes lang und steht in den Speicherplätzen 0000 – 0004.

Das Kurze Hauptprogramm lädt das Indexregister IX und den Akku B. Natürlich kann das Unterprogramm in jedes andere Hauptprogramm eingebaut werden.

ADDR		CODE	MNEMONIC	COMMENT
0000				
0001				
0002				
0003				
0004				
.				
.				
0010		CE	LDX #	Adresse von LSB in IX
0011		00	00	
0012		00	00	
0013		C6	LDAB #	Anzahl der Bytes in Akku B
0014		05	05	
0015		BD	JSR	Sprung in UP INKR
0016		00	INKR	
0017		19	INKR	
0018		3E	WAI	CPU HALT
0019	INKR	6C	INC,X	Inkrementiere Speicherplatz
001A		00	00	
001B		26	BNE	Falls Byte $\neq$ 0, Rückkehr ins HP
001C		04	M1	

001D		08	INX	Sonst Adreßzeiger um 1 erhöhen
001E		5A	DECB	Byte-Zähler um 1 erniedrigen
001F		26	BNE	Falls Zähler $\neq$ 0, weiter inkrement.
0020		F8	INKR	
0021	M1	39	RTS	Rückkehr ins HP

b) Dekrementieren einer Zahl in Mehrfachgenauigkeitsdarstellung

Beispiel:
00000001 11111111
                .
                .
                .
·00000001 00000000
 00000000 11111111

Wenn das niederwertige Byte beim Dekrementieren von 00 auf FF geht, muß das nächste
Byte dekrementiert werden, also eine "1" vom höherwertigen Byte „geborgt" werden.
Wir können nicht den DEC-Befehl verwenden, da er das Bedingungsregister nicht so beeinflußt, daß man einen Wechsel des jeweiligen Byte von 00 auf FF erkennt. Statt dessen
wird vom jeweiligen Byte 1 subtrahiert. Dann zeigt das C-Flag an, wann vom höherwertigen Byte eine 1 geborgt werden muß, wann also das höherwertige Byte dekrementiert werden muß. Im übrigen gleicht dieses Programm dem vorhergehenden.

ADDR		CODE	MNEMONIC	COMMENT
0000				LSB
0001				
0002				
0003				
0004				
.				
.				
.				
0010		CE	LDX #	Adresse von LSB in IX
0011		00	00	
0012		00	00	
0013		C6	LDAB #	Anzahl der Bytes in Akku B
0014		05	05	
0015		BD	JSR	Sprung in UP DEKR
0016		00	DEKR	
0017		19	DEKR	
0018		3E	WAI	CPU HALT
0019	DEKR	A6	LDAA,X	
001A		00	00	
001B		80	SUBA	
001C		01	01	Byte mit Hilfe von Akku A
001D		A7	STAA,X	dekrementieren
001E		00	00	
001F		24	BCC	Falls Übertrag geborgt wurde,
0020		04	M1	Rückkehr ins HP
0021		08	INX	Sonst Adreßzeiger erhöhen
0022		5A	DECB	Bytezähler um 1 erniedrigen
0023		26	BNE	Falls Zähler $\neq$ 0, weiter dekrementieren
0024		F4	DEKR	
0025	M1	39	RTS	Rückkehr ins HP

c) Bildung des Zweierkomplements einer Dualzahl in Mehrfachgenauigkeitsdarstellung

Wie bereits bekannt, kann man im Dualzahlensystem zwei Komplemente bilden: Das Einerkomplement und das Zweierkomplement. Das Einerkomplement wird gebildet, indem jedes Bit invertiert wird. Dies geschieht im Programm durch den Befehl COM. Das Zweierkomplement entsteht aus dem Einerkomplement durch Addition einer 1. Im Programm wird das Zweierkomplement einer Zahl mit dem Befehl NEG gebildet. Das folgende Programm soll das Zweierkomplement einer Zahl bilden, die aus mehreren Byte besteht. Auch bei diesem Programm steht die Adresse des LSB wieder im IX und die Anzahl der Bytes in Akku B, bevor in das UP gesprungen wird.

Anhand von zwei Beispielen wird zunächst der Algorithmus erklärt:

Beispiel 1:

```
00000011  00000000     Zahl
11111100  11111111     Einerkomplement
                + 1
─────────────────────
11111101  00000000     Zweierkomplement
```

Beispiel 2:

```
00000001  00000001     Zahl
11111110  11111110     Einerkomplement
                + 1
─────────────────────
11111110  11111111     Zweierkomplement
```

Wie die Beispiele zeigen, wird vom LSB in jedem Falle mit Hilfe des NEG-Befehls das Zweierkomplement gebildet. Wenn diese Operation das Byte zu 0 macht, wird das C-Flag gesetzt. Damit wird vom nächsthöheren Byte ebenfalls das Zweierkomplement gebildet. Ist das C-Flag nicht gesetzt, wird von allen übrigen Bytes mit Hilfe des COM-Befehls das Einerkomplement gebildet.

ADDR		CODE	MNEMONIC	COMMENT
0000				LSB
0001				
0002				
0003				
0004				
.				
.				
.				
0010		CE	LDX #	
0011		00	00	
0012		00	00	
0013		C6	LDAB #	
0014		05	05	
0015		BD	JSR	
0016		00	KOMPL	
0017		19	KOMPL	
0018		3E	WAI	
0019	KOMPL	60	NEG,X	
001A		00	00	
001B	M1	5A	DECB	

ADDR		CODE	MNEMONIC
001C		26	BNE
001D		01	M2
001E		39	RTS
001F	M2	08	INX
0020		24	BCC
0021		F7	KOMPL
0022		63	COM,X
0023		00	00
0024		20	BRA
0025		F5	M1

d) Verschieben von Dualzahlen in Mehrfachgenauigkeitsdarstellung

Eine Dualzahl wird mit 2 multipliziert, indem man die ganze Zahl um eine Stelle nach links verschiebt und ins LSB eine 0 einschreibt. Die Division durch 2 erfolgt durch Stellenverschiebung nach rechts. Das nachfolgende Programm verschiebt eine Zahl aus mehreren Bytes um eine Stelle nach links.

Beispiel:

00000101 = 5
00001010 = A

ADDR		CODE	MNEMONIC	COMMENT
0000				LSB
0001				
0002				
0003				
0004				
.				
.				
0010		CE	LDX #	
0011		00	00	
0012		00	00	
0013		C6	LDAB #	
0014		05	05	
0015		BD	JSR	
0016		00	ROL	
0017		19	ROL	
0018		3E	WAI	
0019	ROL	0C	CLC	
001A	M1	69	ROL,X	
001B		00	00	
001C		5A	DECB	
001D		26	BNE	
001E		01	M2	
001F		39	RTS	
0020	M2	08	INX	
0021		20	BRA	
0022		F7	M1	

e) Addition von Dualzahlen in Mehrfachgenauigkeitsdarstellung

Das nachfolgende Programm addiert zwei Summanden von theoretisch beliebiger Länge.
Die Adresse des ersten Summanden steht in Speicherplatz Nr. 001A (und zwar das LSB!).
Die Adresse des zweiten Summanden steht in Speicherplatz Nr. 001C (ebenfalls das LSB).
In Speicherplatz Nr. 001E steht die Anzahl der Bytes der Summanden. Die Summe wird
in die Speicherplätze des ersten Summanden geschrieben; Summand 1 geht also verloren.
Als *Beispiel* wird folgende Addition ausgeführt:

$$\begin{array}{r} 3456 \\ +\ \ 7654 \\ \hline AAAA \end{array}$$

ADDR		CODE	MNEMONIC	COMMENT
0000		DE	LDX	
0001		1A	MEM1	
0002		D6	LDAB	
0003		1E	B	
0004		0C	CLC	
0005	ADDI	A6	LDAA,X	
0006		00	00	
0007		DF	STX	
0008		1F	MEM3	
0009		DE	LDX	
000A		1C	MEM2	
000B		A9	ADCA,X	
000C		00	00	
000D		08	INX	
000E		DF	STX	
000F		1C	MEM2	
0010		DE	LDX	
0011		1F	MEM3	
0012		A7	STAA,X	
0013		00	00	
0014		08	INX	
0015		5A	DECB	
0016		26	BNE	
0017		ED	ADDI	
0018		3E	WAI	
0019				
001A	MEM1	00		Adresse des LSB von Summand 1
001B		21		
001C	MEM2	00		Adresse des LSB von Summand 2
001D		31		
001E	B	02		Anzahl der Byte
001F	MEM3			
0020				
0021		56		Summand 1
0022		34		
⋮				
0031		54		Summand 2
0032		76		

f) Addition von BCD-Zahlen in Mehrfachgenauigkeitsdarstellung

Dieses Programm unterscheidet sich vom vorhergehenden hauptsächlich durch den DAA-
Befehl, der das BCD-Format herstellt. Er muß unmittelbar hinter dem Additionsbefehl
stehen.

ADDR		CODE	MNEMONIC	COMMENT
0000		DE	LDX	
0001		1A	MEM1	
0002		D6	LDAB	
0003		1E	B	
0004		0C	CLC	
0005	ADDI	A6	LDAA,X	
0006		00	00	
0007		DF	STX	
0008		1F	MEM3	
0009		DE	LDX	
000A		1C	MEM2	
000B		A9	ADCA,X	
000C		00	00	
000D		19	DAA	
000E		08	INX	
000F		DF	STX	
0010		1C	MEM2	
0011		DE	LDX	
0012		1F	MEM3	
0013		A7	STAA,X	
0014		00	00	
0015		08	INX	
0016		5A	DECB	
0017		26	BNE	
0018		EC	ADDI	
0019		3E	WAI	
001A	MEM1	00		
001B		21		
001C	MEM2	00		
001D		31		
001E	B	03		
001F	MEM3	—		
0020		—		
0021		56		
0022		34		
0023		00		
.				
.				
.				
0031		54		
0032		76		
0033		00		

Beispiel:

```
   00  34  56
+  00  76  54
   01  11  10
```

6.5.4 Multiplikation von zwei 8-Bit-Dualzahlen

In großen Computern wird die Multiplikation meist durch eine besondere Hardware-Schaltung erledigt. Da man die Multiplikation auf die Addition zurückführen kann, ist sie auch mit einem Addierwerk realisierbar. Zusätzlich wird allerdings noch ein Zähler benötigt, der die Anzahl der Additionsvorgänge zählt und mit dem Multiplikator vergleicht. Ferner muß dafür gesorgt werden, daß die fortlaufende Addition stellenrichtig ausgeführt wird. Das bedeutet, es muß nach jeder Addition eine Verschiebung um eine Stelle veranlaßt werden. Für die Multiplikation sind drei Register notwendig. Für das Ergebnis benötigt man eigentlich zwei Register; denn man erhält bei ganzen Zahlen als Stellenzahl die Summe der beiden Stellenzahlen der Faktoren oder eine Stelle weniger. Da aber das Multiplikatorregister leer läuft, kann ein Teil des Ergebnisses darin untergebracht werden.

Eine eventuelle Addition und eine Verschiebung wechseln sich ab. Die Addition wird ausgelöst durch eine 1 an der letzten Stelle des Multiplikators. Und zwar muß der Multiplikand immer um eine Stelle nach links versetzt werden und anschließend zum Akkuinhalt addiert werden. Man kann auch die im Akku stehende Zwischensumme um eine Stelle nach rechts verschieben. Es trifft sich gut, daß das am weitesten rechts stehende Bit des Multiplikators abgearbeitet ist und beseitigt werden kann. Man kann daher Akku und Multiplikatorregister gemeinsam verschieben. Dadurch tritt die jetzt abzufragende zweite Stelle nach rechts. Die Abfrage kann also immer am selben Flipflop erfolgen. Die Bildung der einzelnen Zwischensummen kann parallel oder seriell erfolgen.

Man kann die Multiplikation auch mit Software ausführen. Dann kostet sie mehr Zeit, ist aber billiger. Da der 6800 keinen Multiplikationsbefehl kennt, wird die Multiplikation auch in diesem Fall auf die Addition zurückgeführt.

Im nachfolgenden Beispiel werden die Speicherplätze 28 und 29 für die Zwischensumme (und am Schluß das Endergebnis) und die Plätze 24 und 25 für den Multiplikanden. Verschoben wird nach jeder Addition der Multiplikand nach links.

Im einzelnen spielt sich folgendes ab:

In den Plätzen 28 und 29 steht immer die Zwischensumme (in P 28 das MSB und in P 29 das LSB). Am Anfang werden die Plätze 28 und 29 mit "0" vorbesetzt, am Schluß steht dort das Ergebnis (Produkt).

In den Plätzen 24 und 25 steht der Multiplikand. Am Anfang wird der Multiplikand von Akku B in Platz 25 geschrieben. Es werden zwei Plätze benötigt, um den Multiplikanden verschieben zu können. Der Multiplikand muß jeweils um eine Stelle verschoben und anschließend — falls das rechte Multiplikator-Bit in C-Flag "1" ist — zur Zwischensumme addiert werden. Falls das C-Flag "0" ist, wird nur verschoben. Also:

Falls C = 1:

Die Plätze 29 und 25 werden addiert und das Ergebnis in 29 eingeschrieben. Anschließend werden die Plätze 28 und 24 unter Berücksichtigung des Übertrags von der vorhergehenden Stelle addiert und das Ergebnis in Platz 28 abgespeichert.

Falls C = 0:

Es erfolgt keine Addition. Multiplikand und anschließend Multiplikator werden erneut verschoben und das C-Flag wieder getestet.

MULTIPLIKAND   MULTIPLIKATOR

Platz 28	Platz 29	Akku A	C-Flag
0 0 0 0 0 0 0 0	0 0 0 0 0 0 0 0	0 0 0 0 1 0 1 1	0

Platz 24	Platz 25		
0 0 0 0 0 0 0 0	0 0 0 1 0 1 0 1	0 0 0 0 0 1 0 1	1

Platz 28	Platz 29		
0 0 0 0 0 0 0 0	0 0 0 1 0 1 0 1		

Platz 24	Platz 25		
0 0 0 0 0 0 0 0	0 0 1 0 1 0 1 0	0 0 0 0 0 0 1 0	1

Platz 28	Platz 29		
0 0 0 0 0 0 0 0	0 0 1 1 1 1 1 1		

Platz 24	Platz 25		
0 0 0 0 0 0 0 0	0 1 0 1 0 1 0 0	0 0 0 0 0 0 0 1	0

Platz 28	Platz 29		
0 0 0 0 0 0 0 0	0 0 1 1 1 1 1 1		

Platz 24	Platz 25		
0 0 0 0 0 0 0 0	1 0 1 0 1 0 0 0	0 0 0 0 0 0 0 0	1

Platz 28	Platz 29		
0 0 0 0 0 0 0 0	1 1 1 0 0 1 1 1		

Das obige Bild zeigt die Durchführung der Multiplikation am Beispiel:

$$0\ 0\ 0\ 1\ 0\ 1\ 0\ 1 \cdot 0\ 0\ 0\ 0\ 1\ 0\ 1\ 1$$
$$\overline{0\ 0\ 0\ 0\ 0\ 0\ 0\ 0\ 1\ 1\ 1\ 0\ 0\ 1\ 1\ 1}$$

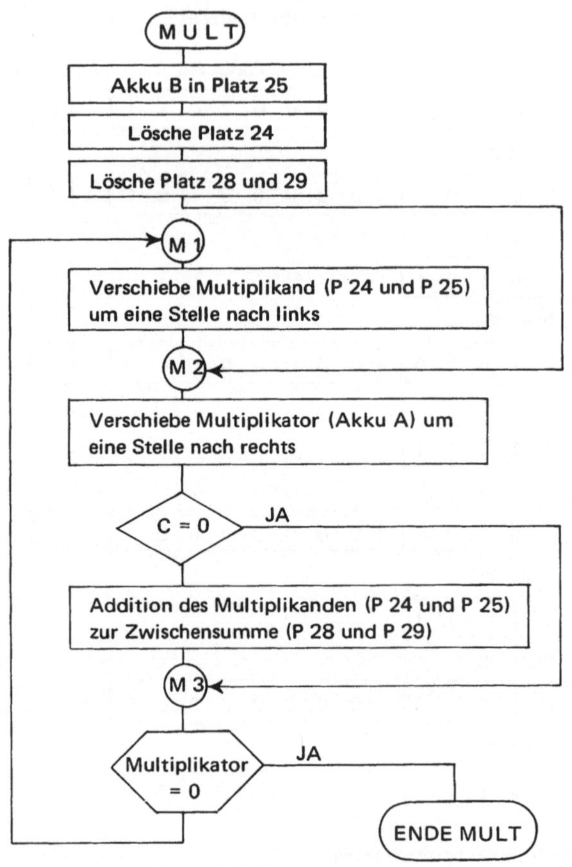

ADDR		CODE	MNEMONIC	COMMENT
0000	MULT	D7	STAB	Multiplikand aus Akku B in
0001		25	25	Platz 25 abspeichern
0002		7F	CLR	Platz 24 löschen
0003		00	00	
0004		24	24	
0005		6F	CLR,X	Ergebnisplätze (28 und 29)
0006		00	00	löschen
0007		6F	CLR,X	
0008		01	01	
0009		20	BRA	Springe nach M2
000A		06	M2	
000B	M1	78	ASL	Multiplikanden in P 24 und P 25
000C		00	00	um eine Stelle nach links
000D		25	25	
000E		79	ROL	
000F		00	00	
0010		24	24	

0011	M2	44	LSRA	Multiplikator eine Stelle nach rechts
0012		24	BCC	wenn C = 0, keine Addition; gehe
0013		0C	M3	nach M3
0014		D6	LDAB	Addiere Platz 25 und 29
0015		25	25	
0016		EB	ADDB,X	Addition erfolgt mit Hilfe von
0017		01	01	Akku B
0018		E7	STAB,X	
0019		01	01	
001A		D6	LDAB	desgleichen für die höherwertigen Bytes
001B		24	24	
001C		E9	ADCB,X	
001D		00	00	
001E		E7	STAB,X	
001F		00	00	
0020	M3	4D	TSTA	Multiplikator auf 0 testen
0021		26	BNE	wenn ≠ 0, gehe nach M1 und
0022		E8	M1	addiere weiter
0023		39	RTS	zurück ins HP
0024		—		MSB des Multiplikanden
0025		—		LSB des Multiplikanden
0026				in Platz 26 wird der Multiplikand
0027				und in P 27 der Multiplikator eingeschrieben
0028		—		Zwischensumme bzw. Ergebnis
0029		—		
⋮				
0030		D6	LDAB	Multiplikand aus P 26 in Akku B
0031		26	26	laden
0032		96	LDAA	Multiplikator aus P 27 in Akku A
0033		27	27	laden
0034		CE	LDX #	IX mit Adresse 0028 laden
0035		00	00	
0036		28	28	
0037		BD	JSR	Springe zum UP
0038		00	00	
0039		00	00	
003A		3E	WAI	CPU HALT

6.5.5 Umwandlung einer mehrstelligen Zahl im BCD-Code in eine Dualzahl

In der Mikroprozessortechnik kommen verschiedene Codes zum Einsatz, da es keinen Code gibt, der für alle Probleme gleichermaßen geeignet ist.
Wenn Dualzahlen mit 7-Segment-Anzeigen dargestellt werden sollen, muß man decodieren. Es gibt dafür eine Hardware-Lösung, nämlich integrierte Decodierbausteine. Man kann die Decodierung aber auch der CPU überlassen, also die Decodierungsaufgabe mit Software lösen. Ein Beispiel dafür wurde in 4.7.4 gegeben. Ein weiteres Beispiel ist die Umwandlung zwischen alphanumerischen Codes, wie z.B. dem Baudot- und dem ASCII-Code. Diese Umwandlung wird oft mit einer Vergleichstabelle gelöst, die in aufeinanderfolgenden Speicherplätzen die zu dem entsprechenden Zeichen gehörenden Bit-Kombinationen

der beiden Codes enthält. Das auszugebende Wort steht im Akku. Es wird mit dem Bitmuster in der Tabelle verglichen, dessen Adresse im IX steht. Wird Gleichheit festgestellt, so steht unter der nächsten Adresse das Bitmuster des anderen Code.

Bei der Ein- und Ausgabe von Zahlen ist für den Menschen der BCD-Code besonders gut geeignet. Der Mikroprozessor 6800 ist nun zwar dafür eingerichtet, im BCD-Code zu rechnen, da aber BCD-Zahlen etwa 22 % mehr Speicherplatz benötigen und Rechnungen aufwendiger sind, wird oft intern mit Dualzahlen gearbeitet. Dann ist bei der Ein- und Ausgabe eine Konvertierung nötig. Für eine solche Konvertierung soll in diesem Kapitel ein Beispiel gegeben werden.

Das nachfolgende Programm wandelt eine dreistellige BCD-Zahl in eine Dualzahl um. Die Dualzahl wird über den aufgegliederten Ausdruck berechnet. Die BCD-Zahl steht in drei aufeinander folgenden Speicherplätzen mit dem MSB unter der niedrigsten Adresse. Man nennt das ungepackte Darstellung. Im Speicherplatz 0001 stehen die Hunderterziffern, im nächsten die Zehnerziffern und im nächsten die Einerziffern. Das Bitmuster 00000010 representiert also die Zahl 400.

Die Dualzahl wird in Speicherplatz Nr. 0000 eingeschrieben.

```
0 0 0 0   Dualzahl            2 4 5₁₀
0 0 0 1   00000010 ─────────────┘ │ │
0 0 0 2   00000100 ───────────────┘ │
0 0 0 3   00000101 ─────────────────┘
```

In diesem Beispiel hat die Dualzahl eine Länge von 8 Bit. Die größte umzuwandelnde BCD-Zahl ist damit 255.

Beispiel:
Für die Zahl 245 lautet der aufgegliederte Ausdruck $245 = 2 \cdot 100 + 4 \cdot 10 + 5$

Die Multiplikation der BCD-Ziffern mit den Stellenwerten wird auf verschiedene Weise ausgeführt, um einige Möglichkeiten zu demonstrieren. (Natürlich kann man auch das weiter vorn beschriebene Multiplikationsunterprogramm verwenden.)

Behandlung der Hunderter:
Der Akku wird gelöscht. Anschließend wird die Zahl 64_{16} (= 100_{10}) so oft addiert, wie die Hunderter-BCD-Ziffer angibt. Das Ergebnis wird in den Speicherplatz für die Dualzahl (0000) eingeschrieben.

Behandlung der Zehner und Einer:
Multiplikation mit 2 bedeutet einmal links schieben und rechts "0" einlesen. Multiplikation mit 8 bedeutet, dreimal schieben und rechts "0" einlesen. Das kann jeweils mit dem Befehl ASLA erreicht werden. Ist der Zehnerwert im Akku berechnet, wird noch der Einerwert aus dem Platz 0003 addiert und ebenso der schon berechnete Hunderterwert, der im Platz 0000 zwischengespeichert wurde. Das Endergebnis wird vom Akku in den Platz 0000 geladen.

ADDR	CODE	MNEMONIC	COMMENT
0000			Dualzahl
0001			Hunderter
0002			Zehner
0003			Einer
.			
.			

0010		7F	CLR
0011		00	00	Speicherplatz für Dualzahl löschen
0021		00	00

0013		96	LDAA	Lade Hunderterziffer in Akku A
0014		01	01	
0015		27	BEQ	Falls 0, bearbeite Zehner und Einer
0016		08	M1	
0017		5F	CLRB	Lösche Akku B
0018	M2	CB	ADDB	Addiere 100
0019		64	100	
001A		4A	DECA	Hunderterziffer um 1 erniedrigen
001B		26	BNE	Falls nicht 0, addiere weiter
001C		FB	M2	
001D		D7	STAB	Hunderterwert in Platz 0000
001E		00	00	zwischenspeichern
001F	M1	96	LDAA	Lade Zehnerziffer in Akku A
0020		02	02	
0021		48	ASLA	mit 2 multiplizieren und diesen
0022		16	TAB	Wert in Akku B zwischenspeichern
0023		48	ASLA	noch zweimal verschieben, also
0024		48	ASLA	mit 8 multiplizieren
0025		1B	ABA	$4 \cdot 8 + 4 \cdot 2 = 4 \cdot 10 = 40$
0026		9B	ADDA	dazu noch den in Platz 0000 zwischen-
0027		00	00	gespeicherten Hunderterwert addieren
0028		9B	ADDA	dazu noch die Einer addieren
0029		03	03	
002A		97	STAA	Endergebnis in Platz 0000
002B		00	00	abspeichern
002C		3E	WAI	CPU Halt

6.5.6 Beispiel einer Ausgabeschaltung mit Interruptsteuerung

In dem Kit MEK 6800 D2 ist eine PIA mit ihren Anschlüssen herausgeführt. Sie ist unter
den Adressen 8004 – 8007 zu erreichen. Dabei gilt folgende Zuordnung:

$$8004 \begin{cases} ORA \\ DDRA \end{cases} \qquad 8005\ CRA \qquad 8006 \begin{cases} ORB \\ DDRB \end{cases} \qquad 8007\ CRB$$

An den Kanal B werden über Treiber (7406) 8 Leuchtdioden angeschlossen. Die Schutzwiderstände betragen 180 Ohm.
Das Programm schiebt ein Bitmuster vorwärts (von PB0 bis PB7). Zwischen jedem Schie-
beschritt findet eine Verzögerung statt. Anschließend wird ein anderes Bitmuster rückwärts geschoben (von PB7 bis PB0). Auch hier wird zwischen jedem Schritt verzögert.
Anschließend wird wieder vorwärts geschoben. Der Rechner befindet sich in einer End-
losschleife.
Das Bitmuster für die beiden Schieberichtungen ist vom Programmierer frei wählbar. Es
wird für das Vorwärtsschieben in Speicherplatz Nr. 000C eingeschrieben (hier 01), für das
Rückwärtsschieben in Speicherplatz Nr. 001A (hier 80). Die Verzögerungszeit kann in den

Plätzen 0027 und 0028 programmiert werden. Bei den hier gewählten Bitmustern läuft ein Licht immer vor und zurück.

Dieses endlos laufende Programm kann von einem Interruptsignal unterbrochen werden. Das Interruptsignal kommt von einem Schmittrigger und wirt durch einen Taster ausgelöst. Das Kontrollregister in der PIA ist so programmiert, daß eine positive Flanke an CB1 den Interrupt auslöst.

Unter der Adresse 0005 steht der Befehl LDAA 07. Anschließend folgt der Befehl STAA 8005. Damit wird in das Kontrollregister der PIA das Bitmuster 07 geladen. Damit ist b0 = 1 und b1 = 1. Diese beiden Bits aktivieren CB1 in der beschriebenen Weise. Für genauere Erklärungen sei auf das Applikationsbuch verwiesen.

Nach Auslösen des Interrupts wird das IRQB 1 Interrupt Flag (Bit 7) gesetzt. Anschließend springt die CPU in das Interrupt-Service-Programm, das unter der Adresse 0030 beginnt. Es bringt in diesem Beispiel alle 8 LDE zum Blinken. Die Anzahl der Blinkvorgänge kann in Speicherplatz Nr. 0031 programmiert werden. Nach Abarbeiten des Interruptprogrammes arbeitet die CPU im Hauptprogramm weiter.

ADDR		CODE	MNEMONIC	COMMENT
0000		86	LDAA #	
0001		FF	FF	
0002		B7	STAA	
0003		80	80	
0004		06	06	
0005		86	LDAA #	
0006		07	07	
0007		B7	STAA	
0008		80	80	
0009		07	07	
000A	M1	0C	CLC	
000B		86	LDAA #	Bitmuster für Vorwärtsschieben
000C		[01]	01	laden
000D	M2	B7	STAA	
000E		80	80	
000F		06	06	
0010		BD	JSR	
0011		00	M5	
0012		26		
0013		48	ASLA	
0014		25	BCS	
0015		02	M3	
0016		20	BRA	
0017		F5	M2	
0018	M3	0C	LLC	
0019		86	LDAA #	Bitmuster für Rückwärtsschieben
001A		[80]		laden
001B	M4	B7	STAA	
001C		80	80	
001D		06	06	
001E		BD	JSR	
001F		00	M5	

```
0020                26
0021                44          LSRA
0022                25          BCS
0023                E6          M1
0024                20          BRA
0025                F5          M4
- - - - - - - - - - - - - - - - - - - - - - - - - - - -
0026     M5         CE          LDX #         Verzögerungsschleife
0027               |5F|         5F
0028               |FF|         FF
0029                09          DEX
002A                26          BNE
002B                FD          FD
002C                39          RTS
          .
          .
          .
```

Interrupt-Service-Routine: Alle LED blinken

```
|0030|              C6          LDAB          Anzahl der Blinkvorgänge in
0031                0A          0A            Akku B speichern
0032     M6         86          LDAA #
0033                FF          FF
0034                B7          STAA
0035                80          80
0036                06          06
0037                BD          JSR
0038                00          M5
0039                26
003A                86          LDAA #
003B                00          00
003C                B7          STAA
003D                80          80
003E                06          06
003F                BD          JSR
0040                00          M5
0041                26
0042                5A          DECB
0043                26          BNE
0044                ED          M6
0045                B6          LDAA
0046                80          80
0047                06          06
0048                3B          RTI


A000               |00|                       Adresse der Interrupt-Service-Routine
A001               |30|
```

Der Ladebefehl unter der Adresse 0045 dient nur dazu, das IRQ-Flag in der PIA zurückzusetzen; denn dieses Flag kann nur durch einen Lesevorgang von der CPU zurückgesetzt werden, oder aber durch einen System-Reset.

7 Anhang

7.1 Allgemeine Zahlendarstellung – Stellenwertsystem

Das Dezimalsystem ist ein Stellenwertsystem mit der Basis 10. Die Basis B ist kennzeichnend für das jeweilige System und gibt ihm auch den Namen. Die Basis gibt die Anzahl der Zeichen an, die für das System verwendet werden.

Die Stellenwerte sind Potenzen von der Basis des Stellenwertsystems.

Es gilt für den Wert einer ganzen Zahl X in einem System mit der Basis B:

$$X_B = Z_n \cdot B^n + Z_{n-1} \cdot B^{n-1} + \ldots + Z_o \cdot B^o.$$

Z_i sind die Ziffern des Systems. Für Z_i gilt: $0 \leqslant Z_i \leqslant (B\text{-}1)$. Der größte Nennwert einer Ziffer ist also $(B\text{-}1)$.

Beispiel:

$$X_{10} = 4709_{10}$$
$$4709_{10} = 4 \cdot 10^3 + 7 \cdot 10^2 + 0 \cdot 10^1 + 9 \cdot 10^0.$$

MSD   LSD

Die Ziffer Z_n (im Beispiel die Ziffer 4) wird in der englischsprachigen Literatur als MSD (*Most Significant Digit*) bezeichnet. Die Ziffer Z_o (im Beispiel die Ziffer 9) wird als LSD (*Least Significant Digit*) bezeichnet.

Bis jetzt haben wir nur ganze (*integer*) Zahlen besprochen. Um auch gebrochene Zahlen darstellen zu können, sind negative Exponenten erforderlich.

Die allgemeine Form dieser Zahlendarstellung lautet:

$$X_B = Z_n B^n + \ldots + Z_o B^o + Z_{-1} B^{-1} + Z_{-2} B^{-2} + \ldots + Z_{-m} B^{-m}.$$

7.2 Dualsystem

Es gibt zwei verschiedene Zeichen in diesem System – die Ziffern 0 und 1. Die Basis des Systems ist 2, und die Stellenwerte sind Potenzen von 2.

Beispiel:

$$1001$$
$$1 \cdot 2^3 + 0 \cdot 2^2 + 0 \cdot 2^1 + 1 \cdot 2^0$$

Stellenwerte

Das Dualsystem ist ein binäres System, weil es nur zwei Zustände oder Elemente kennt. Die Elemente eines binären Systems nennt man „bits", was eine Verkürzung der beiden Worte „Binary digiT" darstellt. Weil Binärsysteme so einfach aufgebaut sind, arbeiten Mikroprozessoren mit ihnen. Die einzelnen Bits bilden ein Bitmuster, das man in der Computertechnik auch als „Wort" bezeichnet. Die Dualzahl 10011110 ist ein solches Bitmuster und besteht aus 8 Bits. Man spricht in diesem Fall von einem „Byte".

a) Dual-Dezimalumwandlung

Um eine Dualzahl in die entsprechende Dezimalzahl umzuwandeln, muß man einfach die Stellenwerte zusammenzählen, bei denen eine 1 erscheint.

Beispiel:

Dualzahl	1	1	0	1	1	,	1	1
Stellenwert	2^4	2^3	2^2	1^1	2^0	,	2^{-1}	2^{-2}
Dezimalzahl	16 +	8 +	0 +	2 +	1 +	0,5 +	0,25 = $27{,}75_{10}$	

b) Dezimal-Dualumwandlung

Eine ganze Dezimalzahl läßt sich in ein anderes Zahlensystem umwandeln, indem man fortlaufend durch die Basis des betreffenden Zahlensystems dividiert und den jeweiligen Rest notiert.

Beispiel:

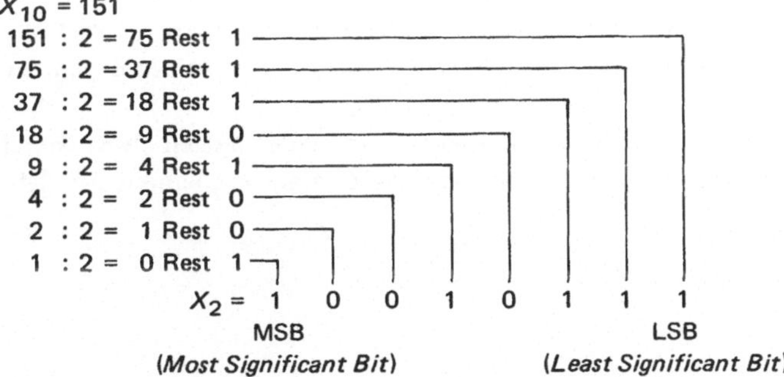

Zur Umwandlung einer gebrochenen Dezimalzahl in ein anderes Zahlensystem multipliziert man fortlaufend mit der Basis des betreffenden Systems und notiert den jeweiligen ganzzahligen Übertrag.

Beispiel:

X_{10} = 0,84375

0,84375 · 2 = 1,6875	= 0,6875	Übertrag 1	MSB
0,6875 · 2 = 1,375	= 0,375	Übertrag 1	
0,375 · 2 = 0,75	= 0,75	Übertrag 0	
0,75 · 2 = 1,5	= 0,5	Übertrag 1	
0,5 · 2 = 1,0	= 0	Übertrag 1	LSB

$$X_2 = 0{,}1\ \ 1\ \ 0\ \ 1\ \ 1$$

MSB   LSB

c) Addition im Dualsystem

Beispiel:

```
        dual:                    dezimal:
   1 1 0 1 1 1                      5 5
 +   1 1 0 0 1                    + 2 5
 1 1 1 1 1 1    − Übertrag −        1
 1 0 1 0 0 0 0                      8 0
```

d) Direkte Subtraktion im Dualsystem

Beispiel:

```
        dual:                    dezimal:
   1 0 0 1 0 1 1                    7 5
 −     1 1 1 0 0                  − 2 8
 − 1 1 1 1      − Übertrag − − 1
       1 0 1 1 1 1                  4 7
```

e) Zweierkomplementarithmetik

Mit Hilfe der Komplementbildung läßt sich die Subtraktion auf die Addition zurückführen. Dadurch benötigt der Mikroprozessor nur ein Addierwerk. Zwar ist außerdem noch eine Einrichtung zur Bildung des Komplements nötig, die aber bei weitem nicht den Aufwand für ein separates Subtrahierwerk erreicht.

Das Komplement einer Zahl ist die Ergänzung dieser Zahl zu einer beliebigen anderen Zahl. Wenn auf Potenz zur Basis B des betreffenden Systems ergänzt wird, spricht man vom *B-Komplement*. Wichtig ist auch noch das *(B-1)-Komplement*, also die Ergänzung auf die um 1 verminderte Potenz von B.

Das Einerkomplement einer Dualzahl wird durch Invertierung jeder einzelnen Binärstelle gebildet. Addiert man dann noch 1 hinzu, erhält man das Zweierkomplement der Zahl.

Beispiel:
Bildung des Zweierkomplements einer 8 bit langen Zahl

```
6₁₀ =                00000110
─────────────────────────────
Einerkomplement      11111001
                          + 1
─────────────────────────────
Zweierkomplement     11111010
```

Ein Addierwerk, das für Zweierkomplementarithmetik gebaut ist, kann sowohl vorzeichenlose als auch vorzeichenbehaftete Zahlen addieren. Das Rechenwerk kann natürlich nicht erkennen, um welche Darstellung es sich bei den betreffenden Bitmustern handelt. Das ist auch gar nicht nötig. Es behandelt sämtliche Bitmuster als vorzeichenlose Zahlen. Allein von der Interpretation des Programmierers hängt es ab, welche Bedeutung dem Bitmuster gegeben wird. Wieso das möglich ist, zeigt die Tabelle 7.1. Für Bitmuster von je 8 bit (übliche Wortlänge bei Mikroprozessoren) ist die zugehörige Dezimalzahl angegeben, wenn es sich um eine vorzeichenlose Zahl, um die Zweierkomplementdarstellung oder um die Einerkomplementdarstellung handelt.

Mit acht Binärstellen kann man 256 verschiedene Bitmuster aufbauen. Man kann also 256 vorzeichenlose Dezimalstellen damit codieren, z. B. die Zahlen von 0_{10} bis 255_{10}. In der

Tabelle 7.1

Bitmuster	Vorzeichenlose Zahl	Zweierkomplementdarstellung	Einerkomplementdarstellung
0 0 0 0 0 0 0 0	0	0	+ 0
0 0 0 0 0 0 0 1	1	+ 1	+ 1
0 0 0 0 0 0 1 0	2	+ 2	+ 2
0 0 0 0 0 0 1 1	3	+ 3	+ 3
⋮			
0 1 1 1 1 1 0 0	124	+ 124	+ 124
0 1 1 1 1 1 0 1	125	+ 125	+ 125
0 1 1 1 1 1 1 0	126	+ 126	+ 126
0 1 1 1 1 1 1 1	127	+ 127	+ 127
1 0 0 0 0 0 0 0	128	− 128	− 127
1 0 0 0 0 0 0 1	129	− 127	− 126
1 0 0 0 0 0 1 0	130	− 126	− 125
1 0 0 0 0 0 1 1	131	− 125	− 124
⋮			
1 1 1 1 1 1 0 0	252	− 4	− 3
1 1 1 1 1 1 0 1	253	− 3	− 2
1 1 1 1 1 1 1 0	254	− 2	− 1
1 1 1 1 1 1 1 1	255	− 1	− 0

Zweierkomplementdarstellung reicht der Zahlenbereich von der Zahl − 128_{10} bis + 127_{10}. MSB = 0 kennzeichnet eine positive Zahl, Wie man ihren dezimalen Wert bestimmt, wurde in 7.2.b erklärt. MSB = 1 kennzeichnet eine negative Zahl. Um den Wert einer solchen Zahl zu bestimmen, muß man zunächst wieder das Zweierkomplement bestimmen.

Beispiel:
Welche Dezimalzahl wird durch die Zweierkomplement-Zahl 11110011 dargestellt?
Bildung des Zweierkomplements: 00001100

$$\frac{+\ 1}{00001101} = 13_{10}$$

Das Bitmuster 11110011 stellt also die Zahl   − 13_{10} dar.

Bei der Addition in Zweierkomplementarithmetik muß man beachten, daß der zulässige Zahlenbereich nicht überschritten wird. Mikroprozessoren besitzen ein spezielles Flip-Flop, ein sogenanntes Flag (*Overflow Flag*), welches eine Überschreitung des Zahlenbereichs (*Arithmetic Overflow*) anzeigt. An Hand von Beispielen wird im folgenden die Addition von positiven Zahlen, von positiven und negativen Zahlen, sowie negativen Zahlen erklärt.

Beispiel:

```
  Ⓞ 0 0 0 1 0 0 1        + 9
+ Ⓞ 0 0 0 0 0 1 0        + 2
  Ⓞ 0 0 0 1 0 1 1        + 11
```

MSB = 0: Das Ergebnis ist richtig, es liegt im zulässigen Bereich.

Beispiel:

```
  ⓪ 0  1  1  1  0  1  0        +  58
+ ⓪ 1  0  0  1  1  1  1        +  79
      1  1  1  1  1                1
  ① 0  0  0  1  0  0  1        + 137
```

MSB = 1: Da das Bitmuster als Zweierkomplement-Zahl betrachtet wird, ist das Ergebnis negativ und damit falsch. Die Nachprüfung durch die dezimale Addition ergibt, daß das Ergebnis außerhalb des zulässigen Bereiches liegt. Das Overflow-Flag wird diesen Umstand durch eine 1 anzeigen.

Beispiel:

```
   ⓪ 0  0  0  1  0  0  1        (+  9)
 + ① 1  1  1  1  1  1  0        + (−  2)
 1  1  1  1  1
 (1)⓪ 0  0  0  0  1  1  1        (+  7)
```

Das Ergebnis ist richtig, da der Übertrag nicht berücksichtigt wird. Es spielt dabei keine Rolle, ob die negative Zahl betragsmäßig größer ist.

Beispiel:

```
   ① 1  1  1  0  1  1  1        (−  9)
 + ⓪ 0  0  0  1  0  0  0        +  (+ 8)
   ① 1  1  1  1  1  1  1        (−  1)
```

Beispiel:

```
   ① 1  1  1  0  1  1  1        (−  9)
 + ① 1  1  1  1  1  1  0        +  (− 2)
 (1)① 1  1  1  0  1  0  1        (−11)
```

MSB = 1: Das Ergebnis ist richtig. Es liegt im zulässigen Bereich.

Beispiel:

```
   ① 0  0  0  1  0  0  0        (− 120)
 + ① 1  1  1  0  1  1  1        +  (−  9)
 (1)⓪ 1  1  1  1  1  1  1        (− 129)
```

MSB = 0: Auf Grund von Bereichsüberschreitung ist das Ergebnis falsch. Das Overflow-Flag wird gesetzt.

f) Multiplikation im Dualsystem

Wie beim Dezimalsystem wird die Multiplikation auf eine Stellenverschiebung mit anschließender Addition zurückgeführt. Damit ist die Multiplikation mit Addierwerken durchzuführen.

Beispiel:

```
Multiplikand          Multiplikator
0 1 0 1 0 1 · 0 0 1 0 1 1
              0 1 0 1 0 1
            0 1 0 1 0 1
          0 0 0 0 0 0
        0 1 0 1 0 1
      0 0 0 0 0 0
    0 0 0 0 0 0
    ─────────────────────
    0 0 0 1 1 1 0 0 1 1 1
```

Technische Durchführung der Multiplikation: Neben dem Addierwerk wird noch ein Zähler benötigt, der die Anzahl der Additionsvorgänge zählt und mit dem Multiplikator vergleicht. Ferner muß dafür gesorgt werden, daß die fortlaufende Addition stellenrichtig ausgeführt wird. Im Gegensatz zur Multiplikation „von Hand" zählt der Rechner immer nur zwei Zahlen zusammen. Das heißt, es wird eine Zwischensumme gebildet und danach wird um eine Stelle verschoben. Für die Multiplikation sind drei sogenannte Register nötig — je eines für den Multiplikand, den Multiplikator und das Ergebnis. Obwohl das Ergebnis bis doppelt so lang sein kann wie ein Faktor, genügen drei Register; denn das Multiplikatorregister läuft leer, und dann kann der eine Teil des Ergebnisses darin untergebracht werden.

Beispiel:

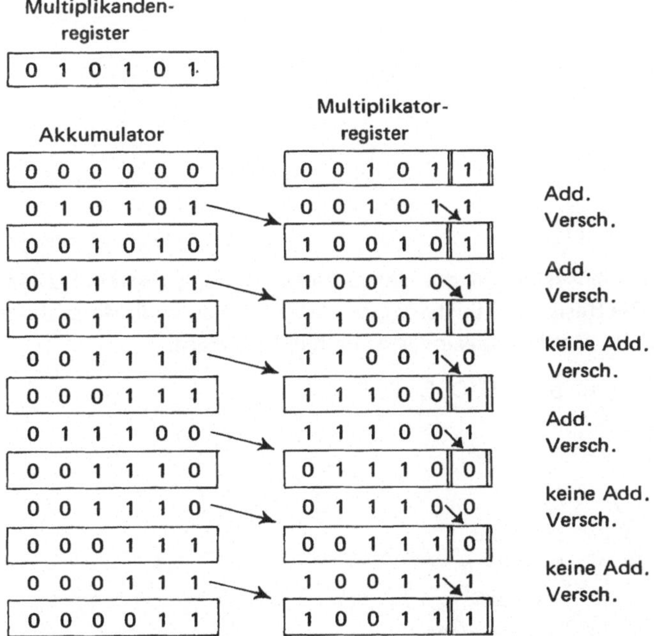

Wie das Beispiel zeigt, wechseln sich Addition (bzw. keine Addition) und Verschiebung ab. Bei der Verschiebung gibt es zwei Möglichkeiten: Der Multiplikand wird um eine Stelle nach links versetzt und anschließend zum Akkumulatorinhalt addiert. Üblicher ist die andere Methode: Man läßt den Multiplikanden im Register stehen, und verschiebt statt dessen den im Akkumulator stehenden Wert um eine Stelle nach rechts. Da das im Multiplikatorregister am weitesten rechts stehende Bit nach Abarbeitung nicht mehr benötigt wird, kann man es aus dem Register hinausschieben. Man verschiebt also Akkumulator und Multiplikator gemeinsam. Dies hat zwei Vorteile: Man benötigt kein zusätzliches Register für das Ergebnis. Die nächste auf 0 oder 1 zu testende Stelle steht wieder ganz rechts. Die Abfrage kann also immer an der gleichen Registerstelle erfolgen, was eine einfache technische Realisierung erlaubt.

Eine 1 an der rechten Stelle bedeutet: Multiplikand wird zum Akkumulatorinhalt addiert. Anschließend wird um eine Stelle nach rechts verschoben.

Eine 0 an der rechten Stelle bedeutet: Akkumulatorinhalt bleibt unverändert. Anschließend wird um eine Stelle nach rechts verschoben.

g) Division im Dualsystem

Beispiel:

```
1 0 1 0 1 0 0 0 0 : 1 1 0 0 0 = 1 1 1 0
  1 1 0 0 0
  1 0 0 1 0 0
    1 1 0 0 0                          336 : 24 = 14
        1 1 0 0 0
        1 1 0 0 0
```

Beispiel:

```
1 0 1 0 1 : 1 0 0 = 1 0 1 , 0 1
1 0 0
  1 0 1
  1 0 0                                21 : 4 = 5,25
      1 0 0
      1 0 0
```

7.3 Hexadezimalsystem

Ein sehr häufig verwendetes Zahlensystem ist das Hexadezimalsystem. Es ist ein Stellenwertsystem mit der Basis 16. Die Basis eines Systems gibt gleichzeitig auch die Anzahl der Ziffern an, die ein System enthält. Das Hexadezimalsystem hat 16 Ziffern.

$$Z_i : 0, \ 1, \ 2, \ 3, \ 4, \ 5, \ 6, \ 7, \ 8, \ 9, \ A, B, C, D, E, F$$

Beispiel:

$$32BF_{16}$$

$$3 \cdot 16^3 + 2 \cdot 16^2 + B \cdot 16^1 + F \cdot 16^0 \quad \text{Stellenwerte}$$

$$12288 + 512 + 176 + 15 = 12991_{10}$$

$$16^0 = 1 \qquad 16^4 = 65536 \qquad 16^{-1} = 0{,}0625$$

$$16^1 = 16 \qquad 16^5 = 1048576 \qquad 16^{-2} = 0{,}00390625$$

$$16^2 = 256 \qquad 16^6 = 16777216 \qquad 16^{-3} = 0{,}000244140625$$

$$16^3 = 4096 \qquad 16^7 = 268435456 \qquad 16^{-4} = 0{,}0000152587890625$$

a) Dezimal-Hexadezimalumwandlung

Die Umwandlung einer Hexadezimalzahl in die entsprechende Dezimalzahl zeigt bereits das vorangegangene Beispiel. Die umgekehrte Umwandlung erfolgt genau wie bei den Dualzahlen.

Beispiel:

$X_{10} = 23250$

$$
\begin{array}{llll}
23250 : 16 &= 1453 & \text{Rest} & 2 \\
1453 : 16 &= 90 & \text{Rest} & 13 = D \\
90 : 16 &= 5 & \text{Rest} & 10 = A \\
5 : 16 &= 0 & \text{Rest} & 5
\end{array}
$$

$$X_{16} = \quad 5 \quad A \quad D \quad 2$$

b) Umwandlung zwischen dem Hexadezimalsystem und dem Dualsystem

Da sich mit 4 bit $2^4 = 16$ verschiedene Bitmuster darstellen lassen, kann man jeder Hexziffer eine solche Vierergruppe zuordnen.

Beispiel:

Umwandlung Hexzahl — Dualzahl

$$X_{16} = \quad 7 \quad\quad C \quad\quad A$$
$$X_2 \ = 0111 \ 1100 \ 1010$$

Beispiel:

$$X_2 \ = 10 \ 1011 \ 1110 \ 1001$$
$$X_{16} = 2 \quad B \quad\quad E \quad\quad 9$$

Letzteres Verfahren ist geeignet, den dezimalen Wert relativ großer Dualzahlen im Kopf zu berechnen, indem man die Dualzahl in eine Hexadezimalzahl umwandelt und anschließend deren dezimales Äquivalent bestimmt.

c) Addition im Hexadezimalsystem

Die Addition erfolgt wie im Dezimalsystem. Man muß jetzt nur beachten, daß nicht schon nach der "9", sondern erst nach "F" ein Übertrag in die nächsthöhere Stelle erfolgen muß.

Beispiel:

$$
\begin{array}{ll}
\begin{array}{r}
\text{A } 3 \\
+ \quad 7 \\
\hline
\text{A } \text{A} \quad \text{(kein Übertrag)}
\end{array}
&
\begin{array}{r}
\text{A } \text{F} \\
+ \quad 3 \\
\hline
\text{B } 2
\end{array}
\end{array}
$$

7.4 Tetraden-Codes (4-Bit-Codes, BCD)

Bei den Tetraden-Codes wird jede Dezimalziffer in binärer Form dargestellt. Der Dezimalcharakter des Systems bleibt aber erhalten.

Mit vier Stellen lassen sich 16 verschiedene Binärworte bilden. Zum Codieren der Ziffern 0 bis 9 genügen aber 10 verschiedene Binärworte. Die restlichen 6 heißen *Pseudotetraden*, weil sie im jeweiligen Tetraden-Code keine Bedeutung haben.

a) Wichtige Tetraden-Codes

Es gibt $2{,}9 \cdot 10^{10}$ Möglichkeiten zur Konstruktion von 4-Bit-Codes. Die wichtigsten sind in der Tabelle 7.2 zusammengestellt.

Tabelle 7.2

Tetraden	BCD	Aiken	3-Exzess	Gray
0000	0	0		0
0001	1	1		1
0010	2	2		3
0011	3	3	0	2
0100	4	4	1	7
0101	5		2	6
0110	6		3	4
0111	7		4	5
1000	8		5	
1001	9		6	
1010			7	
1011		5	8	
1100		6	9	8
1101		7		9
1110		8		
1111		9		

Beispiel:
Codierung der Dezimalzahl 47 in den Tetradencodes:
BCD-Code	0100 0111
Aiken Code	0100 1101
3-Exzess Code	0111 1010
Gray Code	0110 0100

b) Addition im BCD-Code

Der meistgebrauchte Tetraden-Code ist der 8421-BCD-Code. Bei der Addition in diesem Code ergeben sich zwei Probleme:

1. Das Ergebnis ist größer als 9, dann tritt eine Pseudotetrade auf.
2. Beim Zusammenzählen zweier Tetraden entsteht ein Übertrag.

In beiden Fällen muß zur Korrektur des Ergebnisses die Dualzahl 0110 (6_{10}) addiert werden.

Beispiel:

```
              2. Tetr.       1. Tetr.
    5  2      0  1  0  1     0  0  1  0
 +  2  5   +  0  0  1  0     0  1  0  1
    7  7      0  1  1  1     0  1  1  1
```

Beispiel:

```
              2. Tetr.        1. Tetr.
     3 7     0  0  1  1     0  1  1  1
  +  5 9   + 0  1  0  1     1  0  0  1
            ─────────────────────────
            1  0  0  0 (1)  0  0  0  0
                      1     0  1  1  0   ──── Korrektur
            ─────────────────────────
     9 6    1  0  0  1     0  1  1  0
```

Beispiel:

```
              2. Tetr.        1. Tetr.
     5 6     0  1  0  1     0  1  1  0
  +  9 8   + 1  0  0  1     1  0  0  0
            ─────────────────────────
            1  1  1  0     1  1  1  0   ──── Pseudotetraden
            0  1  1  0     0  1  1  0   ──── Korrektur
            ─────────────────────────
   1 5 4    1  0  1  0  1     0  1  0  0
```

7.5 Alphanumerische Codes

Wie der Name zum Ausdruck bringt, kann man mit diesen Codes Zahlen, Buchstaben und
verschiedene Kommandozeichen codieren. Der *ASCII-Code* (*American Standard Code for
Information Interchange*) ist der am häufigsten in der Mikroprozessortechnik benutzte
Code. Er wird vorwiegend von Peripheriegeräten zur Ein- und Ausgabe von Daten benutzt
(*Keyboard, CRT-Display*). Auch in der Datenübertragung zwischen verschiedenen Anlagen
wird er verwendet. Für maschineninterne Anwendungen jedoch ist er nicht vorgesehen.
Der ASCII-Code besteht aus 7 bit, wobei oft noch ein sogenanntes Prüfbit angehängt wird,
welches zur Fehlerprüfung dient. Insgesamt hat der Code also eine Länge von 8 bit, wo-
durch er gerade auf den 8-Kanal-Lochstreifen paßt. Auch für die derzeitigen Mikroprozessoren ist er gut geeignet, da deren Wortlänge in den überwiegenden Fällen 8 bit beträgt.
Tabelle 7.3 zeigt den ASCII-Code, und die Steuerfunktionen sind in Tabelle 7.4 erklärt.
Der *Baudot-Code* ist ein 5-Bit-Code, der vor allem von älteren Geräten noch benutzt wird.
Mit 5 bit kann man 32 verschiedene Zeichen codieren. Um eine größere Zeichenkapazi-
tät zu erhalten, sind einige der Bitmuster doppelt belegt. Welche der beiden Belegungen gemeint ist, muß man durch vorheriges Drücken der Taste „Figures" bzw. „Letters" festlegen. Tabelle 7.5 zeigt den 5-Bit-BAUDOT-Code.

7.6 Paritätsprüfung

Bei einer Wortlänge von b bit lassen sich $n = 2^b$ Worte bilden. Ist die Anzahl der Elemente eines Alphabetes gegeben (n), so kann man den Logarithmus von n zur Basis 2 bilden
(ld n). Man nennt ld n binäre Informationsmenge pro Wort.

Beispiel:

Wir betrachten das Dezimalsystem als „Alphabet" mit $n = 10$, das wir binär codieren wollen. Die binäre Informationsmenge pro Wort ist dann ld 10 = 3,32 bit/Wort. Das heißt, zur binären Codierung
des Dezimalsystems sind 3,32 bit nötig. Technisch lassen sich nur ganzzahlige Werte realisieren, in diesem Fall also 4 bit. Das aber bedeutet, daß wir *Redundanz* in Kauf nehmen müssen. Sie beträgt R =
= 4 − ld 10 = 4 − 3,32 = 0,68 bit/Wort.

Tabelle 7.3: 7-Bit-ASCII-Code

Zeile	Spalte Bit 7 6 5 4321	0 0 0 0	1 0 0 1	2 0 1 0	3 0 1 1	4 1 0 0	5 1 0 1	6 1 1 0	7 1 1 1
0	0000	NUL	DLE	SP	0	@	P		p
1	0001	SOH	DC1	!	1	A	Q	a	q
2	0010	STX	DC2	''	2	B	R	b	r
3	0011	ETX	DC3	#	3	C	S	c	s
4	0100	EOT	DC4	$	4	D	T	d	t
5	0101	ENQ	NAK	%	5	E	U	e	u
6	0110	ACK	SYN	&	6	F	V	f	v
7	0111	BEL	ETB	'	7	G	W	g	w
8	1000	BS	CAN	(	8	H	X	h	x
9	1001	HT	EM	)	9	I	Y	i	y
10	1010	LF	SUB	*	:	J	Z	j	z
11	1011	VT	ESC	+	;	K	[	k	{
12	1100	FF	FS	,	<	L	/	l	|
13	1101	CR	GS	–	=	M	]	m	}
14	1110	SO	RS	.	>	N	∧	n	——
15	1111	SI	US	/	?	O	—	o	DEL

Tabelle 7.4: Erklärung der Steuerfunktionen

NUL	Null	DC1	Device Control 1
SOH	Start of Heading	DC2	Device Control 2
STX	Start of Text	DC3	Device Control 3
ETX	End of Text	DC4	Device Control 4
EOT	End of Transmission	NAK	Negative Acknowledge
ENQ	Enquiry	SYN	Synchronous Idle
ACK	Acknowledge	ETB	End of Transmission Block
BEL	Bell	CAN	Cancel
BS	Backspace	EM	End of Medium
HT	Horizontal Tabulation	SUB	Substitute
LF	Line Feed	ESC	Escape
VT	Vertical Tabulation	FS	File Separator
CR	Carriage Return	GS	Group Separator
SO	Shift Out	US	Unit Separator
SI	Shift In	DEL	Delete
SP	Space		
DLE	Data Link Escape		

Tabelle 7.5: 5-Bit-BAUDOT-Code

54321	Buchstaben	Zahlen
00000	Blank	Blank
00001	E	3
00010	Line Feed	Line Feed
00011	A	—
00100	Space	Space
00101	S	Bell
00110	I	8
00111	U	7
01000	Car. Ret.	Car. Ret.
01001	D	$
01010	R	4
01011	J	'
01100	N	,
01101	F	!
01110	C	:
01111	K	(
10000	T	5
10001	Z	"
10010	L	)
10011	W	2
10100	H	Stop
10101	Y	6
10110	P	0
10111	Q	1
11000	O	9
11001	B	?
11010	G	&
11011	Figures	Figures
11100	M	.
11101	X	/
11110	V	;
11111	Letters	Letters

Zur Sicherung von Daten bei der Datenübertragung werden Codes mit extra eingeplanter Redundanz verwendet. Erst diese Redundanz ermöglicht nämlich eine *Fehlererkennung* oder gar *Fehlerkorrektur*. Ein Codewort ist dann fehlerhaft, wenn aus einer 1 eine 0 geworden ist, oder umgekehrt. Dies kann zum Beispiel durch Störung auf den Übertragungsleitungen oder durch Fehler in Speichern entstehen. Ein solcher Fehler kann nur dann erkannt werden, wenn das durch ihn neu entstandene Zeichen kein gültiges Codewort ist, also nicht ausgenützt ist.
Die Zahl der Elemente, deren Zustand geändert werden muß, damit ein neues ausgenutztes Zeichen entsteht, heißt *HAMMING-Distanz*. Damit ein Code fehlererkennend ist, muß die Hamming-Distanz mindestens 2 betragen. Da dadurch nur höchstens die Hälfte aller Zeichen ausgenutzt wird, haben Codes mit Fehlererkennung immer eine große Redundanz.

Eine einfache Methode der *Codeprüfung* ist das Anhängen eines *Prüfbits* an das Codewort.
Es wird die binäre Quersumme errechnet und auf eine gerade oder ungerade Zahl ergänzt.
Entsprechend wird dann auf gerade oder ungerade *Parität* geprüft. Mit diesem Verfahren
läßt sich das Auftreten eines Übertragungsfehlers pro Codewort erkennen, nicht aber zwei
Fehler, die sich ja gegenseitig kompensieren und eine richtige Parität vortäuschen.

Beispiel:
BCD-Code mit Paritätsbit (Ergänzung auf ungerade Parität)

0	0000 1	5	0101 1
1	0001 0	6	0110 1
2	0010 0	7	0111 0
3	0011 1	8	1000 0
4	0100 0	9	1001 1

7.7 Festkommadarstellung

Bei der Festkommadarstellung wird die Stellung des Kommas nicht mit in den Rechner
eingegeben. Der Rechner behandelt die Zahlen so, als stünde das Komma immer an derselben, festen Stelle. Wo das Komma stehen soll, kann der Anwender festlegen. Wichtig ist
allein die relative Lage des Kommas bei den verschiedenen Zahlen. Der Anwender muß also bei Festkommadarstellung darauf achten, daß alle Operanden stellenrichtig eingegeben
werden. Üblich ist die Stellung des Kommas nach der niedrigsten oder vor der höchsten
Stelle. Um auch negative Zahlen darstellen zu können, wird ein Vorzeichenbit vorange-
stellt.
Möchte man nun die Genauigkeit verbessern, so wird einfach der Zahlenbereich verviel-
facht (Doppel-Genauigkeit, Dreifach-Genauigkeit, usw.). Gespeichert wird eine solche
Mehrfach-Genauigkeitszahl (*multi-precision value*) an aufeinanderfolgenden Speicherplätzen des Mikroprozessorspeichers. Die Abarbeitung solcher Zahlen wird dadurch aufwendiger in der Anzahl der Befehle und damit auch in der zeitlichen Ausführung.

7.8 Gleitkommadarstellung

Im technisch-wissenschaftlichen Bereich arbeitet man mit sehr unterschiedlichen Zah-
lenwerten. Als Beispiel diene ein Schwingkreis, der mit einem Kondensator von $C = 1$ pF
aufgebaut ist, und dessen Resonanzfrequenz bei $f = 1$ GHz liegt. Zur Erfassung eines so
großen Zahlenbereichs ist die Festkommadarstellung nicht geeignet. In diesem Fall verwendet man die sogenannte Gleitkommadarstellung (*floating point representation*). Sie
beruht auf der Exponentialschreibweise einer Zahl.
Die allgemeine Form einer Gleitkommazahl lautet: $Z = M \cdot B^E$. M ist dabei die Mantisse, B die Basis, und E der Exponent.
Meist wird die sogenannte normalisierte Gleitkommadarstellung verwendet. Dabei gilt für
die Mantisse M: $\frac{1}{B} \leqslant M < 1$. Da die Basis durch das verwendete Mikroprozessorsystem
festliegt, genügt es, wenn der Rechner die Mantisse und den Exponenten verarbeitet.
In einer Gleitkommazahl kann der Exponent negativ sein oder auch die ganze Zahl. Ist
die darzustellende Zahl negativ, wird die Mantisse durch eine "1" im Vorzeichenbit gekennzeichnet, andernfalls mit einer "0".

Für den Exponenten verwendet man die *Vorzeichentransformation*. Man verschiebt den
Zahlenbereich so weit, daß nur noch positive Zahlen auftreten:
Ursprünglicher Zahlenbereich $-E \ldots 0 \ldots +E$
Transformierter Zahlenbereich $0 \ldots +E \ldots +2E$

Beispiel:
Zur Darstellung des Exponenten stehen 7 bit zur Verfügung. Dann gilt:
Exponentenzahl: $0 \ldots 63, 64, 65, \ldots 127$
Wert des Exponenten: $-64 \ldots -1, 0, \quad 1 \quad \ldots \quad 63$
Das achte Bit kennzeichnet das Vorzeichen der Mantisse, und damit der ganzen Zahl.

Den Exponent einschließlich Vorzeichen nennt man auch *Charakteristik*.
Im nachfolgenden Beispiel ist der Aufbau einer Gleitkommazahl nochmals erklärt. Die verwendete Basis soll $B = 16$ sein. Mit der Basis 16 und einer achtstelligen Charakteristik
kann man Zahlen im Bereich von etwa 16^{-64} bis 16^{+63} darstellen, und zwar positive wie
negative.

Beispiel:
Gleitkommazahl (normalisiert)

1	100	0011	1100	0000	0000	0000	0000	0000
			C	0	0	0	0	0

V | Charakt. | Mantisse

1. Das Vorzeichenbit hat den Wert 1, also ist die ganze Zahl negativ.
2. Die Charakteristik ist 1000011. Das entspricht der Dezimalzahl 67. Davon muß wegen der Expo-
    nententransformation 64 abgezogen werden. Damit ergibt sich der Wert des Exponenten zu 3. Es
    handelt sich also um die Potenz $16^3 = 4096$.
3. Die Mantisse kann der Rechner (wie die Charakteristik auch) nur binär verarbeiten. Die Hexade-
    zimaldarstellung ermöglicht nur ein leichteres Lesen. Die Mantisse lautet hexadezimal: 0, C

    Das ist dezimal $12 \cdot 16^{-1} = \dfrac{12}{16}$
4. Die dargestellte Zahl lautet damit:

    $$-\frac{12}{16} \cdot 16^3 = -12 \cdot 16^2 = -3072_{10}$$

Das Rechnen mit Gleitkommazahlen ist naturgemäß viel aufwendiger als das mit Festkom-
mazahlen. Das bedeutet einen höheren Hardwareaufwand oder größeren Zeitaufwand.
Tritt zum Beispiel bei Rechenoperationen ein Überlauf auf, so muß das Ergebnis wieder
normalisiert werden.
Bei der Addition müssen vor Beginn der Summenberechnung die beiden Summanden auf
eine Form mit gleichen Exponenten gebracht werden.
Bei der Multiplikation werden die Mantissen multipliziert, die Exponenten addiert und das
Produkt anschließend wieder normiert.

7.9 Befehlstabelle des Mikroprozessorsystems 6800 (nach Motorola-Datenblatt)

a) Akkumulator- und Speicherbefehle

Operation	Mnemonic	Immediate			Direct			Indexed			Extended			Inherent		
		OP	~	#	OP	~	#	OP	~	#	OP	~	#	OP	~	#
Add	ADDA	8B	2	2	9B	3	2	AB	5	2	BB	4	3			
	ADDB	CB	2	2	DB	3	2	EB	5	2	FB	4	3			
Add Acmltrs.	ABA													1B	2	1
Add with Carry	ADCA	89	2	2	99	3	2	A9	5	2	B9	4	3			
	ADCB	C9	2	2	D9	3	2	E9	5	2	F9	4	3			
And	ANDA	84	2	2	94	3	2	A4	5	2	B4	4	3			
	ANDB	C4	2	2	D4	3	2	E4	5	2	F4	4	3			
Bit Test	BITA	85	2	2	95	3	2	A5	5	2	B5	4	3			
	BITB	C5	2	2	D5	3	2	E5	5	2	F5	4	3			
Clear	CLR							6F	7	2	7F	6	3			
	CLRA													4F	2	1
	CLRB													5F	2	1
Compare	CMPA	81	2	2	91	3	2	A1	5	2	B1	4	3			
	CMPB	C1	2	2	D1	3	2	E1	5	2	F1	4	3			
Compare Acmltrs.	CBA													11	2	1
Complement, 1's	COM							63	7	2	73	6	3			
	COMA													43	2	1
	COMB													53	2	1
Complement, 2's	NEG							60	7	2	70	6	3			
(Negate)	NEGA													40	2	1
	NEGB													50	2	1
Decimal Adjust, A	DAA													19	2	1
Decrement	DEC							6A	7	2	7A	6	3			
	DECA													4A	2	1
	DECB													5A	2	1
Exclusive OR	EORA	88	2	2	98	3	2	A8	5	2	B8	4	3			
	EORB	C8	2	2	D8	3	2	E8	5	2	F8	4	3			
Increment	INC							6C	7	2	7C	6	3			
	INCA													4C	2	1
	INCB													5C	2	1
Load Acmltr.	LDAA	86	2	2	96	3	2	A6	5	2	B6	4	3			
	LDAB	C6	2	2	D6	3	2	E6	5	2	F6	4	3			
Or, Inclusive	ORAA	8A	2	2	9A	3	2	AA	5	2	BA	4	3			
	ORAB	CA	2	2	DA	3	2	EA	5	2	FA	4	3			
Push Data	PSHA													36	4	1
	PSHB													37	4	1
Pull Data	PULA													32	4	1
	PULB													33	4	1
Rotate Left	ROL							69	7	2	79	6	3			
	ROLA													49	2	1
	ROLB													59	2	1
Rotate Right	ROR							66	7	2	76	6	3			
	RORA													46	2	1
	RORB													56	2	1

Operation	Mnemonic	Adressierungsart															
		Immediate			Direct			Indexed			Extended			Inherent			
		OP	~	#	OP	~	#	OP	~	#	OP	~	#	OP	~	#	
Shift Left,	ASL							68	7	2	78	6	3				
Arithmetic	ASLA													48	2	1	
	ASLB													58	2	1	
Shift Right,	ASR							67	7	2	77	6	3				
Arithmetic	ASRA													47	2	1	
	ASRB													57	2	1	
Shift Right,	LSR							64	7	2	74	6	3				
Logic	LSRA													44	2	1	
	LSRB													54	2	1	
Store Acmltr.	STAA				97	4	2	A7	6	2	B7	5	3				
	STAB				D7	4	2	E7	6	2	F7	5	3				
Subtract	SUBA	80	2	2	90	3	2	A0	5	2	B0	4	3				
	SUBB	C0	2	2	D0	3	2	E0	5	2	F0	4	3				
Subtract Acmltrs.	SBA													10	2	1	
Subtr. with Carry	SBCA	82	2	2	92	3	2	A2	5	2	B2	4	3				
	SBCB	C2	2	2	D2	3	2	E2	5	2	F2	4	3				
Transfer Acmltrs.	TAB													16	2	1	
	TBA													17	2	1	
Test, Zero or	TST							6D	7	2	7D	6	3				
Minus	TSTA													4D	2	1	
	TSTB													5D	2	1	

b) Indexregister (IX)- und Stack Pointer (SP)-Befehle

Operation	Mnemonic	OP	~	#	OP	~	#	OP	~	#	OP	~	#	OP	~	#
Compare IX	CPX	8C	3	3	9C	4	2	AC	6	2	BC	5	3			
Decrement IX	DEX													09	4	1
Decrement SP	DES													34	4	1
Increment IX	INX													08	4	1
Increment SP	INS													31	4	1
Load IX	LDX	CE	3	3	DE	4	2	EE	6	2	FE	5	3			
Load SP	LDS	8E	3	3	9E	4	2	AE	6	2	BE	5	3			
Store IX	STX				DF	5	2	EF	7	2	FF	6	3			
Store SP	STS				9F	5	2	AF	7	2	BF	6	3			
IX → SP	TXS													35	4	1
SP → IX	TSX													30	4	1

c) Sprung- und Verzweigungsbefehle

Operation	Mnemonic	Relative			Indexed			Extended			Inherent		
		OP	~	#	OP	~	#	OP	~	#	OP	~	#
Branch Always	BRA	20	4	2									
Branch if Carry Clear	BCC	24	4	2									
Branch if Carry Set	BCS	25	4	2									
Branch if = Zero	BEQ	27	4	2									
Branch if ⩾ Zero	BGE	2C	4	2									
Branch if > Zero	BGT	2E	4	2									
Branch if Higher	BHI	22	4	2									
Branch if ⩽ Zero	BLE	2F	4	2									
Branch if Lower or Same	BLS	23	4	2									
Branch if < Zero	BLT	2D	4	2									
Branch if Minus	BMI	2B	4	2									
Branch if Not Equal Zero	BNE	26	4	2									
Branch if Overflow Clear	BVC	28	4	2									
Branch if Overflow Set	BVS	29	4	2									
Branch if Plus	BPL	2A	4	2									
Branch to Subroutine	BSR	8D	8	2									
Jump	JMP				6E	4	2	7E	3	3			
Jump to Subroutine	JSR				AD	8	2	BD	9	3			
No Operation	NOP										01	2	1
Return from Interrupt	RTI										3B	10	1
Return from Subroutine	RTS										39	5	1
Software Interrupt	SWI										3F	12	1
Wait for Interrupt	WAI										3E	9	1

d) Conditions Code Register

Operation	Mnemonic										Inherent		
Clear Carry	CLC										0C	2	1
Clear Interrupt Mask	CLI										0E	2	1
Clear Overflow	CLV										0A	2	1
Set Carry	SEC										0D	2	1
Set Interrupt Mask	SEI										0F	2	1
Set Overflow	SEV										0B	2	1
Acmltr. A → CCR	TAP										06	2	1
CCR → Acmltr. A	TPA										07	2	1

Verwendete Symbole: OP Operation Code (Hexadezimal)
                     ~   Anzahl der CPU Zyklen
                     #   Anzahl der Programmbytes
                     →   Bringe von ... nach ...

Literaturverzeichnis

1 *Altmann, L., Scrupski, S.* (Ed.): Applying Microprocessors; Electronics Book Series. McGraw-Hill. Inc., New York 1976.

2 *Beckett, P.:* Mikroprozessoren (Aufbau und Arbeitsweise), Band 1 und 2. Konradin-Verlag R. Kohlhammer, Leinfelden-Echterdingen 1975.

3 *Carr, J. J.:* Digital Interfacing With A Analog World. Tab Books/No. 1070, Blue Ridge Summit 1978.

4 *Dirks, Ch., Krinn, H.:* Microcomputer. Verlag Berliner Union, Verlag W. Kohlhammer, Stuttgart 1976.

5 *Dirks, Ch., Krinn, H.:* Microcomputer II. Verlag Berliner Union, Verlag W. Kohlhammer, Stuttgart 1978.

6 *Findley, R.:* Scelbi ,6800' Software Gourmet Guide And Cook Book. Scelbi Computer Consulting, Inc., Mildorf 1976.

7 *Hilberg, W., Piloty, R.:* Mikroprozessoren und ihre Anwendungen. R. Oldenburg Verlag, München, Wien, 1977.

8 *Jordan, W., Urban, H.:* Strukturierte Programmierung. Springer-Verlag, Berlin, Heidelberg, New York 1978.

9 *Kobitzsch, W.:* Mikroprozessoren (Aufbau und Wirkungsweise). R. Oldenburg Verlag, München, Wien 1977.

10 *Lancaster, D.:* CMOS Cookbook. Howard W. Sams & Co., Inc., Indianapolis 1977.

11 *Lancaster, D.:* TV Typewriter Cookbook. Howard W. Sams & Co., Inc., Indianapolis 1978.

12 *Lesea, A., Zaks, R.:* Microprocessor Interface Techniken. Sybex, Berkely 1978.

13 *Leventhal, I. A.:* ,6800' Assembly Language Programming. Osborne & Associates, Inc., Berkeley 1978.

14 *McGlynn, D. R.:* Microprocessors (Technology, Architecture & Applications). John Wiley & Sons, New York 1976.

15 *Osborne, A.:* Einführung in die Mikrocomputertechnik. te-wi Verlag, München 1977.

16 *Queyssac, D.* (Ed.): Understanding Microprocessors. Motorola Inc., Montreux.

17 *Schmidt, V.:* Digitalschaltungen mit Mikroprozessoren. B. G. Teubner, Stuttgart 1978.

18 *Schumny, H.:* Digitale Datenverarbeitung für das technische Studium. Vieweg-Verlag, Braunschweig 1975.

19 *Schumny, H.:* Signalübertragung. Vieweg-Verlag, Braunschweig 1978.

20 *Söll, W., Kirchner, H.-J.:* Digitale Speicher. Vogel-Verlag, Würzburg 1978.

21 *Tireford, H.:* Vom Computer zum Mikroprozessor. Motorola Inc., Genf 1975.

Verzeichnis der Anwender- und Programmierhandbücher

1   M6800 Microprocessor Applications Manual, Motorola.

2   M6800 Microprocessor Programming Manual, Motorola.

3   M6800 Programming Reference Manual, Motorola.

4   M6800 Microcomputer System Design Data, Motorola.

5   MEK 6800D2 Evaluation Kit II Manual, Motorola.

6   MPU Vocabulary, Motorola.

7   Memory Design Handbook, Intel.

8   Das TTL-Kochbuch (Deutschsprachige TTL-Applikationen) Texas Instruments.

9   The TTL Data Book für Design Engineers, Texas Instruments.

10   The Interface Circuits Data Book for Design Engineers, Texas Instruments.

Sachwortverzeichnis